# Inhalt

# Einführung:
# Von den Anfängen menschlicher Kulturen in Südamerika

Nach dem Stand der heutigen Forschung können wir mit einiger Sicherheit sagen, daß einige 20 000 Jahre v. Chr. jagende Nomadenstämme von Asien aus nach Alaska eingewandert sind. Ihr Lebensunterhalt wurde durch die Jagd auf große Tiere des Pleistozän bestimmt. Kulturell standen diese paläo-asiatischen Völker etwa auf derselben Stufe wie Gruppen des höheren Paläolithikum in der Alten Welt. Von Nordamerika aus haben sich diese Stämme im Zeitraum zwischen 20 000 und 5000 v. Chr. über Mittelamerika hinaus auch in Südamerika ausgebreitet. In dieser Zeit erschienen auf dem gesamten amerikanischen Kontinent Gruppen von Völkern, die der Jagd nachgingen. Diese Einwanderung ist jedoch nicht in großen Völkerwanderungen erfolgt, sondern kleine Jägergruppen, vielleicht nur Sippschaften, schweiften ohne Ziel umher, stets dem Mammut und dem Mastodon folgend. Erst eine zweite Einwanderungsgruppe, die anscheinend aus Südostasien kam, beschäftigte sich außer dem Jagen auch mit dem Sammeln von Früchten und Muscheln.

Wenn wir uns mit der ersten Einwanderung des Menschen in Amerika befassen wollen, so müssen wir uns vor allem die umwälzenden Ereignisse vor Augen halten, die der amerikanische Kontinent in prähistorischen Zeiten erfuhr. Wahrscheinlich erlebte Nordamerika zu gleicher Zeit wie Europa eine Folge von Eiszeiten, deren erste und größte 20 Millionen Quadratkilometer des Erdteils bedeckte. Bis über den 40. Breitengrad schob sich die Endmoräne der Gletscher hinaus. In den Zwischenzeiten entstanden die großen Seengebiete Nordamerikas, während die gewaltigen Ströme, besonders der Mississippi, den Moränenschutt weit nach Süden trugen, wo er sich terrassenförmig zu Lößdecken aufbaute. In diesen Schotterablagerungen hat man Funde gemacht, die das Auftreten des Menschen in einer Zwischeneiszeit in Amerika beweisen sollen. Die Skelettfunde sind zweifellos diluvialen Schichten zuzuschreiben.

Auch in Südamerika wurden urzeitliche archäologische Funde gemacht, deren Alter jedoch viel schwieriger zu bestimmen ist, als das Alter ähnlicher Funde in Nordamerika. Da in Südamerika eine so tief eingreifende Eiszeit fehlt, konnte man sich nie über die zeitliche Einreihung der Fundschichten einig werden. Die Hauptfunde wurden in einer Schicht sandiger, teils fluvialer Tone gemacht, der sogenannten Pampaformation, mit der fast ganz Mittelargentinien überlagert ist. Menschliche Skelettreste und Steinwerkzeuge gaben den Anlaß zu phantastischen Spekulationen. Nach Ansicht des argentinischen Gelehrten Florentino Ameghino sollen hier die tertiären Vorfahren der Menschen gelebt haben. Diese phantastischen Ideen sind inzwischen von Lehmann-Nitsche und Hrdlička von Grund aus widerlegt worden. Irgendwelche Frühformen des Menschen sind bisher nirgends auf dem amerikanischen Doppelkontinent gefunden worden. Auch die Menschenaffenarten fehlen hier ganz, weder lebende noch fossile hat man angetroffen.

Besonderes Aufsehen erregten Skelettfunde von in Amerika ausgestorbenen Tierarten wie Kamel, Wildpferd, Elefantenarten und Riesenfaultieren neben Resten früherer Einwanderer. Wissenschaftlich konnte jedoch bewiesen werden, daß prähistorische Tiere aus dem Pleistozän wie das Mylodon und das Mastodon noch bis vor 5000 Jahren gelebt haben. Vom Riesenfaultier, dem Neomylodon fanden Erland und Otto Nordenskiöld sogar noch Stücke der Haut, die von zahlreichen kleinen Knochen durchwachsen waren. In derselben Höhle, der berühmten Höhle ›Eberhardt‹, fanden die beiden Forscher auch Exkremente des Riesenfaultiers und zahlreiche menschliche Knochen. Daß der Mensch in Südpatagonien schon im 7. vorchristlichen Jahrtausend das Faultier, das Pferd und das Guanaco gejagt hat, konnte Junius Bird durch Ausgrabungen am südlichen Ende des Kontinents beweisen. Da der Weg der frühen Einwanderer in Südamerika nur über die Länderbrücke Mittelamerikas geführt haben kann und sicherlich über die kolumbianischen und ekuadorianischen Anden nach Peru geführt hat, während sich ihnen die auf beiden Seiten der Anden liegenden tropischen Urwälder als unüberbrückbares Hindernis erwiesen, müssen schon jagende Völkerschaften bedeutend früher in Peru angelangt sein, denn von hier aus ist es noch ein weiter Weg nach Patagonien. In noch frühere Zeit weisen riesige Muschelhaufen, die frühzeitliche Menschen längs der pazifischen Küste bis hinab nach Feuerland hinterlassen haben und die in letzter Zeit an verschiedenen Stellen eingehend untersucht wurden. Hierbei ergab sich, daß die frühen Jäger und Fischer neben den Muschelschalen auch behauene Steingeräte hinterließen.

Vom 5. bis zum 3. Jahrtausend erschien eine dritte Einwanderungswelle in Nordamerika, die dann auch weiter nach Südamerika drängte. Man glaubt, in diesen Stämmen die ursprünglichen Träger der sogenannten Eskimal-Aleuten-Kultur zu erkennen und stellt sie auf die Stufe des frühen Neolithikum. Am Ende dieser Periode können wir schon den Gebrauch des Kupfers, die Herstellung von Keramik, von Geweben und Lederarbeiten und das Halten von Hunden feststellen, die den Polarhunden verwandt sind.

Nach all diesen und ähnlichen Befunden hat die ethnologische Wissenschaft die frühzeitlichen menschlichen Kulturen in zwei große Gruppen eingeteilt: in Jäger und Pflanzer. Es liegt natürlich auf der Hand, die Träger jener Frühformen menschlicher Tätigkeiten als ›Primitive‹ hinzustellen. Aber waren diese Menschen, die sich auch künstlerisch betätigten und in ›Bildern‹, in ihren Felszeichnungen, ein produktives künstlerisches Schaffen oder ein ›geformtes Denken‹ bewiesen, geistig beschränkte Wesen, wie das so oft behauptet wurde? Menschen, die in ihren Felsbildern, in Amerika und in Europa eine wirklich einzigartige und überragende Kunst entwickelten, kann man unmöglich eine gewisse Geistigkeit absprechen. »Die Kunst als Zeugnis dieser Geistigkeit können wir noch heute sehen, die Geistigkeit selbst, das Weltbild und die Vorstellungen, die Religion, die Philosophie dieser Menschen müssen wir mühsam aus den Restvorstellungen, die sich bei den noch lebenden Jägervölkern erhalten haben, erschließen[1].«

Vom 3. Jahrtausend bis zum Jahre 0 verlieren sich die Spuren nomadisierender primitiver Völker in Südamerika. Jetzt kann man schon das Entstehen wirklicher Zivilisationen erkennen, sie bilden die Basis moderner Zivilisation. Das Auftreten der frühen Pflanzer längs der peruanischen Küste können wir heute weitestgehend rekonstruieren, und zwar nicht an ihren Behausungen, von denen so gut wie nichts übriggeblieben ist, sondern an ihren Abfallhaufen, die sich immer in der Nähe der Behausungen befanden. Dank der außerordentlichen klimatischen Bedingungen der Küstenzone Perus mit der trockenen Luft und dem Fehlen von Grundwasser sind all die Dinge, die sonst schnell vergehen, konserviert und geben uns ein vollständiges Bild von dem, was diese Menschen zu ihrem Lebensunterhalt benötigten. Diese Abfallhaufen, die schon von Junius Bird und später von Strong und Evans eingehend untersucht wurden, liegen in der Nähe von Pacasmayo, im Chicama-Tal und im Virú-Tal im Norden und in der Nähe des Nazca-Tales an der Südküste Perus. Da in den Abfallhaufen nicht nur Schalen von Seetieren gefunden wurden, sondern auch Knochen von Seelöwen und alle möglichen Reste aus dem Pflanzenreich wie Kürbisse, Bohnen und Pfefferschoten, Knollen und Wurzelgewächse und vor allem immer wieder der Mais, bestand die Möglichkeit, an den Funden Radiokarbonmessungen vorzunehmen, die zu den gründlichsten und verläßlichsten dieser Art gehören. So ergab sich bei der Untersuchung der durchschnittlich 12 m hohen Abfallhaufen eine vollständige Reihe von Daten zwischen 2500 bis 1200 v. Chr. Auch Reste von Geweben in Form von Beuteln und Netzen ließen sich nachweisen, die man aus Baumwolle und aus der bastartigen Faser eines Wolfsmilchgewächses gewann, jedoch fehlen Spindeln oder Spinnwirtel. Die Gewebe wurden im Flechtverfahren angefertigt, besonders bemerkenswert ist die sogenannte ›cowhitch-Technik‹, ein Einfadensystem, das aus dem Ineinandergreifen achtförmiger Schlingen besteht und das heute noch in Südamerika im Gebrauch ist. Da die Baumwolle in Südamerika ursprünglich nicht heimisch war und einen »Erbteil einer asiatischen Spezies« enthält, so gab diese Tatsache zu mancherlei Spekulationen Anlaß. Einige glauben, daß die Samen der Baumwolle im Verlauf der Völkerwanderung von den nomadisierenden Stämmen aus Asien mitgebracht wurden. Andere glauben, daß Menschen sie bei der Überquerung des Ozeans in Booten mitbrachten. »Man mag über die transpazifische Seefahrt denken wie man will, die Zeit um 2500 v. Chr. jedenfalls erscheint etwas reichlich früh für ein solches Unternehmen; auch den Ursprung des Flaschenkürbis will man in der Alten Welt suchen, aber es darf hier vielleicht auf die bisher viel zu wenig beachtete Möglichkeit hingewiesen werden, daß sich beide Pflanzen unter den günstigen klimatischen Bedingungen der Tertiär-Zeit in der alten wie in der neuen Welt unabhängig voneinander entwickelt haben können[2].«

Als einzige Steinwerkzeuge wurden in den Abfallhaufen Schaber und Klingen gefunden, die jedoch keinen Vergleich mit den Steinwaffen der frühen Jäger dulden. Außer diesen Steinwerkzeugen besaßen die frühen Pflanzer, auch die ›frühen Gärtner‹ genannt, ebenfalls Netzgewichte. Keramik kannten sie noch nicht. Geröstet und gesotten wurde auf erhitzten Steinen und in Flaschenkürbissen, in die man glühend heiße Steine hineinwarf und so das Wasser zum Sieden brachte.

In den Küstengebieten Perus mit ihrem extrem trockenen Klima, das, ähnlich wie in Ägypten, dazu beitrug, für die Altertumsforschung so wichtige Objekte aus alter und ältester Zeit zu konservieren, nehmen ununterbrochen Wissenschaftler der verschiedensten Fakultäten, vom Paläontologen und Archäologen bis zum Anthropologen, Botaniker und Zoologen an den Grabungen teil. Trotz immer wieder neuer Erkenntnisse bleiben aber noch viele Fragen in bezug auf die frühe und früheste Besiedlung Südamerikas offen. Wie ist so manche Übereinstimmung der Mythen diesseits und jenseits der Weltmeere zu erklären? Ist es wirklich so, daß der menschliche Geist bei den verschiedenartigsten Völkern immer wieder zu ähnlichen Vorstellungen der Welt kommt, oder muß zwischen den einzelnen Völkern ein direkter Kontakt bestanden haben, weil sie die gleichen Mythen hatten? Da ist zum Beispiel die Legende vom ›Weißen Gott‹. In der Überlieferung aller alten Kulturen der Neuen Welt ist sie lebendig geblieben. Bei den Chibcha, den Nachfolgern der alten Kulturen Kolumbiens hieß dieser Weiße Gott Bochica, bei den Azteken und Tolteken Quetzalcoatl und bei den Inka Kon-Tiki Illac Viracocha.

Auch eine andere Frage bleibt immer noch offen: warum fand die Entwicklung zu den Hochkulturen in Amerika in so begrenzten Gebieten statt, und warum setzte sie dort einige Jahrtausende später ein als in der Alten Welt? Staatliche Stellen und private Organisationen und nicht selten auch Einzelgänger, Wissenschaftler versuchten mit eigenen Mitteln und auf eigene Initiative Licht in das Dunkel zu bringen, das heute noch die Urzeit des ersten Menschen verhüllt, doch der ›älteste Amerikaner‹ wird noch immer gesucht.

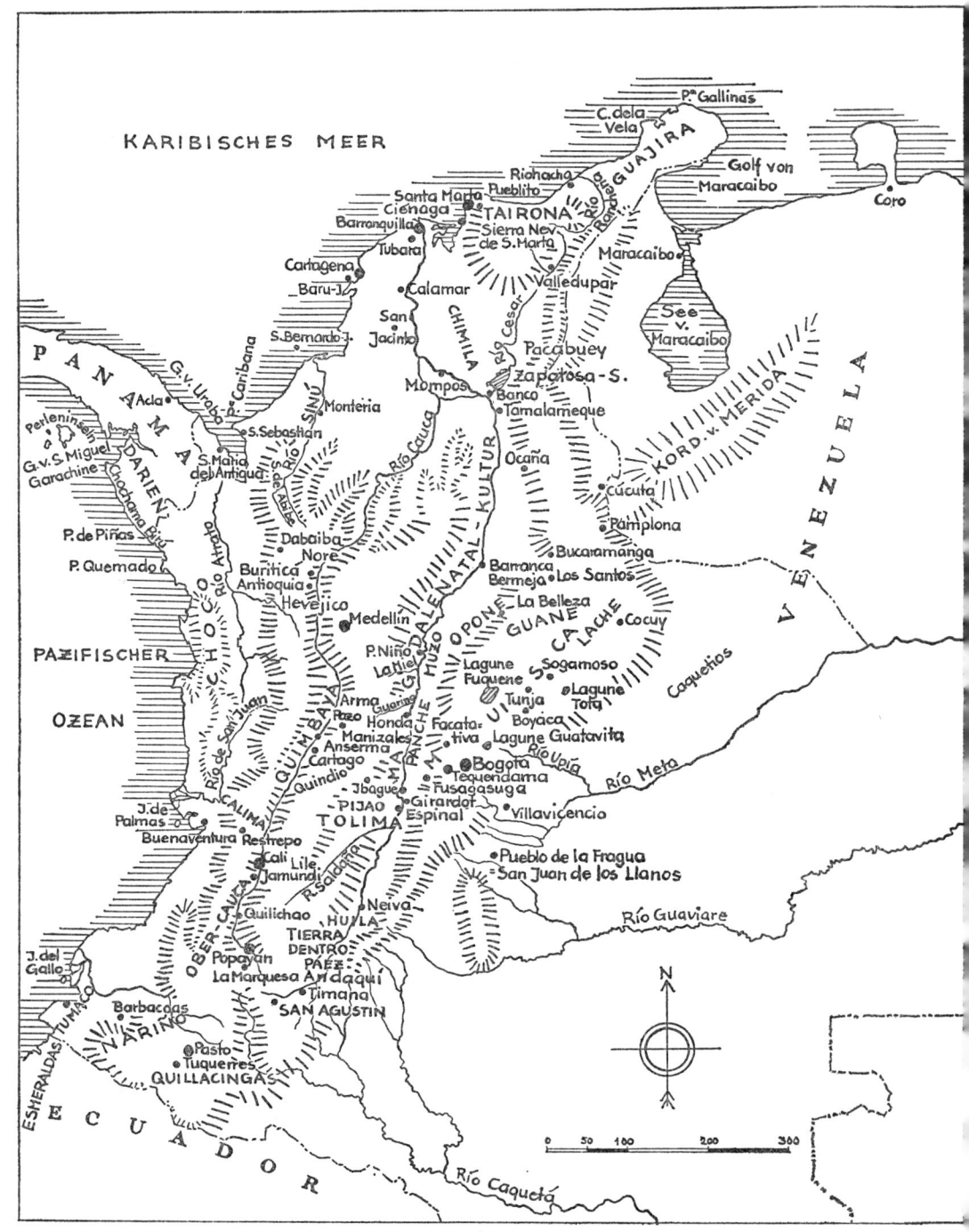

In der dreifach geteilten Andenkette entwickelten sich die Kulturen Alt-Kolumbiens. (Aus: Horst Nachtigall, Alt-Kolumbien, Berlin 1961, S. 12, Verlag Dietrich Reimer)

# I Alt-Kolumbien

## 1 Die Umwelt

Kolumbien, zweimal so groß wie Frankreich, zwischen dem 12. Grad nördlicher und dem 5. südlicher Breite gelegen, war die Durchgangspforte aller Einwanderer aus dem Norden, die weiter nach Südamerika drängten. Hier haben sich in frühen Zeiten Kulturen entwickelt, die weitgehend durch die geographische Beschaffenheit des Landes bestimmt wurden. Das Land steigt von den Küsten des Pazifischen Ozeans und des Karibischen Meeres einerseits und von den Urwäldern Venezuelas, Brasiliens und Ekuadors andererseits zu den majestätischen Gipfeln der Anden empor, von denen einige über 5700 m hoch und von ewigem Schnee bedeckt sind. Da sich die Andenkette durch das ganze Land zieht, hat Kolumbien ein vertikales Vegetationsbild, das überall im Innern des Landes zu finden ist: tropische Hitze in Meereshöhe, subtropisches Klima in den Gebieten, in denen der Kaffee wächst, und die Region zwischen 1600 und 3000 m, in der Getreide und Kartoffeln angebaut werden.

Geographisch ist also Kolumbien besonders bevorzugt. Es liegt an zwei Meeren; im Süden wird das Land von Flüssen begrenzt, die zum großen Flußsystem des Amazonas gehören, und im Norden mündet der Magdalenenstrom in die Karibische See; er ist für Kolumbien von größter wirtschaftlicher Bedeutung. Von Ekuador aus teilen sich die Anden in drei stark voneinander getrennte Kordilleren (Ketten), die sich nach Norden zu fächerförmig ausbreiten. Die westliche Kette läuft parallel zu der pazifischen Küste, die mittlere verliert sich in den sumpfigen Niederungen des Magdalenenflusses, während die östliche sich in die Sierra Nevada und in die Kordillere von Merida gabelt. Mit Ausnahme des Hochlandes von Bogotá (2600–2800 m) liegen keine Hochflächen zwischen den Gebirgsketten, sondern tiefe Täler, durch die der viertgrößte Strom Südamerikas, der Magdalena und sein Nebenfluß, der Cauca, ihren Lauf nehmen. Die Sierra Nevada de Santa Marta reicht mit dem höchsten Berg Kolumbiens, dem Cristóbal Colón von 5800 m Höhe bis in die Regionen des ewigen Schnees. Nicht viel niedriger sind die großartigen Vulkane der Zentralkordillere (Farbt. IV) mit dem Nevado del Tolina von 5616 m und dem Ruiz von 5590 m Höhe.

Zwischen der West- und der Zentralkordillere fließt der Cauca-Fluß. Nachdem er etwa 60 km nördlich von Popayán eine Felswand durchbrochen hat, strömt er in einer Höhe von etwa 1000 m durch ein 20 bis 30 km breites Tal von über 200 km Länge, das schon in vorspanischer Zeit seiner Fruchtbarkeit und seines angenehmen Klimas wegen dicht besiedelt war. Das große Tal zwischen der Zentralkordillere und der Ostkordillere dagegen wird vom Magdalena durchflossen. In seinem Oberlauf, wo das Tal noch ziemlich eng ist, ist er reißend und wegen seiner Stromschnellen gefährlich. Erst von Honda ab ist er bis zu seiner Mündung auf eine Entfernung von 950 km schiffbar. Langsam ergießt er sich in einem breiten, von Seen und Sümpfen durchzogenen Delta ins Karibische Meer. Seine Gesamtlänge beträgt 1538 km. Erst 200 km von seiner Mündung entfernt vereinigt er sich mit dem Rio Cauca.

Fast ein Drittel der Gesamtfläche von Kolumbien nehmen die Llanos ein, weite Grasebenen, die ungesund und zur Regenzeit gefährlich sind. Dann schwellen die Flüsse an und setzen oft meilenweit das Land unter Wasser. Aber auch zur Trockenzeit ist das Leben dort recht beschwerlich; sie sind deshalb auch nur spärlich besiedelt. Allein das Hochland von Bogotá war schon in alten Zeiten dicht bevölkert, da es wegen seiner großen Fruchtbarkeit viele Menschen ernähren konnte. Zur Kolonialzeit rechnete man 65 Menschen auf einen Quadratkilometer. Mais und Kartoffeln, Bataten und Quinoa, den ›peruanischen Reis‹, eine Art Hirse, bauten die alten Völker hier bereits an.

Von großer Wichtigkeit für die Entwicklung der verschiedenen kulturellen Strömungen, die das Land befruchteten, war der Aufbau der Anden im Süden des Landes, denn bald hinter der Grenze mit Ekuador teilt sich die aus dem ekuadorianischen Raum kommende Kordillere beim sogenannten Nudo de Pasto, dem ›Knoten der Weiden‹, in drei Teile, in deren Zwischenräumen sich mehr oder weniger selbständige Kulturen entwickelten. Man sollte annehmen, daß gerade dieses Gebiet schon früh das Interesse der Archäologen und Ethnologen geweckt hätte, doch setzten hier die Forschungen viel später ein als in Peru.

Die Forschung hat hier bei weitem noch nicht unsere Erkenntnisse so erschöpfend bereichert wie in den Ländern der mittleren Anden Südamerikas. Eins steht jedoch fest: Zur Zeit der spanischen Eroberung bestand zwischen Mesoamerika und dem Inkareich ein Siedlungsgebiet, das sich vom Nicaragua-See bis in die Mitte Ekuadors erstreckte und das auch sprachlich zusammenhing; es war das Siedlungsgebiet der Chibcha-Völker. »Ihre historische Heimat müssen wir in den Kordilleren Kolumbiens suchen. Bei ihrer Ausbreitung nach Norden und Süden nahmen sie von den drei Ketten der nördlichen Anden und von den darin eingeschlossenen Tälern des Magdalena und des Cauca Besitz. Sie überlagerten dabei eine ältere Vorbevölkerung, die in Ost- und Nordkolumbien (wie die heutigen Goajiro) mit aruakischer Herkunft und mit den Pflanzervölkern der Orinoko- und Amazonas-Tiefländer sprach- und kulturverwandt war. Die Überlagerung der Chibcha über diese ältere Schicht ist wahrscheinlich in verschiedenen Wellen erfolgt, und den Impuls, der sie bis zum Äquator und bis nach Mittelamerika trieb, haben wir vielleicht der Expansion eines anderen Volkes zuzuschreiben: den verhältnismäßig jungen Vorstößen der Kariben, die aus ihrer Heimat in Groß-Guayana mit erstaunlicher Stoßkraft in verschiedene Richtungen vordrangen[1].«

## 2 El Dorado, die Legende vom vergoldeten Mann (Abb. 3, 4)

Hoch oben in der östlichen Kordillere der kolumbianischen Anden liegt einsam und verlassen in 3000 m Höhe ein See, dessen Tiefe unergründlich erscheint: der heilige See von Guatavita. In seinen Tiefen ruht das Gold, das den Göttern geweiht war, und die Götter halten Wache über diesen Schatz. Nie hat eine Sage die Menschen eines ganzen Zeitalters so sehr zu Entdeckungsfahrten angefeuert wie die Legende von El Dorado.

Mit El Dorado ist nicht etwa eine Stadt oder ein Goldland gemeint, sondern genau das, was der Name der Sage besagt: der vergoldete Mann. Dieser Sage nach lebte in uralten Zeiten ein Fürst von Guatavita, der unter seinen vielen Frauen eine besaß, die so schön und klug war, daß sie an Liebreiz alle anderen übertraf. Doch ihr Betragen war nicht so, wie es ihr Herr und Gebieter von ihr erwartete. Sie betrog ihn mit einem Edelmann des Hofes. Als der Fürst davon erfuhr, ließ er überall im Lande die Schande seiner schönen Frau als Warnung für die anderen Frauen verkünden. Ihren Liebhaber aber ließ er hinrichten. Eines Tages wurde die Fürstin jedoch so sehr von Gram erfaßt, daß sie aus dem Palast floh, zu dem See hinauflief und sich mit ihrer kleinen Tochter in das Wasser stürzte. In tiefster Reue ließ der Fürst die größten Zauberer des Landes kommen und verlangte von ihnen, sie sollten sein geliebtes Weib zurückbringen. Nie hatte er geglaubt, daß seine Strafe die Fürstin zu solch einem Schritt bewegen würde.

»Sag ihr, ich flehe sie an, sie möge zu mir zurückkommen«, befahl er einem der Zauberer, »es soll alles vergessen sein, was geschehen ist.« Der kühne Zauberer sprang in den See. Nach langer Zeit tauchte er wieder auf, doch er kam allein an die Oberfläche. »Die Fürstin lebt«, meldete er dem Herrscher, »ich habe mit ihr gesprochen. Sie befindet sich in einem Palast, der schöner ist als deiner. Sie haust dort mit einem Dämon, der wie ein kleiner Drache aussieht. Sie will nicht mehr zurückkommen, denn sie erklärt, sie sei dort unten glücklicher als oben bei ihrem Gemahl.« Der Fürst war aufs tiefste betrübt, denn er wußte nun, daß er sein geliebtes Weib nie mehr wiedersehen würde. Aber er befahl dem Zauberer, ein zweites Mal zu tauchen, er solle sie bitten, ihm doch sein Kind zurückzugeben. Der Zauberer sprang noch einmal in den See und tauchte wieder auf; das Kind hielt er in seinen Armen, doch es war tot und hatte keine Augen mehr. Der Dämon hatte sie ihm geraubt. Voller Verzweiflung übergab der Fürst den kleinen Leichnam wieder dem See, wo er sofort versank.

Von diesem Tage an wurde der See von Guatavita eine Stätte der größten Verehrung. Aus dem ganzen Land trafen Pilger ein, um für die Seelen von Mutter und Kind zu opfern und zu beten. Doch es ereignete sich nur zwei- oder dreimal im Jahr an den großen Festtagen, daß der Fürst selbst ein Floß bestieg und auf den See hinausfuhr. Tausende von Menschen standen dicht gedrängt an den steilen Ufern des Kratersees und schauten auf den Wasserspiegel hinab. Über und über mit Gold bedeckt saß der Fürst auf dem Floß, von der aufgehenden Morgensonne in einen strahlenden Glanz gehüllt. Sein ganzer Körper war von Kopf bis Fuß mit Harz bestrichen. Darüber hatte man soviel Goldstaub gestreut, daß ihn die Harzschicht zusammen mit dem Goldstaub wie mit einer goldenen Hülle umgab. In der Mitte des Sees angelangt, gebot er der Musik zu schweigen. Alle Anwesenden verhüllten ihr Gesicht, um das Opfer, das der Fürst vollzog, nicht zu profanieren. Unter lauten Gebetsrufen warf er alle Kostbarkeiten, die er an Gold und Smaragden mit sich führte, ins Wasser. Hierauf entledigte er sich der goldenen Hülle, indem er seinen Körper mit dem Saft bestimmter Kräuter abwaschen ließ, so daß das Gold ins Wasser fiel. Damit war das Opfer vollzogen.

Die Sage vom vergoldeten Mann ›El Dorado‹ und den unermeßlichen Goldschätzen im heiligen See von Guatavita hatte sich bei der Ankunft der Spanier rasch verbreitet und viele Abenteurer zur Hebung des Schatzes herbeigelockt. In den Jahren nach 1600 unternahm Frater Pedro Simón im ›Nuevo Reino de Granada‹, wie Kolumbien damals genannt wurde, weite Reisen. Er veröffentlichte die Sage vom El Dorado in seinen ›Noticias historiales de las conquistas de Tierra Firme en las Indias Occidentiales‹ im Jahre 1624. Diese Sage, die sicherlich einen wahren Kern hat, wurde schon im Jahre 1540 von Juan de Castellanos in seinem Reisebericht aufgezeichnet, der sich besonders mit den religiösen Zeremonien der Muisca vertraut gemacht hatte. Und aus dem Lande der Muisca stammt die Legende vom vergoldeten Mann.

## 3  Die Muisca-Staaten (Abb. 6–8)

Angezogen wie von einem Magnet wurden die spanischen Eroberer von der Legende vom ›El Dorado‹. Gleichzeitig von drei Seiten drangen sie in Kolumbien ein, in das Land, dem der Eroberer Gonzalo Jiménez de Quesada den Namen ›Neues Königreich Granada‹ gab, in Erinnerung an seine Heimat in Spanien. Quesada war den Magdalenenstrom hinaufgefahren, während Nikolaus Federmann, ein Deutscher und Beauftragter der Augsburger Welser, von der venezolanischen Küste her kam und Sebastián de Belalcazar den beschwerlichen Weg über die ekuadorianischen Anden einschlug. Fast gleichzeitig erreichten sie das Hochland von Bogotá, wo Quesada wiederum an der Stelle eines indianischen Dorfes namens Bacatá die neue Hauptstadt gründete, die heute den Namen Bogotá trägt.

Als die Spanier im Jahre 1538 das Hochland der Chibcha betraten, gelangten sie zu der bedeutendsten Gruppe der Chibchastämme, zu den Muisca. Der Fürst von Guatavita gehörte zu jener Gruppe von ackerbautreibenden Chibchagemeinden, die dem Zipa von Bacatá – diesen Titel führte der mächtigste Herrscher der Muisca-Staaten – unterstand. Den wirklichen Namen seines Volkes kennen wir jedoch nicht. Der Zipa kämpfte um die Vorherrschaft auf dem Hochland mit seinem Gegner, dem Zake von Tunja, der das zweitmächtigste Volk vom Stamme der Chibcha regierte und der dem Zipa schließlich unterlag. Die Hauptstadt seines Reiches hieß Muikitá, das heutige Funza.

Muisca bedeutet in der Sprache der Chibcha nichts weiter als ›Menschen‹. Zu einer wirklichen Hochkultur haben es diese ›Menschen‹ nie gebracht, denn gerade das, was

San Agustín, steinerne Figur im Parque Arqueologico. Kolumbien

II  Blick auf Bogotá. Kolumbien

III  Bogotá, Kathedrale. Kolumbien

V Landschaft in den Zentralkordilleren. Kolumbien

V  Indio beim Häutetrocknen in Putumayo.

VI  Indio bei der Salzgewinnung in Manaure.

VII  Wald am Amazonas. Kolumbien

VIII  Wüste auf der Guajira-Halbinsel. Kolumbien ▷

IX   Dorf San Miguel am St. Miguel-Fluß. Kolumbien

X   Kordillerenlandschaft. Peru

XI   Indio mit Charango, Kenko. Peru ▷

XII    Urubamba-Tal. Peru

XIII   Terrassen von Pisac. Peru

XIV    Machu Picchu. Peru ▷

nie so gut funktionieren können. Weder ein Aufstand noch ein feindlicher Einfall an den fernen Grenzen konnte erfolgen, ohne daß schnellstens Kunde davon in die Hauptstadt gelangte und der Inka so Gelegenheit hatte, sofort Truppen nach dem Unruheherd zu entsenden.

Ein ausgezeichnetes Meldesystem sorgte dafür, daß die Regierung in kürzester Zeit über alle Ereignisse im Lande unterrichtet war. Die Chasqui oder Schnelläufer konnten an einem Tag eine Nachricht ungefähr 230 km weit übermitteln. Für die Meldegänger waren in bestimmten Abständen Rasthäuser errichtet, und Unterkunftshäuser befanden sich in Abständen von etwa 8 km längs der Straßen; in ihnen wurden die Läufer abgelöst.

## 6 Die Baudenkmäler der Inka

*Cuzco (Umschlaginnenklappe vorn, Abb. 70–77)*

Die ältesten Stadtanlagen Cuzcos stammen aus präinkaischer Zeit, sie liegen auf einem kleinen Hügel zwischen den beiden Flüßchen Huatanay und Tullumayo. Die Indios, die in vielen Naturerscheinungen Sinnbilder von Tieren sahen, verglichen das Stadtbild mit der Gestalt eines Pumas. Die langgestreckte Landzunge zwischen den beiden Flüßchen nannten sie ›Pumachunam‹ (Pumaschwanz), während sie in der oberhalb der Stadt gelegenen Festung Sacsayhuaman den Kopf des Tieres sahen. Die Monumentalbauten der Stadt sind erst unter der Herrschaft der Inka entstanden.

Sie bilden den Höhepunkt einer längeren Entwicklungszeit. Das Zentrum der Stadt besteht aus zwei Hauptteilen: Urin-Cosco, dem südlichen Cuzco, und H'anan-Cosco, dem nördlichen Stadtteil. 14 Vorstädte, die heute noch die alten Inka-Namen tragen, vervollständigen das Bild.

Zunächst war Cuzco nur als Herrensitz und Stätte des größten Heiligtums der Inka gedacht; später stellte die Stadt dann in ihrer Gesamtausdehnung das Symbol der Staatsidee dar, eines Staatswesens, das alle zerstreuten Stämme und Völkerschaften der Sierra zu einem Ganzen verschmolz und verschiedene Religionen unter der Hauptgottheit, dem Sonnengott, vereinte. In Übereinstimmung mit dem ›Reich der vier Weltgegenden‹ wurde Cuzco in vier Hauptstadtteile durch vier Hauptstraßen eingeteilt, die zu den ihnen entsprechenden Reichsvierteln führten. In Pumachupam standen die Paläste der Inka, die Hochschule Yachahuasi und das Kloster der Sonnenjungfrauen. In dem Coricancha oder ›Goldplatz‹ genannten Bezirk befand sich das Allerheiligste, der Sonnentempel. In seinen Nebenräumen wurden auch der Mondgott, der Planet Venus, die Sterne und der Regenbogen verehrt. Die Reste des Sonnentempels liegen heute zum Teil unter der Kirche und dem Kloster Santo Domingo, zum Teil sind sie in der Kirche selbst erbaut. Die Mauer des Tempels hatte eine Rundung, ähnlich dem Mauerbogen des ›Torreón‹ in Machu Picchu. Auf dieser Rundung ist die Apsis der Kirche errichtet.

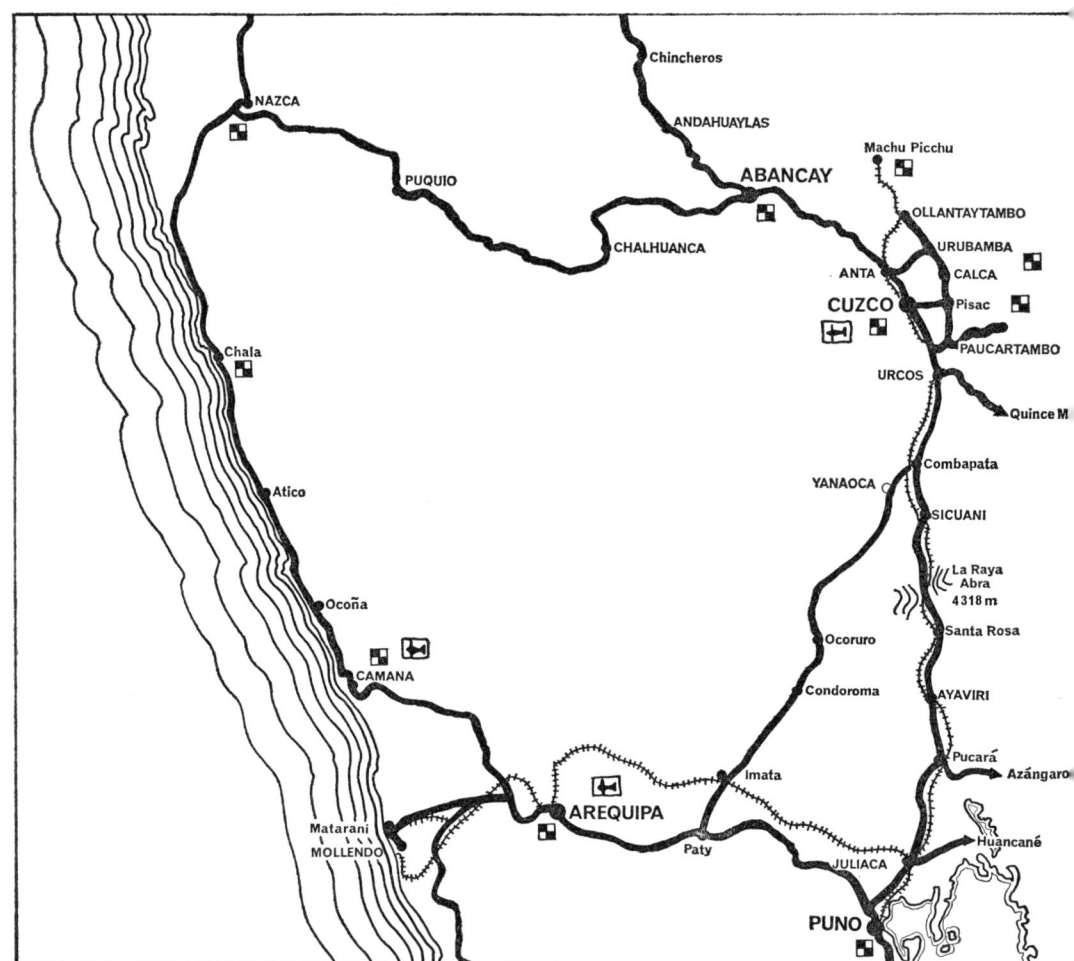

Straßen- und Eisenbahnverbindungen in der Umgebung von Cuzco im südlichen Peru. (Schwarz-weißes Viereck: Touristenhotel)

Der Sonnentempel war nicht nur der heiligste, sondern auch der reichste des ganzen Inkareiches. Seine Wände waren mit Friesen aus Goldblech geschmückt; in der großen Tempelhalle saßen die Mumien der toten Inka-Herrscher. Hier und besonders auch in der Außenwand des sogenannten Tempels des Planeten Venus befindet sich ein kunstvoll bearbeiteter Monolith, der von der Meisterschaft in der Bearbeitung des Steins bei den alten Peruanern zeugt. Dieser Stein, halb verborgen hinter einem Kirchenpfeiler, ist das Fragment einer Nischenwand, in deren glatt geschliffene Fläche regelmäßig Löcher

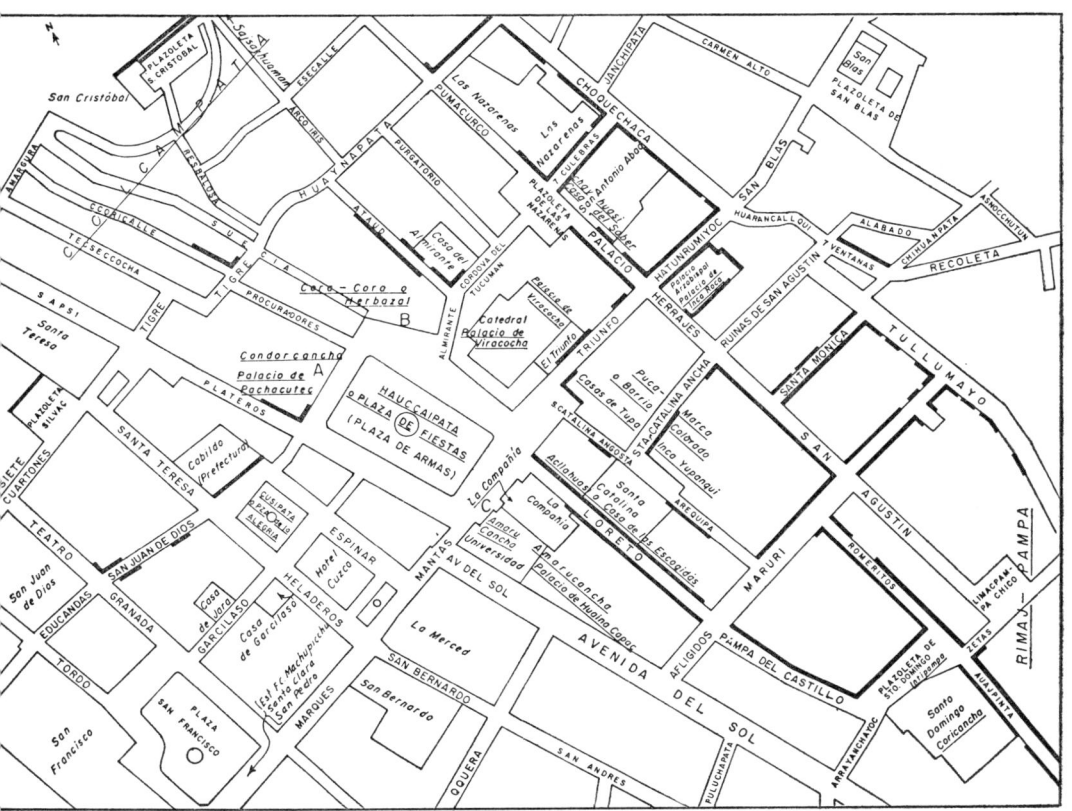

Stadtplan von Cuzco. Starke Linien bezeichnen Inka-Mauern

und Kanäle eingemeißelt sind. Aus den Aufzeichnungen des Garcilaso de la Vega erfahren wir, daß die Nischen des Tempels ganz und gar mit Gold ausgeschlagen waren. An den Kanten und in den Winkeln wären Türkise eingelegt gewesen. Und es scheint, als wenn Garcilaso gerade das beschreibt, wovon wir hier noch ein Fragment sehen.

Einige unverkennbare, charakteristische Merkmale der Inka-Bauart können wir hier wie noch an vielen anderen Plätzen in Cuzco sehen: Die Mauern sind unten massiver als oben. Die Türöffnungen sind trapezförmig und die Wände sind meist von einer Reihe ebenfalls trapezförmiger Nischen in gleichen Abständen unterbrochen. Diesem Grundelement der Inka-Baukunst begegnen wir hier in klassischer Form.

Cuzco ist eines der besten Beispiele eines Stadtzentrums, mit fortschreitender Entwicklung. Auf die Reste inkaischer Tempel und auf die Mauern der Königshöfe setzten die Spanier mächtige Kirchen, schlossen Baukörper an frühere Gebäude an und benutzten die alten Inka-Mauern als Fundamente. Huacaypata oder der ›Platz der

Freude‹ bildet auch heute noch den Mittelpunkt der Stadt. Vielleicht nicht ganz ohne Absicht wurde über dem Tempel der Sonnenjungfrauen das Kloster Sta. Catalina errichtet. Die Kathedrale Cuzcos erhebt sich an einer Stelle, wo Huira Cocha, der achte Inka, ein riesiges Gebäude aufgeführt hatte, das für Volksfeste bestimmt war. Die Seitenwände der Terrasse des ehemaligen Palastes des Inka Róca in der Triunfo-Straße sind aus riesigen, mehrere Tonnen wiegenden Steinblöcken errichtet worden, die mit erstaunlicher Genauigkeit gearbeitet und ineinandergepaßt sind, so genau, daß man nirgends eine Messerklinge in die Fugen einfügen kann. Besonders berühmt ist ein Stein, der sich mit 12 Ecken in das ihn umgebende Mauerwerk haarscharf einfügt. Pucumarca, der ›Rote Turm‹, hieß der Königshof des Inka Tupac Yupanqui, dessen zum Teil sehr gut erhaltene Quaderreihen mit den regelmäßig behauenen, gebuckelten Steinen in den Straßen Arequipa, Santa Catalina, San Agustín und Maruri zu sehen sind.

Alle diese Steine wurden weit von der Stadt entfernt gebrochen. Wie ihr Transport zur Baustelle vonstatten ging, ist bisher nicht geklärt. Wahrscheinlich erfolgte er mittels Hebebäumen. Die Vorsprünge an den unteren Kanten mancher Blöcke haben vielleicht zum Ansetzen der Hebebäume gedient. Wir wissen, daß die Blöcke mit Schlägeln aus Hematit aus den Felsen herausgeschlagen wurden und daß die Indios, um einen Stein zu spalten, abwechselnd kaltes und kochendes Wasser in Löcher gossen, die sie mit einem Quirl aus Hartholz, mit Sand und mit Wasser gebohrt hatten.

Wie schön sind die kissenartig gewölbten Steine in den alten Inka-Mauern von Cuzco! Und was ist an ihnen nicht schon alles vorübergegangen! Die Inka in ihren prachtvollen mit symbolischen Ornamenten geschmückten Gewändern, schwerbewaffnete Soldaten der Eroberer, Indios mit ihren Lamaherden und die Ordensbrüder verschiedener katholischer Klöster in ihren farbigen Ornaten. Man wird es nicht satt, durch die engen Straßen der Stadt zu wandern, hier in eine große Torhalle hineinzuschauen und dort in einen Innenhof zu treten, der mit seinen Treppen und Galerien den mittelalterlichen Charakter bewahrt hat. Überall spürt man die eigenartige Atmosphäre, die von den ehrwürdigen Baudenkmälern ausstrahlt. »Wollte ich alles beschreiben«, hat schon Cieza de León gesagt, »was ich dort zu sehen bekam, wäre des Erzählens kein Ende.«

*Sacsayhuaman (Farbt. XVI); Abb. 78–84)*

Wenn man den ungeheuren Steinmauern des Sacsayhuaman zum erstenmal gegenübersteht, so kann man es nicht fassen, wie auch nur ein Block der untersten und mächtigsten der drei Zickzackmauern fortbewegt wurde. Diese Mauern erwecken den Eindruck, als ob sie seit Anbeginn der Welt dort gestanden hätten. Und doch soll der Überlieferung nach der Bau dieser gewaltigen Festung erst vom Inka Pachacutec geplant und von seinem Sohn Tupac Yupanqui begonnen sein; sein Enkel Huayna Capac habe dann das Werk beendet. 30 000 Indios sollen 70 Jahre lang ununterbrochen mit dem Bau beschäftigt gewesen sein. Teile des Sacsayhuaman müssen jedoch viel älter sein, meinen die Archäologen, besonders die unterste 5 km lange Mauer mit ihren zyklopischen Steinen. Wir wissen, daß den Baumeistern der alten Zeit Steinwerkzeuge zur Verfügung standen, mit denen sie den harten Granit oder den Porphyr bearbeiten konnten. Aber was für eine Arbeit muß das gewesen sein, alle diese verschieden geformten Blöcke ineinanderzupassen und sie mit einander zu verankern! Durch diesen kunstvollen Aufbau erreichten sie, daß die Mauern bisher jedem Erdbeben, die in diesen Gegenden häufig sind, standgehalten haben.

## Die Festung

Sacsayhuaman liegt etwa 10 km von Cuzco entfernt an einem Berghang in einem Hochtal, das den am meisten gefährdeten Zugang zur Stadt Cuzco bildete. »Dies ist das größte und stolzeste der Werke, welche die Inka aufführten, um ihre Majestät und Macht zu beweisen«, schreibt Garcilaso de la Vega (1539–1616); »seine Größe ist unvorstellbar für alle, die es nicht gesehen haben«. Und Pedro Sancho, ein anderer spanischer Chronist, der die Festung wenige Monate nach der Konquista im März 1534 sah, berichtete: »Weder das Aquädukt von Segovia noch die römischen Bauwerke sind es so wert, gesehen zu werden wie diese.«

Die Festung besteht aus drei zyklopischen Mauern, die terrassenförmig übereinandergebaut sind. Auf jeder von ihnen befindet sich eine Brustwehr. Die Festungsmauern verlaufen zickzackförmig und die Mauerlinien sind den Bodenverhältnissen angepaßt. Jede vorspringende Ecke ist durch einen ungeheuren Felsblock gebildet. Die Besatzung der Festung war in zwei viereckigen Türmen hoch oben auf den Mauern untergebracht. Diese Türme waren durch unterirdische Gänge mit dem Mujac-Marca, dem ›Schutzraum‹, verbunden, der für die Unterbringung des Inka, seiner Familie und der Schätze

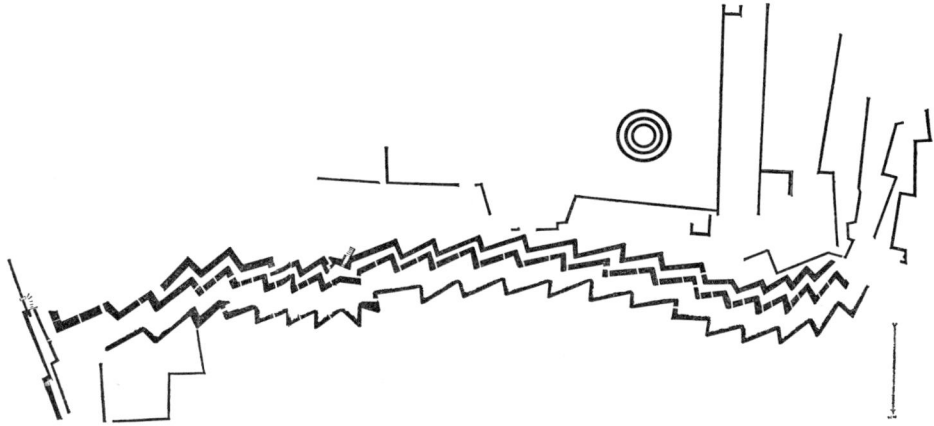

Schematische Darstellung der Festung Sacsayhuaman bei Cuzco mit ihrer dreifachen Mauer. (Nach Chevarria)

aus dem Palast und dem Sonnentempel von Cuzco in Zeiten der Gefahr bestimmt war. Von diesem Bauwerk stehen nur noch die Grundmauern.

Gegenüber der dreifachen Befestigungsanlage Sacsayhuaman, von ihr getrennt durch eine weite Ebene, erhebt sich ein riesiger, kuppelförmiger Trachytfelsen, der Rodadero. Er erweckt den Eindruck, als ob seine gewölbte Oberfläche künstlich geschliffen wäre, was jedoch nicht der Fall ist. Seine regelmäßige Gestalt ist durch Gletscherschliff entstanden. An der einen Seite des Felsens befindet sich eine Reihe eingemeißelter Steinsitze, ›der Thron des Inka‹ genannt. Diesen Platz soll von Zeit zu Zeit der regierende Inka aufgesucht haben, um die Bauarbeiten der gegenüberliegenden Festung zu beobachten. Vielleicht saßen aber auch Mumien der Inka bei den großen Festen auf dem steinernen Thron des Felsens Suchuna.

Drei Jahrhunderte lang haben Schatzgräber die Erde des gesamten Festungsbereiches durchwühlt, denn hier hätten die Inka, so glaubte man, bevor die Spanier kamen, ungeheure Schätze versteckt. »Ich bezweifle, daß irgend ein Quadratfuß des Sacsayhuaman weniger als ein Dutzend mal umgewühlt worden ist ... Unser Besuch gab vielleicht der Goldsucherei und Jagd nach Schätzen einen neuen Anstoß. Mit dem Geld, welches verwendet wurde, nach Schätzen zu graben, hätte man eine Eisenbahn von einem Ende des Landes bis zum anderen errichten, hätte Häfen und Werften bauen können!«[14]

## Tampu Machay (Farbt. XV; Abb. 88, 89, 91)

Ganz in der Nähe des Sacsayhuaman liegen die Ruinen von Tampu Machay, eine Anlage von mehreren terrassenförmig ansteigenden Mauern mit trapezförmigen Türen und Nischen, die man im Volksmund die ›Bäder der Inka‹ nennt. Der Überlieferung nach soll es ein Landsitz des Inka Tupac Yupanqui gewesen sein, was jedoch bezweifelt wird, eher könnte es eine Tempelanlage gewesen sein, dessen Mittelpunkt eine in Stein gefaßte Quelle ist, aus der heute noch genau so das Wasser sprudelt und durch steinerne Kanäle in steinerne Becken ergießt, wie zu Zeiten der Inka.

## Kenko (Abb. 85–87)

Ebenfalls im Umkreis von Sacsayhuaman liegt eine zerklüftete Felsmasse mit Spalten und Höhlen und mit einem Kult- und Festplatz, in dessen Mitte auf einer rechteckigen Sockelterrasse ein 4,70 m hohes, aus dem gewachsenen Fels gehauenes Standbild eines Puma steht. Die Spanier haben die mächtige Figur, in der sie ein Teufelswerk sahen, stark beschädigt, so daß man ihre Gestalt kaum noch erkennen kann. Dieses Denkmal geht sicher auf einen uralten Steinkult in präinkaischen Zeiten zurück.

Kenko bedeutet ›das Gewundene‹: Eine in den Felsen geschlagene Zickzackrinne gab dem ganzen Platz seinen Namen. Es ist eine Opferrinne; aus einer Schale, in die das Trank- oder Blutopfer hineingegossen wurde, leitet sie die Flüssigkeit in die Höhlen des Felsens hinab. In diesen Höhlen kann man durch einen Engpaß von überhängenden glatt geschliffenen Felswänden hineingehen, wie in einen Eingang in die Unterwelt. Im Innern sind aus den Felswänden Sitze oder Altäre herausgemeißelt. Ein großer, 1,90 m hoher Thron oder Altar mit einer niedrigen Rückenwand steht frei in der Höhle. Wahrscheinlich waren diese Sockel für die Mumien bestimmt, wenn hier Ahnenfeiern stattfanden. Auch die Oberfläche des Kenko ist bedeckt mit Skulpturen, deren Bedeutung uns manche Rätsel aufgibt.

## Chingana Grande (Abb. 90)

Ähnlich wie der Kenko ist auch Chingana Grande oder ›das große Labyrinth‹ ganz mit Skulpturen bedeckt. Er scheint ebenso wie der Kenko ein magischer Komplex gewesen zu sein. Scheinbar wahllos durcheinander sind aus dem Felsen Stufen und Treppchen, Sitze und Altäre modelliert. Der Felsblock ist 6 m hoch und seine größte Ausmeißelung, ein Thron oder Altar, ist 3 m hoch. Auf diesen Stein bezog sich wahrscheinlich die Legende von dem ›müden Stein‹, die uns Garcilaso vermittelte, und nach der dieser Block für die Festung Sacsayhuaman bestimmt gewesen sein soll. 20 000 Mann hätten ihn transportiert, doch hätte er sich auf dem Transport losgerissen und 3000 Leute erschlagen. Tatsächlich hat der Stein aber wohl immer hier gelegen. Diese niedrige Kalksteinklippe, Chingana, verdient ihren Namen mit Recht, denn im Innern ist sie ein wahres Labyrinth. Natürliche Spalten wurden künstlich erweitert und man schlug neue Durchgänge, die zu kleinen Gemächern mit Nischen und Sitzen führen. Heute hat man den Zugang zu dem äußerst verwickelten Netzwerk von Gängen verschlossen, denn es kam mehrmals vor, daß Menschen in den Irrgängen den Weg verloren und im Innern verhungerten.

## Puca-Pucara

Ein Platz, der in der Regel ebenso wie die vorher beschriebenen Baudenkmäler von Touristen aufgesucht wird, denn er liegt nur einen halben Kilometer von Tampu Machay entfernt, ist die Bergfestung Puca-Pucara. Man könnte annehmen, daß sie zur Verteidigung von Tampu Machay errichtet wurde, sie wird aber eher ein befestigter Punkt zur Kontrolle des Weges von Cuzco nach Calca gewesen sein. Die Festung besteht aus Terrassen mit Treppen, Behausungen und Türmen und ist im Halbkreis von einer Mauer eingeschlossen. In Kanälen wurde Wasser aus einer 30 m entfernt liegenden Quelle zugeführt.

## Die Insel Titicaca oder die Sonneninsel (Farbt. XIX, XX, XXII; Abb. 65, 96–99)

Ein großartiges Erlebnis ist der Besuch der Insel Titicaca oder der Sonneninsel. Nicht allein, weil sie eine heilige Insel ist und weil sich dort ebenfalls Ruinen aus der Inkazeit befinden, sondern weil man von hier aus den schönsten Blick über den See auf die grandiose Landschaft des Collao – so heißt die hochandine Landschaft um den Titicaca-See – mit der ›Cordillera Real‹, der ›Königskordillere‹, wie kaum von einem anderen Platz aus hat.

Der Titicaca-See ist der höchste schiffbare See der Welt, er liegt 3 812 m hoch und bedeckt eine Fläche von 8 300 Quadratkilometern. Er ist 194 km lang und mißt 65 km an seiner breitesten Stelle. Die Halbinsel von Tiquina teilt ihn in zwei Hälften, die durch eine schmale Durchfahrt miteinander verbunden sind. Der Hauptsee wird von den Indios Chucuito genannt, der etwa sechsmal kleinere heißt Uiñaymarca. Diese große Wasseransammlung übt auf das kalte Klima des Altiplano einen entscheidenden Einfluß aus. Auf den Halbinseln und Inseln – im Lago Chucuito sind es 25 und im Lago Uiñaymarca 11 – herrscht auch im Winter ein wesentlich milderes Klima als auf dem Festland, so daß hier sogar Gerste, Erbsen und Mais gedeihen. Das machten sich die Inka besonders auf der Sonneninsel, der sagenhaften Geburtsstätte ihrer Ahnen, zunutze, indem sie, wie Garcilaso de la Vega berichtet, von weit her Ackererde herbeischafften und damit die kunstvoll errichteten Terrassen füllten. Sie pflanzten vor allem Mais auf der Insel; obgleich der Ertrag nur spärlich war, wurden doch die wenigen Stauden heilig gehalten und die Früchte an die Tempel und Klöster des Reiches verteilt. Als Segen des

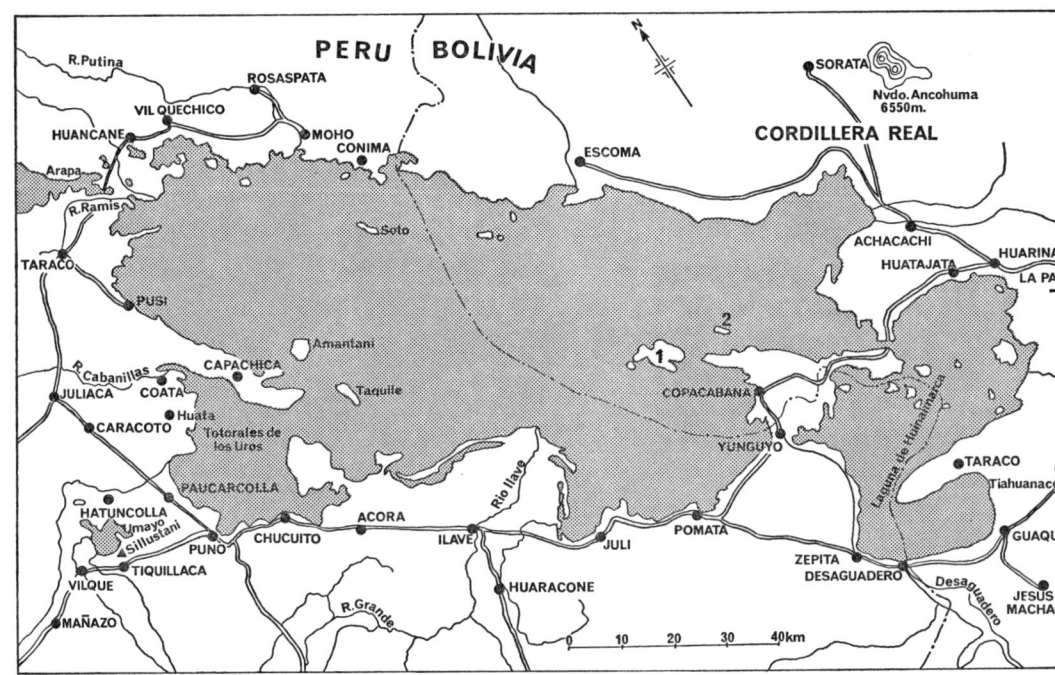

Titicaca-See mit Sonneninsel (1) und Mondinsel (2)

Himmels, als Gabe des Sonnengottes wurden die Maiskörner in den Gärten der Sonnentempel und Jungfrauenklöster gesät. Die dort gewonnenen Körner galten ebenfalls als heilige Gottesgabe und wurden im Glauben, daß sie das Volk vor Unheil bewahren würden, unter die Vorräte in den öffentlichen Kornspeichern gestreut.

Titicaca war ursprünglich der Name der Sonneninsel, er wurde dann später die Bezeichnung für den ganzen See. Man deutet den Namen als Zusammensetzung aus folgenden Aymará-Wörtern: ›titi‹ = Wildkatze oder Tiger (Puma) und ›kak‹ = Felsen, was soviel wie ›Tigerfels‹ heißt. Dies war der Platz, an dem der Schöpfergott Viracocha Sonne, Mond und die Urbilder der Menschen schuf, und von wo der Sonnengott zum Himmel emporstieg, wobei er, wie man glaubte, einen Abdruck seines Fußes in dem Felsgestein der Insel hinterließ. Sicherlich war die Insel schon lange, bevor die Inka kamen, heiliger Boden. Immer neue Mythen und Sagen entstanden um dieses Eiland. »Es wird ›heilig‹ genannt«, berichtet Cieza de León, »weil eine lächerliche Sage angibt, es wäre einst viele Tage kein Licht gewesen, da sei die Sonne glänzend aus der Insel aufgestiegen; da habe man denn einen Tempel der Sonne zu Ehren gebaut und habe ihn sehr hoch gehalten und habe ihm Jungfrauen und Priester und mächtige Schätze zugeteilt.«

Noch immer sind auf der Insel die Überreste des Sonnentempels, eines Klosters und des sogenannten Palastes zu sehen. Dieser Palast, der auf einer der Uferterrassen steht, wird Pilcocayma genannt und soll vom Inka Tupac Yupanqui erbaut worden sein. Er habe diesen Tempel errichtet, so heißt es, damit er bei seinen Besuchen auf der Insel immer den Sitz und das Heiligtum der Inticoya, der Schwester und Frau seines Urvaters, der Sonne, vor Augen habe. Von hier aus öffnet sich einem der schönste Blick über die Landschaft mit der ›Krone‹ der Anden, dem Illampu, und der Halbinsel von Copacabana.

Das Gebäude ist rechtwinklig und hat zwei Stockwerke, deren Decken durch sogenannte falsche Gewölbe gebildet werden, ähnlich wie bei den Maya-Bauten der klassischen Zeit. Der Unterstock hat zwölf kleine Räume, die in unregelmäßiger Weise miteinander verbunden sind. Die Vorderfront, die nach dem See gerichtet ist, wird von vier Nischen geschmückt, von denen die beiden mittleren durchbrochen sind und Durchgänge zu den Räumen bilden. Der Oberstock hatte keine direkte Verbindung durch eine Treppe mit dem Unterstock, man erreichte ihn über eine Terrasse am Hang, mit der er in gleicher Höhe liegt.

Aber der heiligste Ort dieser Insel und zugleich Alt-Perus war nicht jener Palast, sondern der Felsen Titicala, der an der kahlsten und abschreckendsten Stelle, am Nordwestende der Insel, liegt. Die Chronisten Calancha und Ramos berichten, daß sich auf ihm kein Vogel niederließe und kein Mensch seinen Fuß auf ihn setze. Nach der Aussage der ältesten und bestunterrichteten Indianer sei die ganze Höhlung des Felsens mit Gold- und Silberplatten ausgekleidet gewesen; in seine verschiedenen Innenräume habe man Opfergaben gebracht, je nach dem Fest oder der Veranlassung ... Der ganze Fels sei mit einem Mantel aus Vicuña-Wolle bekleidet gewesen, des feinsten und farbenprächtigsten, den man je im Reiche gesehen hätte. Nur Mitgliedern der königlichen Familie und Priestern war der Zutritt zu der Höhle erlaubt; die Pilger durften nur bis zum Rand des Felsen gehen, nachdem sie Beichte und Buße geleistet hatten. Sie durften den Fels auch nicht berühren.

Heute ist der Felsen eine verwitterte Masse roten Sandsteins, jeglichen Schmuckes bar. Für die alt-peruanische Welt war er der Mittelpunkt ihrer größten Machtentfaltung, ein Symbol für die Wanderungen der Menschen.

### Coati oder die Mondinsel

Es gibt noch zwei Inseln im Titicaca-See, auf denen sich beachtliche Inka-Ruinen befinden: Soto und die Mondinsel Coati. Auf sie begaben sich die Inka-Familien, um zu fasten und zu büßen, bevor sie zur Sonneninsel hinüber fuhren. Im Gegensatz zu dieser, die felsigen Boden und tiefeingeschnittene Ufer hat, ist Coati eine flache Insel mit fruchtbarem Ackerland, auf dem die Indios Mais, Quinoa und Kartoffeln pflanzen.

Die Mondinsel ist wesentlich kleiner als die Sonneninsel, sie war ebenfalls ein heiliger Platz, zu dem in der Inka-Zeit zahlreiche Pilgerfahrten unternommen wurden. Gleich neben der Anlegestelle für die Balsas oder Schilfboote stehen auf Terrassen eine Reihe von Gebäuden mit engen Räumen, die die Pilger passieren mußten und in denen sie sich wahrscheinlich verschiedenen Zeremonien und Reinigungen zu unterziehen hatten. Man hat diese Ruinen deshalb ›Tore der Reinigung‹ genannt. Auf der Nordseite der Insel befindet sich, dort, wo das Ufer im Halbkreis, einem Amphitheater ähnlich, verläuft, der imposanteste Bau, der große Tempel oder der ›Palast der Sonnenjungfrauen‹. Der Überlieferung nach soll der herrschende Inka an die hundert der schönsten ›ñustas‹ oder Prinzessinnen auf diese Insel geschickt haben, denen es oblag, für den Monarchen aus Mais und Quinoa das in Bolivien und Peru immer noch sehr beliebte gegorene Getränk, die Chicha, zu brauen. Die Sonnenjungfrauen waren nur in bestimmten Zeiten auf der Mondinsel. Hatten sie ihre Aufgabe erfüllt, kehrten sie wieder zu den verschiedenen Sonnenheiligtümern zurück.

Der Palast umschließt an drei Seiten einen länglichen rechteckigen Hof. Seine Mauern sind aus roh zugehauenen Steinen errichtet und waren ebenso wie beim Palast auf der Sonneninsel mit Stuck überzogen und wahrscheinlich auch bemalt. Die Mauerflächen sind hier ebenfalls durch Nischen aufgelockert. Squier zeichnete einen genauen Grundriß des Palastes, der zu den besten und verständlichsten Belegen der Inka-Architektur Perus gehört. Das untere Stockwerk besaß 35 Räume und alle baulichen Ausschmückungen finden wir an den dem Hof zugekehrten Wänden. »Die Mannigfaltigkeit suchte man dadurch zu erreichen, daß man die Simslinie über den Eingängen höher zog als sonstwo und so die letzteren von den blinden Türen oder Nischen, dem Zierat, unterschied. Die Außenseite des Gebäudes war gelb angestrichen; die Nischen aber und die Unterseiten der Simsabsätze waren rot gefärbt.«[14]

Der 6500 m hohe Huayana Potosí, einer der Gipfel der Cordillera Real, vom Altiplano in Bolivien aus gesehen

95   Eine Quechua-India aus den Anden Perus

96   Eine Balsa der Urus auf dem Titicaca-See. Boot und Segel sind aus Schilf angefertigt

97   Der Wallfahrtsort Copacabana am Titicaca-See

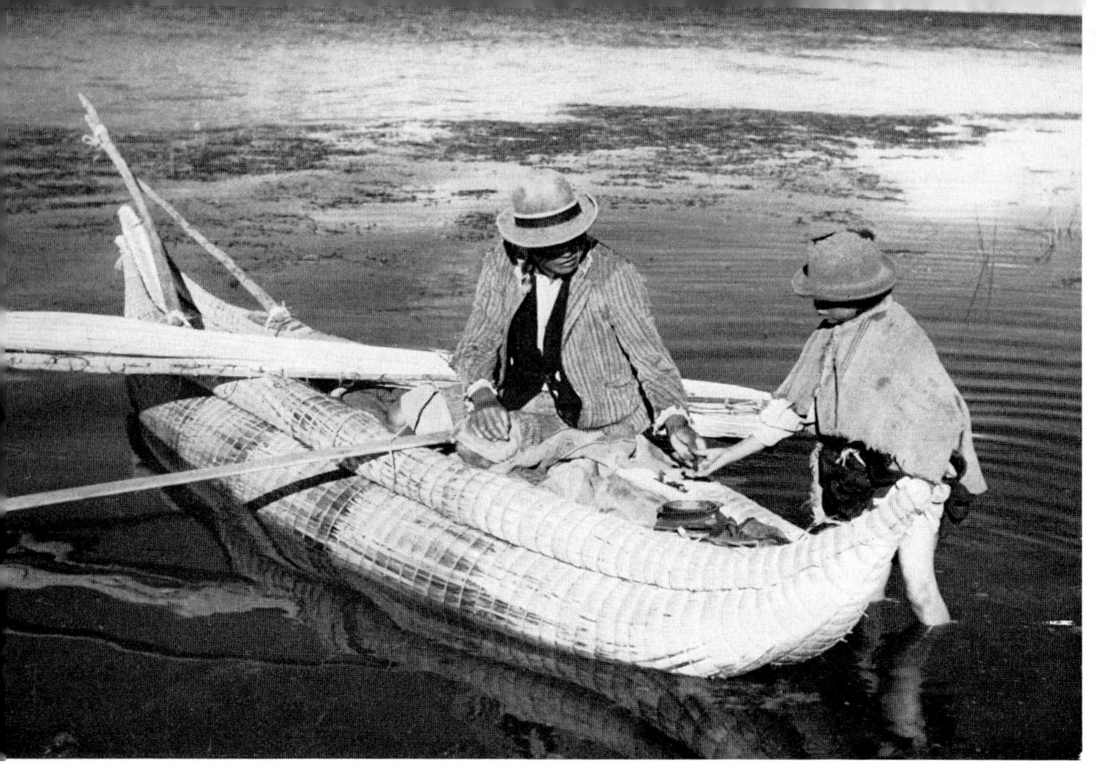

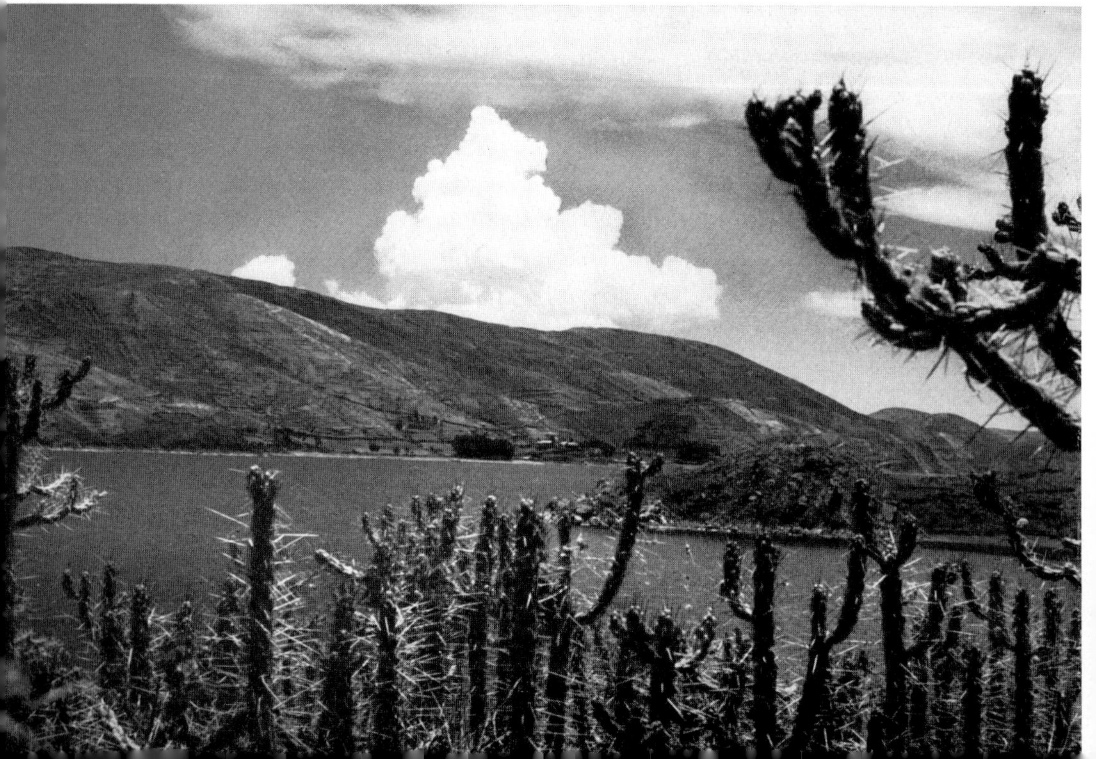

98 Die Urus und deren Nachkommen besitzen eine vollkommene Technik in der Herstellung ihrer Binsenboote

99 Viele von den kleinen Inseln im Titicaca-See sind vollständig mit Kakteen bewachsen

00 Indios aus Pisac mit Zeremonienstab und der Pututu, einer Tritonmuschel, die als Blasinstrument dient

01 Zwei Chullpas von Sillustani. Links die Chullpa del Lagarto, bei der rechten ist der sehr kleine und niedrige Eingang in den Begräbnisturm zu erkennen

102 Trapezförmige Nischen, Fenster und Türrahmen deuten auf den typischen Inka-Baustil des befestigten Heiligtums von Ollantaytambo

103 Die Porphyrblöcke, aus denen die Mauern der Bauwerke auf den Terrassen von Ollantaytambo errichtet wurden, stammen aus Steinbrüchen, die sich auf der gegenüberliegenden Seite des Vilcanota-Flusses befinden

104 An der steilen Felswand eines Bergsporns befinden sich Bastionen, Kasematten und Mauern, die der Festung Ollantaytambo nach allen Seiten Schutz gewähren ▷

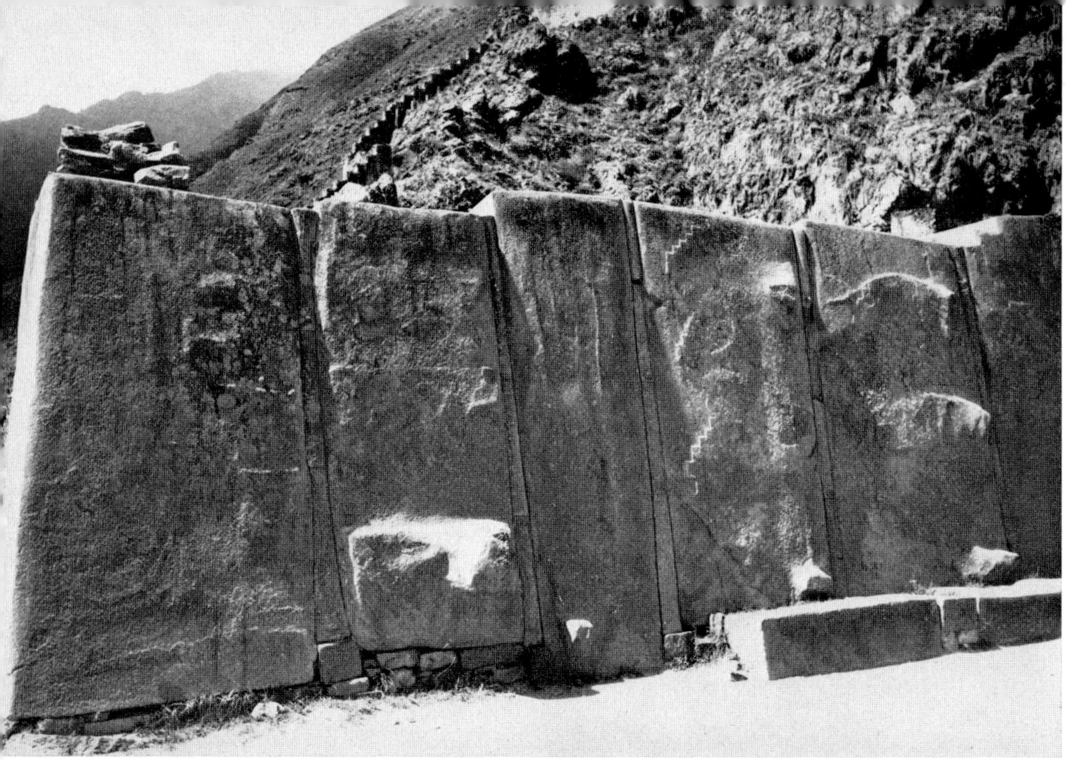

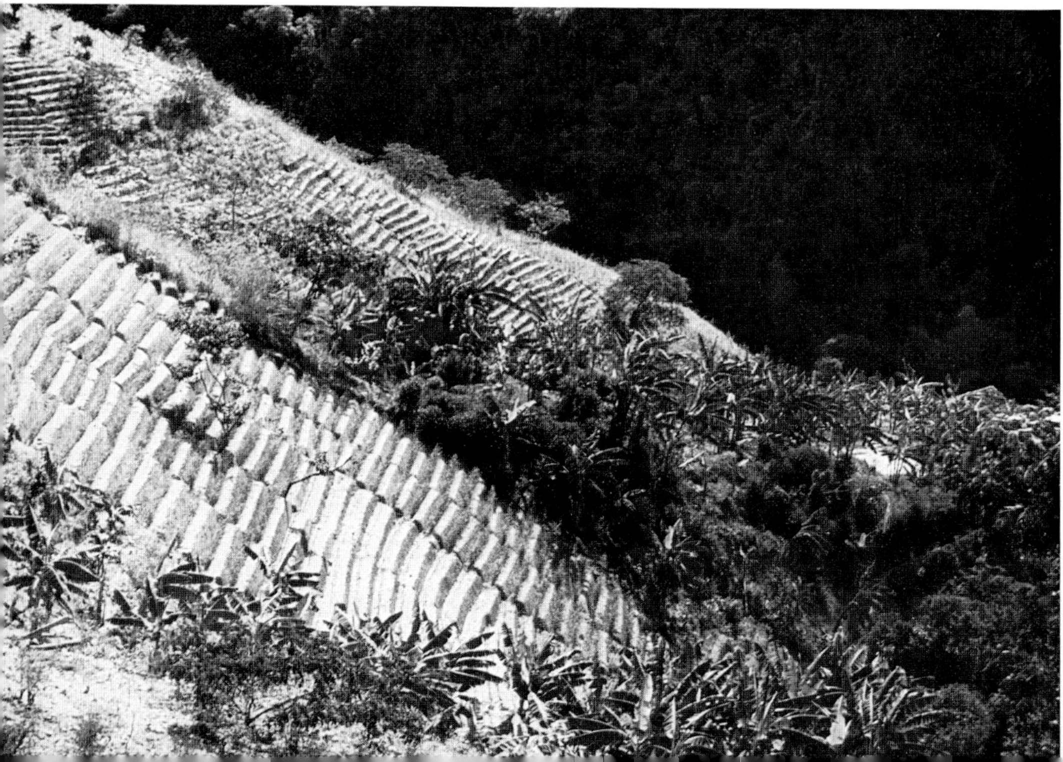

105 Diese bis zu 50 Tonnen wiegenden feinbehauenen Blöcke sollten das Fundament zu einem nicht vollendeten Tempel von Ollantaytambo bilden

106 Sogen. ›Andenes‹, Terrassenanlagen mit Kokospflanzungen

107 Inka-Mauer mit Tor zu einem Gehöft der Indios in Ollantaytambo

108 Das sogen. ›Bad der Nusta‹, der Prinzessin, in Wirklichkeit die gefaßte Quelle eines Heiligtums für eine Wassergottheit

109 Indios in der typischen Tracht von Pisac

110 El Torreon und der Huayna Picchu von Machu Picchu aus gesehen

111 El Torreon von oben gesehen, darunter der Urubamba-Fluß

112 Ein trapezförmiges Tor, typisch für den Inka-
    Baustil, und in den Fels gehauene Stufen

113 Blick auf den Huayna Picchu, auf dem sich auch
    Inka-Ruinen und Terrassenanlagen befinden

114 Wohnviertel mit der großen Freitreppe und
    dem Huayna Picchu im Hintergrund

115 Eingang zum Mausoleum der Könige (nach Bing-
    ham)

116 Im Palastviertel von Machu Picchu. Die Wände
    sind zum Teil aus dem Fels gehauen, zum Teil aus
    Blöcken errichtet

119 Blick auf Machu Picchu, mit Huayna Picchu, Teilansicht

117 Die sogen. ›Akropolis‹ von Machu Pic

118 Der Tempelbezirk vor der Akropolis dem Huayna Picchu

120 Gesamtansicht von Machu Picchu auf dem Bergsattel mit Huayna Picchu

Der Palast besaß auch einen Oberstock; seine Fußböden, die wahrscheinlich aus Holz waren, sind verschwunden. Ansätze von den steinernen Treppen, die zu den oberen Gemächern führten, sind noch vorhanden.

Der Name der Insel soll von dem Aymará-Wort ›Coyata‹ oder ›koa-tiy‹ abgeleitet sein, was ›Ort der Coya‹ bedeutet. Coya hieß die Schwester und Frau des Inka, also die Königin. Der Mond wurde Guilla genannt, die Mondgöttin war die Frau und Schwester des Sonnengottes, also führte sie auch den entsprechenden Namen ›Inti-Coya‹. So erhielt die Insel schließlich, da sie dem Mond geweiht war, den Beinamen der Frau des Sonnengottes, also Coata oder Coati.

Der Blick von dieser Insel in die Landschaft ist nicht minder schön als der von der Sonneninsel. Auch hier steht die majestätische Cordillera de los Andes mit dem schneeweißen Illiampu, dem König der Ancohuma-Gruppe vor uns. Wir sind ihm hier noch näher als auf der Sonneninsel und können seine mächtigen Gletscher deutlich erkennen.

*Die Chullpas von Sillustani (Abb. 101)*

Zu den eigenartigsten Baudenkmälern des Collao gehören die Chullpas. Chullpa ist ein Aymará-Wort und bedeutet ›Begräbnisturm‹. Bis in welche Zeit die Entstehung dieser eigenartigen Monumente, die oft in großer Zahl als runde, quadratische oder rektanguläre Türme beisammen stehen, zurückreicht, ist nicht bekannt. Doch haben in ihnen die Indios schon lange Zeit vor der Inkaherrschaft ihre Häuptlinge bestattet. Die Inka benutzten zweifellos alte, schon vorhandene Chullpas und bauten auch neue. Noch nach der Inkazeit wurden im Kernland der Aymará hochgestellte Persönlichkeiten der Indios in solchen Grabtürmen beigesetzt. Cieza de León (1518–1560) sah diese Türme und berichtete darüber: »Das Sehenswerteste, das es im Lande der Colla (oder Aymará) gibt, sind nach meiner Ansicht die Stätten, wo man die Toten bestattet ... Überall in der Nähe der Ortschaften konnte man Grabstätten der Indianer sehen, die wie Türme erbaut waren, einige aus Stein, andere aus Stein und Lehm, einige innen geräumig, andere eng.« Und über den Begräbnisritus schreibt er: »Wenn es ein großer Herr war, begleiteten die meisten Anwohner den Leichnam. Dann verbrannte man 10 oder 20 Lamas, je nach dem Rang des Toten, und tötete Frauen, Kinder und Diener, die man ihm mitschickte, damit sie ihm dienten ... und auch andere Personen wurden lebend in das Grabhaus eingeschlossen.«

Chullpas gibt es nicht nur im Collao, sondern eine ganze Anzahl befinden sich auch im Departamento Cuzco und an anderen Stellen. Die besterhaltenen und mächtigsten sind die auf der Halbinsel Sillustani am Umayo-See, 35 km von Puno entfernt. Die ganze Gegend rund um den See ist übersät mit Chullpas; keine von ihnen kann es jedoch an Größe und Ausführung mit denen von Sillustani aufnehmen. Die Halbinsel erhebt sich 150 m hoch über dem See und mißt etwa 1200 m in der Länge und 200 m in der Breite. Man erreicht das Plateau, auf dem die Ruinen stehen, leicht auf einem Fußpfad über den schmalen Landstrich, der die wie ein plattgedrückter Daumen aussehende Halb-

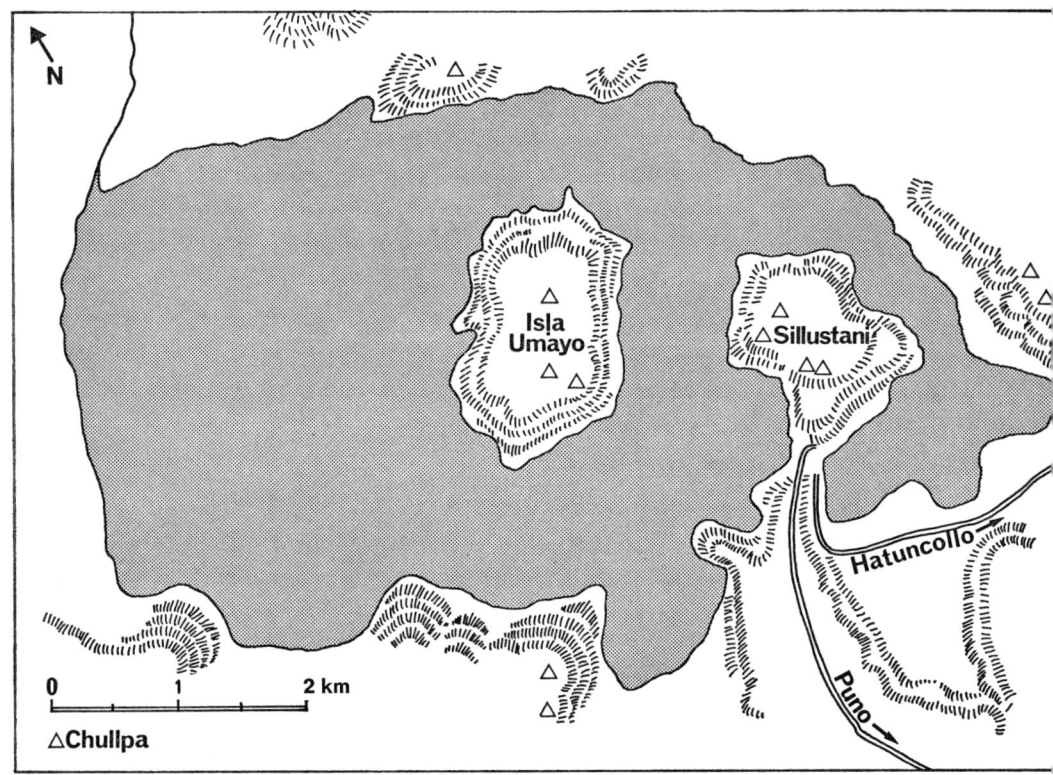

Umayo-See mit Standorten der Chullpas, der Begräbnistürme

insel mit dem Festland verbindet. Oben auf dem Plateau stehen die Chullpas bunt
durcheinander, manche aus fein behauenen Basalt- und Trachytblöcken, andere aus roh
behauenen Steinen, einige fast unversehrt, andere in Trümmern oder halb fertig. Einzelne
sind so makellos, als wären sie eben gebaut; sie befinden sich überall verstreut auf der
Halbinsel, auch unmittelbar am Rand der steilen Felsabstürze. Was diese Ruinenstätte
so interessant und wertvoll macht, sind nicht allein die fertigen und halbfertigen Bauwerke, sondern die große Anzahl verstreut liegender und fertig zugehauener Steine.
Wie nirgendwo anders gewinnen wir hier einen Einblick in die Arbeit der Architekten
und Steinmetze der Inka. Unter welchen Schwierigkeiten und mit welcher Geschicklich-
keit sind diese Steine zugehauen! Es wurde auch hier nach demselben Prinzip gearbeitet
wie bei der Errichtung der monolithischen Mauern von Cuzco, Sacsayhuaman oder
Pisac. Wieder sehen wir, daß die Inka ebenso gut Steine für eckige wie für runde

Gebäude bearbeiten konnten. Zunächst einmal wurden alle Steine nach einem bestimmten Plan ausgewählt und bei den runden Bauten – das gilt ebenso für das Heiligtum des Sonnentempels in Cuzco wie für den Torreón in Machu Picchu und für die Chullpas von Sillustani – nach dem berechneten Halbmesser des Gebäudes behauen. Aus den herumliegenden Steinen geht hervor, daß alle Ausmessungen des Gebäudes vorher festliegen mußten und daß die Steine nicht erst nach ihrer Vermauerung geformt wurden. Zusammengesetzt, wurden die Mauern innen mit Lehm verschmiert und zum Teil mit rohen Steinen abgestützt. Um dem Ganzen einen noch besseren Halt zu geben, höhlte man den nach innen ragenden Teil des behauenen Steines, der nach außen die gewünschte Rundung hatte, aus, füllte die Vertiefung mit einem Stein und verschmierte das Ganze mit Lehm.

Die größte Chullpa von Sillustani, die man ›La gran Chullpa del Lagarto‹ oder ›den großen Begräbnisturm der Eidechse‹ nennt, erreicht eine Höhe von 12 m. Das Erstaunliche an diesem Bauwerk ist, daß sich der runde Turm nach oben hin allmählich erweitert und an der Spitze eine Kuppelwölbung zeigt, eine besonders bemerkenswerte baukünstlerische Leistung, denn die Kanten der einzelnen Steine sind wie bei den schönsten Cuzco-Mauern haarscharf aneinander gepaßt.

In ihrem Innern sind die einzelnen Chullpas ebenso verschieden wie in ihrer Größe und in ihrer äußeren Bauart. Meist, aber auch nicht immer, sind die Eingänge nach Osten gerichtet. Die Öffnungen sind gewöhnlich niedrig, gerade groß genug, um einen

Schematische Zeichnungen verschiedenartiger Chullpas, der Begräbnistürme, in denen die Indios schon vor der Inkaherrschaft ihre Häuptlinge bestattet haben. Noch nach der Inkazeit wurden im Kernland der Aymará hochgestellte Persönlichkeiten der Indios in solchen Grabtürmen beigesetzt

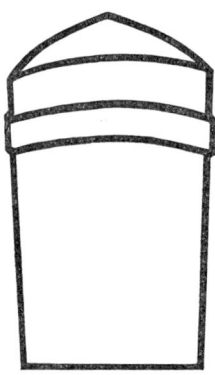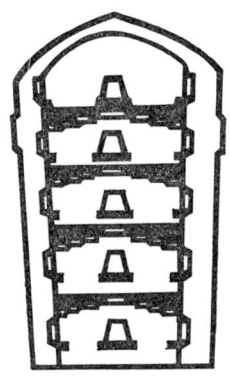

Schematische Zeichnung der Chullpa ›El Lagarto‹, die heute halb zerstört ist

Menschen hindurch zu lassen. Viele Chullpas, besonders jene, die zu hunderten bei Quellenata am Nordostufer des Titicaca-Sees stehen, besitzen keinen Eingang. Sie wurden zugemauert, nachdem man die Toten in ihnen beigesetzt hatte. Die Chullpa del Lagarto in Sillustani bestand im Innern aus fünf übereinanderliegenden Kammern, von denen jede an den Wänden Nischen hatte. Leider sind die Decken der Räume nicht mehr erhalten, aber herausragende Steine an den Wänden geben den Hinweis, daß die Räume fünffach übereinanderlagen.

Manche Chullpas haben nur einen einzigen gewölbten Raum mit einer im Boden versenkten Grabkammer, die mit flachen Steinen zugedeckt ist, andere haben an den Seitenwänden Nischen, in denen die Mumien in Hockstellung untergebracht waren. Wieder andere sind mehrstöckig unterteilt. Die Chullpas waren wahrscheinlich Mausoleen einzelner hochgestellter Persönlichkeiten oder ganzer Familien. Fast alle wurden von Schatzgräbern auf der Suche nach Gold aufgebrochen und durchwühlt. Doch hatten die Archäologen im November 1971 in Sillustani unwahrscheinliches Glück; als sie wieder einmal die Chullpa del Lagarto untersuchten, fanden sie in ihrer Nähe einen Goldschatz, der aus 501 Objekten bestand und insgesamt 3777 Gramm wog. Unter den Objekten befanden sich getriebene Platten, Opfergefäße, Halsketten und ein Brustschmuck mit einem menschlichen Gesicht, 168 gleiche Anhängerplättchen, 223 ähnliche aber von anderer Form und 23 Anhängerglöckchen, alles aus Gold. Der Schatz befand sich nur etwa 80 cm unter der Erdoberfläche. Alle Gegenstände stammten aus der Inkazeit.

Auf einem Absatz oder einer natürlichen Terrasse an der nordöstlichen Seite der Halbinsel Sillustani befindet sich eine Anlage aus prähistorischer Zeit, die ›der Sonnenkreis‹ genannt wird. Es ist eine runde Fläche mit einem Durchmesser von 15,60 m, die von einem Kranz behauener Steine eingefaßt ist. Hinter ihm bilden aufrecht stehende Steinplatten gewissermaßen eine Wand, durch die eine nach Osten gerichtete Türöffnung über drei Stufen ins Innere führt. Da diese aufrecht stehenden unbehauenen Steine mit den sogenannten Sonnenkreisen oder druidischen Zirkeln in England und in anderen Gegenden Europas übereinstimmen, nennt man auch diese Anlage ›Sonnenkreis‹. Diese Anlagen von Sillustani – es gibt deren noch mehrere, jedoch nicht so gut erhaltene – halten einige Archäologen für Intihuatanas. Andere meinen jedoch, es handelt sich bei dem großen Sonnenkreis um eine Opferstätte, die mit dem Totenkult in Verbindung stand. In der Mitte des Kreises stehen nämlich zwei steinerne Pfeiler, an die vielleicht die Opfertiere gebunden wurden; die steinerne Rinne außen am Kreis wäre für den Abfluß des Blutes oder auch der Chicha gewesen, die, wie wir wissen, bei den Opferfesten gespendet wurde, um den Durst der Toten zu löschen. Diese Zeremonie hieß bei den Inkas Saminchassca.

Auf jeden Fall ist der Besuch von Sillustani besonders lohnend, denn wir sehen nicht nur die einzigartigen interessanten Reste aus der Vergangenheit, sondern wir genießen

Der sogenannte Sonnenkreis von Sillustani. (Aus: E. George Squier, Peru, Leipzig 1884, S. 479)

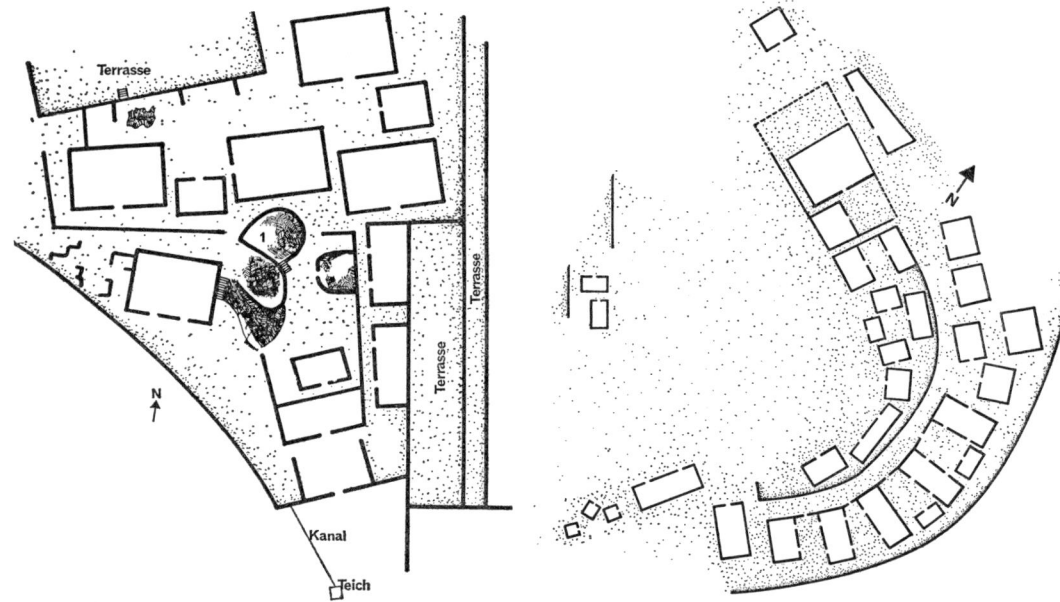

Der sakrale Stadtteil der Ruinen von Pisac
mit dem Intihuatana (1)

Anlage des Stadtteils Pisaca, unterhalb des
sakralen Viertels

eine unbeschreiblich schöne Landschaft, von der die Indios sagen, »hier hätten die Erd-
bewohner gelebt, bevor die Sonne erschaffen wurde«.

### Die Festung Pisac (Farbt. XIII, XVII; Abb. 100, 109)

Auf einem kühnen Bergvorsprung, der sich aus den schneebedeckten Anden zum Urubamba-Tal vorschiebt und der zwischen dem Vilcanota-Fluß und dem FlüßchenChongo
ein unregelmäßiges Oval bildet, liegt eine der größten Bergfesten der Inka. Nur durch
einen schmalen Grat ist dieser Bergsporn mit dem Gebirgsstock verbunden. Steile Fels-
wände machen die Oberfläche des Sporns unzugänglich. Hier oben bauten die Inkas
nicht nur eine Festung, sondern eine ganze Stadt; überall, wo es einem Waghalsigen
vielleicht möglich gewesen wäre, emporzuklettern, errichteten sie hohe Steinmauern.
Nur an drei Stellen ist die Anlage zugänglich, zwei von ihnen liegen nach dem Vilcanota-Tal zu, die dritte ist der schmale Rücken, die Verbindung zu dem Gebirge. Diese
Zugänge konnten durch befestigte Tore gesperrt werden.

Auch heute noch ist der Aufstieg von dem Orte Pisac aus zur Festung nicht leicht.
Deshalb ist diese großartige Anlage so wenig bekannt. Erst nachdem für den Tourismus
auch in Peru immer neue interessante Plätze erschlossen werden, wird zur Festung hin-

auf eine Straße angelegt. Der Aufstieg erfolgt durch eine teils in den Felsen hineinge-hauene, teils aus großen Steinblöcken bestehende Zickzacktreppe, die sich an der Steil-wand hinaufwindet und manchmal an schwindelnden Abstürzen vorbeiführt oder sich um vorragende Felsbastionen herumwindet. Auf jeder dieser Bastionen stehen Türme für Krieger nebst Vorratsräumen für Steine, die auf den angreifenden Feind hinabge-schleudert werden konnten.

Als Ganzes kann man die Anlage ebenso bedeutend nennen, wie die von Sacsay-huaman. In der Alten Welt sind nur die großen Bergfesten Indiens mit ihr zu verglei-chen. Pisac war nach Meinung der Forscher eine der größten Städte aus präkolumbi-nischer Zeit, so groß wie die Chimú-Hauptstadt Chan-Chan oder Teotihuacán in Me-xiko, sie hat eine Ausdehnung von mehreren Quadratkilometern. Sie besitzt die groß-artigsten, vollständig erhaltenen Tore und einen durch den Fels geschlagenen Tunnel von 16 m Länge, der zu einem Saumpfad über einem tiefen Abgrund führt. Allein der Friedhof mit seinen Tausenden von Gräbern hat eine Länge von etwa 4 km. Diese Stadt bestand nicht nur aus Palästen, Tempeln und Mausoleen; in dieser riesigen Anlage gab es auch Häuser und Bauwerke aus weniger haltbarem Material, z. B. Mauern offizieller Gebäude, deren zyklopische Blöcke ebenso faszinierend sind wie in Cuzco, Sacsayhua-man oder Machu Picchu. Wie in Machu Picchu können wir in Pisac zwei Baustile unter-scheiden: Der eine ist rustikal, für den anderen sind zyklopische oder semizyklopische Mauern charakteristisch. Beide Stile gehören jedoch nicht zwei verschiedenen Kulturen an, sondern sind nur zwei verschiedene Bauweisen innerhalb derselben inkaischen Peri-ode, in der auch die großen Bauwerke Cuzcos entstanden.

Im Zentrum der alten Stadt Pisac – denn es war wirklich eine Stadt und nicht nur eine Festung – liegt das Sonnenheiligtum Intihuatana mit seinen Palästen und Tempeln, die den klassischen inkaischen Baustil am reinsten repräsentieren.

Ein Intihuatana gibt es nicht nur hier, sondern auch in Machu Picchu und an anderen Plätzen. Intihuatana bedeutet so viel wie ›der Ort, an dem man die Sonne anbindet‹, ›Inti‹ = ›Sonne‹ und ›huatana‹ = ›Ort, der etwas festhält‹. Der Intihuatana ist immer aus einem natürlichen Felszacken geformt, dessen Spitze nach Art eines Zuckerhutes abgestumpft ist. Er steht immer unter freiem Himmel in einem astronomischen Obser-vatorium. An dem Schatten dieses Felszackens wurde der tägliche Lauf der Sonne be-obachtet. Die genaue Bestimmung der Sonnenwenden war für die Landwirtschaft wich-tig, denn hiernach richtete sich die Aussaat und Bestellung der Felder auf den Andenes, den Terrassenkulturen. Nach Garcilaso de la Vega waren die Intihuatanas reich ver-zierte Steine und standen in den offenen Höfen der Sonnentempel. Die Priester hatten die Aufgabe, in der Zeit der Tag- und Nachtgleiche auf den Schatten dieser Pfeiler zu achten, welche in der Mitte großer, die ganze Hoffläche umspannender Kreise an-gebracht waren. Eine Anzahl von Chronisten gibt an, daß auf den Anhöhen um Cuzco Türme so errichtet waren, daß man durch Beobachtung ihrer Schatten die Zeitpunkte der Sonnenwenden und die Länge des Sonnenjahres genau feststellen konnte. Der Intihua-tana von Pisac, also das Zentrum der Stadt, liegt auf einer absoluten Höhe von 3018 m.

Die Forschungen, Freilegungen und Restaurationsarbeiten werden in Pisac fortgesetzt. Die bekanntesten Stadtteile sind außer dem Intihuatana die Nekropolis von Antachaka und Tantanamarka und der dem Intihuatana am nächsten liegende Komplex von Pisaca oder Pikillacta. Im Ganzen gesehen, ist Pisac ein Wunder der Baukunst inmitten einer der schönsten Landschaften Perus.

Der Name Pisac ist von dem Aymará-Wort ›Ppisaccu‹ abgeleitet, der Bezeichnung eines Vogels, ähnlich unserem Rebhuhn, der in dieser Gegend häufig vorkommt. Das Dorf Pisac am Vilcanota-Fluß gehört zur Provinz Calca. Hier finden sich jeden Sonntag Hunderte von Indios aus der nahen und weiteren Umgebung zum Markt ein. Sie tragen noch, ebenso wie ihre Alkalden, die Bürgermeister der umliegenden Dorfgemeinden, schöne und eigenartige Trachten, die zur Zeit der spanischen Eroberung entstanden sind. Die Alkalden führen den Beinamen ›Varayoc‹ nach ihren silberbeschlagenen Stäben als Zeichen ihrer Würde. Dieser Sonntagsmarkt in Pisac ist eine der größten Touristenattraktionen; wir können hier, wie kaum noch an anderen Plätzen, schöne farbenprächtige Ponchos, Decken und Kopfbedeckungen bei den Indios sehen.

## Ollantaytambo (Abb. 102–108)

Verfolgen wir den Vilcanota-Fluß, der später Urubamba (Farbt. XII) oder Yucay genannt wird und der schließlich, wieder unter anderem Namen, als Ucayali in den Amazonas mündet, weiter talabwärts, so gelangen wir nach 18 km von der Ortschaft Urubamba aus nach Ollantaytambo, das immerhin noch in 2750 m Höhe liegt. Ollantaytambo – eigentlich sollte man Ollantaytampu sagen, Garcilaso nennt den Ort einfach Tampu in der Bedeutung von ›Hofhaltung‹ oder ›Heerlager des Königs‹ – soll der Überlieferung nach im Jahre 1460 zum Schutz gegen die wilden Urwaldstämme, die Antisuyu, gegründet worden sein. Die Burg liegt ähnlich wie die Feste Pisac auf einem steilen Bergsporn, der sich weithin sichtbar zwischen dem Urubamba- und Patacancha-Fluß in die Landschaft schiebt. Diese Landschaft gehört ebenfalls zu den eindrucksvollsten in Südamerika, In dem milden Klima grünen und blühen die mannigfachsten Sträucher, besonders der oft baumhohe spanische Ginster. Auch im Winter behalten die Bäume ihre Blätter.

Das Tal weitet sich zu ausgedehnten, fruchtbaren Niederungen, während überall die Berge, die das Tal einrahmen, zu gewaltigen Höhen emporsteigen. An diesen steilen Bergwänden hat man ebenso wie in Pisac und in Machu Picchu kunstvolle Terrassenkulturen angelegt, so daß auch noch die steilsten Hänge reiche Erträge bringen. Die Terrassen werden mit zunehmender Höhe schmaler. Ihre Mauern sind mit größter Genauigkeit errichtet, und die Flächen zwischen den Mauern sind mit fruchtbarer Erde aufgefüllt. Sie haben einen geringen Neigungswinkel, der gerade genügt, um diese ›hängenden Gärten‹ hinreichend zu bewässern. Alle Anlagen sind mit künstlichen Wasserleitungen versehen, die hoch oben am Rande des ewigen Eises beginnen. Ein ausgeklügeltes Kanalsystem leitet das Wasser von Terrasse zu Terrasse. Aus den Mauern herausragende Trittsteine ermöglichen es den Indios, die Anlagen einfach und schnell zu ersteigen. Sie pflegen heute noch diese Terrassenanlagen, pflanzen, genau wie ihre Vorfahren, Mais, Bohnen und allerlei Gemüse auf ihnen. Die Ortschaft Ollantaytambo liegt am rechten Ufer des Flusses unterhalb der Festung; die Indios, die heute dort leben, haben ihre Wohnstätten über die Grundmauern der ehemaligen Inkasiedlung gebaut. Da die indianischen Hauskonstruktionen viel einfacher und bescheidener sind als die Prunkbauten der Spanier in Cuzco, läßt sich hier die alte hervorragende Stadtplanung der Inka leichter erkennen als dort.

Als die Spanier im Jahre 1536 hier eintrafen, war der Bau der Festung noch nicht vollendet. Überall liegen noch unbearbeitete Steinblöcke umher. In den Fels hinein hatte man Bastionen und Kasematten geschlagen. Aber das genügte nicht: Aus Steinbrüchen, die sich hoch oben an der dem Sporn gegenüberliegenden Bergwand befinden, wurden Porphyrblöcke und Platten herbeigeschafft. Manche Blöcke blieben als ›müde Steine‹ am Wege liegen, aber die meisten gelangten nicht nur über den Fluß, sondern auch noch die steile Felswand hinauf zur Festung. Oben wurden sie zum Bau von Stützmauern, Türmen und Gebäuden verwendet.

An den Stellen, wo sie nicht durch die hinter ihr aufsteigende uneinnehmbare Felswand geschützt war, wurde die Festung mit Außenmauern versehen. Es ist ein Erlebnis, in diesen gewaltigen Festungsanlagen, die von Ferne gesehen wie an den Fels geklebt erscheinen, zu klettern. Immer wieder öffnen sich neue Ausblicke. Erst wenn man oben steht, erkennt man, wie weitläufig die ganze Anlage ist. »Hier liegt wieder der allgemeine, altamerikanische Baugedanke zugrunde, aus dem hohen Burgfelsen durch Ummantelung mit gestuften Terrassen eine Art von Stufenpyramide zu schaffen, die auf ihrem abgestumpften Gipfel den Tempelhügel trägt.«[11] Ollantaytambo war nicht nur eine Festung, sondern auch eine heilige Stätte, eine Tempelburg, die mit dem Königshaus der Inka eng verbunden war, denn hier wurden die Eingeweide der toten Inka-Herrscher, auch ihre Herzen, beigesetzt, während die Mumien der Könige im Sonnentempel in Cuzco ihre letzte Ruhestätte fanden.

Auf der obersten Plattform des abgestumpften Hügels befinden sich die Tempelbauten, doch der Haupttempel wurde nie fertig. Wir stehen hier vor einem Rätsel, vielleicht dem größten, das uns die Inka aufgegeben haben. Wie wurden die riesigen Monolithen aus besonders hartem, rötlichen Granit, die ebenso wie das andere Baumaterial auf der anderen Seite des Flusses geschlagen wurden, die steile Felswand hinauf transportiert? Die sechs Monolithen sind äußerst kunstgerecht geschliffen und stehen in einer Reihe genau aneinandergepaßt. Nicht wie in Sacsayhuaman ist jede Kante haarscharf in die andere gepaßt, vielmehr wurden Ungleichheiten dadurch überbrückt, daß man die Blöcke hintermauerte und die Zwischenräume mit einem Futter von feingefügten Steinen ohne Mörtel ausfüllte. Der vierte Monolith von links hat einige Vorsprünge und ist mit einem einfachen Relief versehen, die anderen sind glatt. Das Gewicht dieser Blöcke wird auf bis zu 50 Tonnen geschätzt. Sie sollten wahrscheinlich das Fundament zu dem geplanten Tempel bilden. Daß auf ihnen weitergebaut werden sollte, geht auch aus

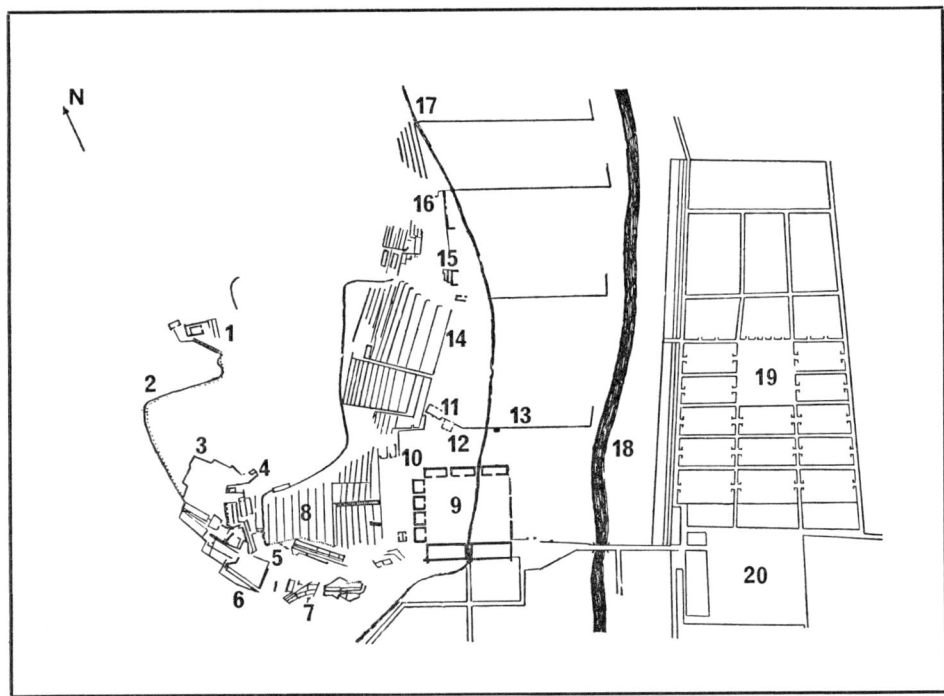

Lageplan der Ruinen von Ollantaytambo: 1 Intihuatana 2 Weg zum Intihuatana 3 Befesti-
gungsmauer 4 Mausoleum 5 Quellen 6 Plattform 7 Befestigungsmauern 8 Großer Tempel
9 Platz Manya Raqui 10 Tempel I 11 Tempel II 12 Wohnhäuser 13 Das sogenannte Bad
der Prinzessin 14 Terrassenkulturen 15 Tempel III 16 Tempel IV 17 Bewässerungskanal
18 Patacancha-Bach 19 Alte Stadt Tampu 20 Kolonialer und moderner Stadtteil

einer Zeichnung des Malers Rugenda hervor, der für Alexander von Humboldt gearbeitet hat. Auf ihr sehen wir über den Monolithen weitere Steine, die später erst,
vielleicht durch ein Erdbeben, herabgestürzt sind. Von der Größe dieser Blöcke geben
ihre Maße eine Vorstellung:

    I    Block: 3,50 m hoch, 1,65 m breit, 1,15 m dick

   II   Block: 3,40 m hoch, 1,35 m breit, 1,10 m dick

 III  Block: 3,90 m hoch, 1,30 m breit, 0,70 m dick

 IV  Block: 3,65 m hoch, 1,83 m breit, 0,90 m dick

  V   Block: 3,60 m hoch, 2,00 m breit, 0,80 m dick

                  unten 2,20 m breit,

                  Sockel verdeckt, wirkliche Höhe ca. 3,80 m

 VI  Block: 4,05 m hoch, 1,90 m breit, oben, 1,80 m dick, oben,

                  2,16 m breit, unten, 2,00 m dick, unten[11].

Es stellte sich auch hier die Frage, ob der Kern der Tempelburg aus der Inka-Zeit stammt oder ob auf dem Berg schon früher ein Heiligtum gestanden hat? Die Megalithen von Ollantaytambo sind nicht kissenförmig gewölbt wie die von Sacsayhuaman, sondern glatt. Die Unterschiede in der Mauertechnik von Ollantaytambo selbst lassen auf zwei verschiedene Bauperioden schließen. »Auf dem Burgberg gab es schon in sehr alter Zeit einen heiligen grünen Felsen, in einfaches Mauerwerk gefaßt, mit eingebauten kleinen, nicht sehr kunstvollen Trapeznischen. Dieses einfache Heiligtum wurde in späterer Zeit mit einem Mantel aus Granit-Monolithen umgeben; für die Inka-Zeit spricht dabei die Überlieferung von der Beisetzung der Eingeweide der Könige in Ollantaytambo ... Aufgrund dieser, uns noch unbekannten Beziehung wurde die Rückwand der Frontmonolithen gegenüber dem fast ärmlichen, aber durch sein Alter und durch eine noch unbekannte Bedeutung geheiligten Bau der Vorzeit, in feinem Quaderwerk ausgebaut. Das Alte, Heilige ließ man unangetastet.«[11]

Ein anderes altes Heiligtum, vermutlich aus der Vorinka-Zeit, ist das sogenannte ›baño de la ñusta‹ oder das ›Bad der Prinzessin‹. Es befindet sich in einem der Gärten des Dorfes Ollantaytambo. Ein Prinzessinnenbad war es bestimmt nicht, vielmehr eine heilige Quelle, deren Wasser über eine sehr schön verzierte Steinplatte in ein Becken läuft und von dort weiter in die Gärten. Die Verzierung besteht aus einem gemeißelten Stufenornament mit symbolischer Bedeutung. Das Heiligtum war wohl einer Wassergottheit geweiht, die für die Fruchtbarkeit der Felder Sorge tragen sollte.

Zur Berühmtheit Ollantaytambos trug nicht wenig die Sage von dem unglücklich liebenden Heerführer Ollantay bei, der die Macht der Inka weiter in das Waldgebiet des Amazonas vortreiben wollte. Er war verliebt in die Tochter des Inka Pachacutic, in die schöne Prinzessin Cusi-Coyllur, den ›freudigen Stern‹, er durfte sie jedoch nicht heiraten, da er nicht zur Adelsfamilie der Inka gehörte. Als Ollantay siegreich von einem Feldzug heimkehrend im Triumph in Cuzco einzog und mit den größten Ehrungen überschüttet wurde, raubte er die Prinzessin und machte sie zu seiner Frau. Er machte sich dadurch des Religionsfrevels schuldig und wurde auf das strengste bestraft. Die Leiden und Abenteuer dieses Mannes bilden den Stoff zu dem einzigen überlieferten Drama der Inka, dem Trauerspiel ›Ollantay‹.

*Machu Picchu (Farbt. XIV; Abb. 110–120)*

Nachdem die Spanier dem Inka-Reich ein Ende bereitet hatten, regierten noch kurze Zeit einige Schattenherrscher unter der Aufsicht spanischer Gewalthaber. Das Geschlecht der Inka ging nicht sofort unter; Inkaprinzessinnen werden mit Söhnen des spanischen Adels verheiratet. Viele Familienmitglieder der Inka waren jedoch bei Ankunft der Spanier geflüchtet und hatten sich in entfernte Berggegenden zurückgezogen. Sie hatten einen Teil der reichen Schätze mit sich genommen und irgendwo sichergestellt. Von den Chronisten wird wiederholt der Name Vilcapampa oder Huilcabamba erwähnt. Dies soll die letzte Zufluchtsstätte der Inka in den östlichen Anden gewesen sein, die von den

Spaniern nie entdeckt wurde. Man berichtete, daß dort die Inka mit Hilfe von 4000 Indios Tempel, Paläste und Befestigungen angelegt hätten, von denen aus sie gelegentlich Angriffe gegen die Spanier unternahmen, bis der letzte Inka, Tupac Amaru, in die Hände seiner Gegner fiel und von dem damaligen spanischen Vizekönig Francisco de Toledo im Jahre 1572 hingerichtet wurde. Die Anhänger Tupac Amarus sollten daraufhin ihr Versteck verlassen und sich in die Urwälder des Amazonas-Gebietes zurückgezogen haben. Vilcapampa habe der Dschungel mit seiner tropischen Vegetation verschlungen.

Erzählungen von den verschleppten Schätzen und von der verschwundenen Stadt Vilcapampa blieben bis in die Neuzeit im Umlauf und gaben Abenteurern Veranlassung, die zum Teil noch unerforschte Bergwelt der Anden zu durchstreifen. Im Jahre 1911 startete eine Expedition, die von der Yale University in Nordamerika ausgerüstet war, in das Bergland von Peru. Vilcapampa, das wußte man, setzt sich aus zwei Quechua-Wörtern zusammen, aus Vilca oder Huilca und Pampa. Der Name bedeutet demnach ›die Ebene, auf der die Huilca wächst‹; Huilca ist der Name eines subtropischen Baumes, aus dessen Samen die Inka *cohoba*, ein Narkotikum, bereiteten. Dieses Wort ist auch in Vilcanota enthalten, dem Namen jenes Flusses, an dem wir schon Pisac und Ollantaytambo kennen gelernt haben; an seinen Ufern mußte also der Huilca-Strauch wachsen. Bingham untersuchte nun die ganze Gegend flußabwärts. Schließlich traf er auf immer reichere Bestände. Er kam in ein wildes Bergland mit schwarzen Felswänden und mit Huilca-Sträuchern überzogenen Schluchten, in denen sich der Vilcanota-Fluß wie ein silbernes Band dahinschlängelt. Er gelangte über einen alten Inkapfad, der jedoch durch einen Bergrutsch unterbrochen war, von einem Bergkegel aus zu einem kleinen Plateau oder Sattel, wo auf alten Inka-Terrassen zwei Indio-Familien ihre Nutzpflanzen zogen. Von der versunkenen Stadt sah der Forscher zunächst noch nichts. Erst unter Führung eines elfjährigen Jungen gelangte er in eine völlig vom Dschungel überwachsene Stadt, die nicht von Menschenhand zerstört, sondern allem Anschein nach von ihren Bewohnern in Eile verlassen worden war. Bingham konnte nicht mit Sicherheit behaupten, daß es die verlorene und von ihm gesuchte Stadt Vilcapampa war; deshalb gab er ihr einen neuen Namen, er nannte sie Machu Picchu oder ›alte Bergspitze‹.

Der Anblick dieser Stadt, die nun inzwischen gesäubert und auch teilweise restauriert wurde, ist überwältigend. In einer hochdramatischen Szenerie liegt sie in einer absoluten Höhe von 2300 m und 500 m über dem Urubamba- oder Vilcanota-Fluß auf einem Gebirgsstock, der von Menschenhand vollständig umgewandelt worden ist. Die Anlage ist in drei Teile gegliedert, in der Mitte befindet sich in unterschiedlichen Höhenlagen das Stadtzentrum. Die Ränder des Bergsattels umrahmen Terrassenanlagen, während

Lageplan von Machu Picchu:   A Tempelviertel mit dem Intihuatana   B Das sogenannte Palast- ▷ viertel der Könige mit dem Torreón   C Wohnviertel der Zivilbevölkerung;   1 Eingangstor 2 Runder Turm  3 Königspalast  4 Tempelbezirk  5 Intihuatana  6 Heiliger Fels  7 Drei Tore 8 Steinerne Mörser  9 Gefängnis  10 Innerer Wohnbezirk. (Vgl. Abb. 120)

die andere Seite von der himmelstürmenden Felswand des Huayna Picchu eingenommen wird. Außerordentlich günstig war der Ort, den die Inka zur Anlage dieser geheimnisvollen Stadt wählten. Von keinem Punkt im Tal aus war sie zu sehen, während sich oben auf dem Berg Späher verbergen konnten, denen nichts entging, was sich in der Tiefe ereignete. In früheren Zeiten hatte die Stadt nur einen einzigen Zugang, nicht weniger exponiert als der zur Festung Pisac, durch Schluchten und über Grate hinauf zum Berg. Der Weg mußte schon vor der spanischen Zeit durch einen Bergrutsch unterbrochen worden sein. Bingham fand den Anfang dieses Pfades und tastete sich als erfahrener Bergsteiger die steilen Hänge hinauf, bis er schließlich sein Ziel erreichte. Als er im Jahre 1913 mit der Freilegung der Stadt begann, wurde ein neuer Zugang geschaffen, der im Zickzack vom Vilcanota- oder Urubamba-Fluß aus den steilen Berg hinaufführt. Später wurde dieser Weg zu einer Fahrstraße ausgebaut und das Rasthaus neben den Ruinen zu einem kleinen Hotel.

Die Anlage der Stadt zeugt von der Kühnheit und dem Einfallsreichtum ihrer Erbauer. Auch hier mußte das Baumaterial, ein harter Granit, herbeigeschafft werden. Wenn man bedenkt, wie exponiert der Bauplatz ist, so war allein der Transport der Steine eine große Leistung. Überblickt man heute die ganze Stadt – und das kann man sehr gut von dem dem Huayna Picchu gegenüberliegenden Berg –, so kann man deutlich drei verschiedene Bezirke unterscheiden; den Tempelbezirk mit dem Intihuatana-Felsen im Zentrum, das Palastviertel der Könige mit dem Torreón und das einfache Wohnviertel der zivilen Bevölkerung. Da das Gelände, auf dem Machu Picchu erbaut wurde, nicht eben, sondern vielfach nivelliert ist, sind die Bauten oft horizontal und vertikal ineinander verschachtelt. Überall waren Treppen erforderlich, um von einem Komplex zum andern zu gelangen. Es gibt mehr als 100 Treppen, eine von ihnen zählt in gerader Linie von unten nach oben über 100 Stufen. Im ganzen besitzt die Stadt schätzungsweise 3000 Stufen, von denen einige direkt in den Felsen geschlagen, andere aus Steinen zusammengefügt sind.

Nach der Entdeckung dieser geheimnisvollen Stadt vermuteten manche Wissenschaftler, sie wäre schon in vorinkaischer Zeit erbaut worden, doch ist man jetzt allgemein der Ansicht, daß Machu Picchu im ›Goldenen Zeitalter der Inka‹ entstand, und daß der Kern der Stadt aus Heiligtümern bestand. Dafür sprechen vor allem die trapezförmigen Türen und Nischen und das Mauerwerk mit den kissenartig vorgewölbten Quadersteinen, die ebenso wie in Cuzco oder Sacsayhuaman polygonal ineinander verschachtelt sind.

Auf dem höchsten Punkt des sakralen Viertels, das auch die Akropolis von Machu Picchu genannt wird, erhebt sich der Intihuatana, der ganz ähnlich dem von Pisac ein aus dem Fels gehauener Sporn ist. Er ragt aus einem Felssockel heraus, in den die Inka kunstvolle, spiralförmig zum Pfeiler hinaufführende Stufen einschlugen. Man sieht in den aufsteigenden flachen Stufen »eine Symbolik, die sich beziehen muß auf das große Thema der Sonnenwanderung: In Hochländern, in denen die Menschen in Höhen von 3–4000 m lebten, mußte die Sonne die Gottheit sein, deren Bewegung am Himmel das

Jahr der Hochlandbauern, ihre Arbeit, ihr Leben bestimmten[11].« In unmittelbarer Nähe des Intihuatana liegt der Sonnentempel, der einzige, der von den Spaniern nicht völlig zerstört wurde. Von ihm sind noch drei Mauern erhalten. Vor der mittleren steht ein steinerner Altar, der aus drei Blöcken zusammengesetzt ist. Der mittlere von ihnen ist der höchste. An der östlichen Seite der Akropolis befindet sich der ›Tempel der drei Fenster‹, dessen Mauern aus enormen Blöcken errichtet sind. Nach den drei großen trapezförmigen Fenstern trägt das Bauwerk seinen Namen.

Nicht weniger eindrucksvoll ist die sogenannte ›Königsgruppe‹; zu ihr gehört der Torreón, der Palast der Prinzessin, und das königliche Mausoleum. Neben dem Torreón befindet sich eine granitene Nischenmauer, »die schönste Mauer Amerikas«. Der Torreón ist ein halbrunder Turm, der auf einem heiligen Felsen steht und dessen Mauern sich an den Felsen anschmiegen. Im Innern des Turmes sind auf der Oberfläche des Felsens kleine Opfertische ausgemeißelt. Der Turm selbst weist keine in sich geschlossene Rundung auf, er umschließt vielmehr in einer unregelmäßigen Kurve, fast in einem Halbkreis den heiligen Felsen. Diese Form erinnert an die der Apsis des Sonnentempels in Cuzco. Der Turm hat ein Fenster, das genau nach Südosten gerichtet ist. Die Vorsprünge an den vier äußeren Ecken des Fensters hatten wahrscheinlich symbolische Bedeutung. Der Turmfelsen überdacht eine Höhle, in der aus dem Felsen wiederum Stufen und Plattformen ausgemeißelt sind. Bingham nannte diese Höhle das ›Mausoleum der Könige‹. Sicher bildeten der Turm, der heilige Felsen und die Höhle eine Einheit. In der Nähe dieses Komplexes fanden Grabungen statt, bei denen 142 Skelette freigelegt wurden. Man fand auch Tonwaren und Gegenstände aus Bronze und Silber, die alle den klassischen Stil von Cuzco zeigen.

An der rechten Seite der Haupttreppe, neben der die alte Wasserleitung entlang läuft, befindet sich der sogenannte königliche Palast. Er besteht aus zwei geräumigen Gemächern mit zwei kleinen Räumen in Form von Korridoren. Alle Bauten in Machu Picchu waren früher mit hölzernen Balken und Strohdächern gedeckt. An manchen Mauern finden wir oben eine Reihe von aus dem Stein gemeißelten Zapfen, die wahrscheinlich zur Befestigung des Daches gedient haben. Vielleicht hatten sie auch noch andere Aufgaben, denn ähnliche Zapfen gibt es in der Höhle unter dem heiligen Felsen, im sogenannten Mausoleum.

Zwischen den drei Hauptbezirken liegt eine große ebene Fläche, die die ›Plaza Principal‹ genannt wird und die an drei Seiten von Terrassen mit Bauwerken eingerahmt ist. Vermutlich fanden hier die großen Zeremonien beim Inti Raymi statt, dem Fest der Wintersonnenwende, das in jeder großen Stadt als Hauptfeier des Jahres im Monat Juni abgehalten wurde.

Einen weiten Raum nimmt der östliche Teil der Stadt ein, der aus vier Gebäudegruppen besteht; etwas abseits gelegen schließt sich eine fünfte Gruppe an. Ein Teil der Gebäude ist aus fein behauenen Steinen im klassischen Inka-Stil errichtet, ein anderer aber in der einfachen rustikalen Art. Es ist möglich, daß dieser Stadtteil von einer besonderen

Gruppe der Bevölkerung, etwa einem Clan, bewohnt wurde. Es könnten hier die Ajillas, die für den Sonnenkult auserwählten Jungfrauen, gelebt haben.

Von hohen Mauern eingeschlossen liegt südlich des östlichen Teils von Machu Picchu das Viertel der Handwerker, wie man nach verschiedenen Funden vermutet. Alle Gebäude sind nach einer gewissen Symmetrie um einen kleinen Patio herum gebaut. In einem von ihnen befinden sich zwei aus dem Felsen gehauene Vertiefungen. Bingham bezeichnete es als ›Haus der Mörser‹, doch diese Deutung wird angezweifelt, da sich an ihnen keinerlei Spuren von Abnutzung feststellen lassen.

Weiter südlich vom Handwerkerviertel, durch einen Weg und eine Terrasse getrennt, befinden sich mehrere Konstruktionen von eigenartiger Gestalt um und über einem Felsen. Oben auf dem Fels befindet sich eine Mauer mit drei Nischen, an deren Seiten man in den Stein gehauene Ösen erkennt, die zur Befestigung der Fesseln von hier untergebrachten Gefangenen gedient haben könnten. Deshalb nannte man diese Gruppe auch ›das Gefängnis‹. Bingham ist allerdings der Ansicht, daß in den Nischen bei gewissen Festlichkeiten einbalsamierte Mumien aufgestellt wurden.

Besondere Beachtung verdient noch die Wasserzufuhr. Jeder Stadtteil erhielt sein Wasser mittels sorgfältig gearbeiteter Kanäle, die zum Teil gemauert, zum Teil aus dem Fels gehauen sind. Im Zentrum der Stadt gibt es 16 Brunnen, die alle kunstvoll gefaßt sind.

Verwunschen und verzaubert liegt am äußersten Rande der Kordilleren mitten in tropischer Vegetation die alte Tempelfeste Machu Picchu. Die Schönheit ihrer Lage und die großartige Konstruktion erheben sie zum kostbarsten Juwel unter allen alten Inkastätten. Sie ist ein Meisterwerk, von Menschenhand geschaffen, den Göttern geweiht.

, 122   Lehmreliefs an einer Mauer in Chan-Chan, die inzwischen durch Witterungseinfluß immer mehr verschwinden

–126  Einige von den über 300 neuerdings aufgefun-
denen Reliefplatten, die als unterer Fries am
Hauptbauwerk des Cerro Sechín angebracht
wurden. Dargestellt sind Krieger, die über
Leichenteile besiegter Feinde hinwegschreiten

127 Im Stil und vielleicht auch der Auffassung ähnlich sind ＜
Danzantes von Monte Albán in Mexiko, die heute v
manchen Archäologen ebenfalls als Totendarstellungen ；
deutet werden

128, 129 Reliefdarstellungen von abgehackten Armen, Bein
und Köpfen vom Fries in Cerro Sechín

# Ratschläge für das Reisen zuden historischen Plätzen

## Kolumbien

**San Agustín** (s. S. 30 ff.; Farbt. I; Abb. 9–24). Eine der wichtigsten archäologischen Stätten Kolumbiens. Man erreicht San Agustín von Bogotá aus mit dem Bus, eine weite Reise von 594 km, oder mit dem Flugzeug bis Neiva und von dort mit dem Bus oder Taxi, 234 km. Die Hälfte der Straßen sind asphaltiert, die andere Hälfte gut angelegte befestigte Straße. Es gibt zwei Möglichkeiten, zu übernachten: das Hotel Yalconia und den Camping-Platz Osoguaico, beide liegen außerhalb des Ortes in der Nähe des archäologischen Museums und des Archäologischen Parkes. Auf dem Camping-Platz kann man Zelte mieten; auch für Verpflegung wird gesorgt. Die Fahrt von Neiva nach San Agustín mit dem Auto dauert etwa 5 Stunden, sie ist landschaftlich sehr eindrucksvoll, besonders die letzte Strecke entlang dem Magdalenenstrom.

Das *Museum* liegt 3 km von San Agustín entfernt, man kann es mit dem Auto erreichen. Unmittelbar hinter dem Museum beginnt der *Bosque Arqueológico*, ein Freilichtmuseum mit kleineren monolithischen Figuren, die an verschiedenen Plätzen gefunden und dort zusammengetragen und aufgestellt wurden. Im wesentlich größeren *Parque Arqueológico Nacional* hat man dagegen die monolithischen Denkmäler am Fundort belassen. Man kann sie nur zu Fuß besuchen. Die *Mesita A, B und C* sind 600 bis 800 m vom Museum entfernt. Im Park befinden sich auch die *Fuente de Lavapatas* (1 km entfernt) und der *Alto de Lavapatas* (2 km entfernt). Hier findet man die wichtigsten Statuen. Fast ebenso bedeutend ist der *Alto de los Idolos* in der Nähe der Ortschaft Isnos, 27 km von San Agustín entfernt auf der anderen Seite des Magdalenenstroms. Eine gute Fahrstraße führt bis zum Hügel, den man dann zu Fuß ersteigen muß. In derselben Gegend liegt auch der *Alto de los Piedras*. Auf dem Wege nach Isnos kann man den Wasserfall Mortiño besuchen.

Für den Besuch der Monolithen von San Agustín sollten mindestens 2 Tage angesetzt werden. Wenn man mehr Zeit zur Verfügung hat, kann man noch verschiedene interessante Punkte mit monolithischen Statuen aufsuchen, zu Fuß und auch zu Pferd. Pferde werden vom Hotel aus besorgt. Einige Punkte seien hier genannt: *El Tablón:* 1 km Fahrweg und 400 m zu Fuß; *Cerro de la Pelota:* 3 km zu Pferd; *El Jabón:* 18 km zu Pferd; *Quinchana:*

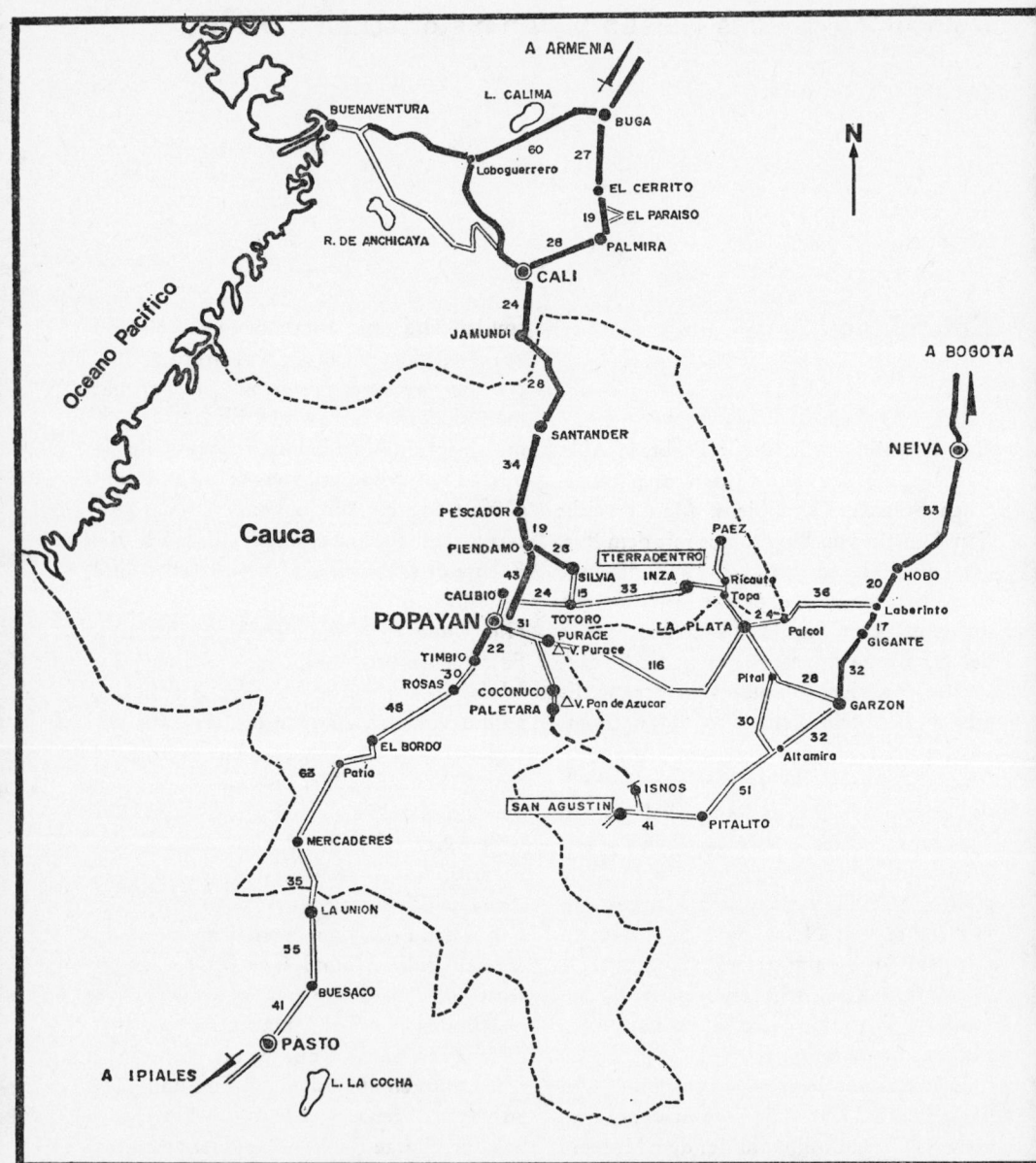

Straßennetz in Kolumbien, Wege zu den Stätten Tierradentro und San Agustín

16 km Fahrweg und 13 km zu Pferd; *La Chaquira:* 2,5 km zu Pferd; *La Parada:* 14 km zu Pferd.

**Tierradentro** (s. S. 53 f.). Neben San Agustín gehört Tierradentro zu den bedeutenden archäologischen Plätzen monumentalen Charakters. Die archäologische Zone befindet sich in einem äußerst zerrissenen Gebirgsknoten des Departamento Cauco. Sie hat eine Ausdehnung von nahezu 3000 km². Hier leben noch etwa 25 000 Eingeborene, die Páez oder Paeces, die Nachkommen jener indianischen Bevölkerung, die den spanischen Eroberern entschlossen Widerstand leisteten. Die Páez sprechen einen der Chibcha-Sprache verwandten Dialekt und haben noch viele Gebräuche ihrer Vorfahren bewahrt, die jedoch ebensowenig wie die indianische Bevölkerung, die die Spanier in San Agustín vorfanden, als Schöpfer der monolithischen Denkmäler anzusprechen sind. Die archäologischen Denkmäler von Tierradentro bestehen in erster Linie aus steinernen Figuren, ähnlich denen von San Agustín, sowie aus unterirdischen Tempeln und Begräbnisplätzen, die in den Fels gehauen und deren Wände mit geometrischen Mustern in mehreren Farben bemalt sind. In der Nähe von San Andrés und Inzá befinden sich die bedeutendsten Fundstellen. Ihre Namen: *San Andrés, El Hato, El Marne, El Rodeo, El Tablón, Segovia, Lomo Alta, Belalcázar, Alto del Grillo* und andere. Die unterirdischen Räume von runder oder eliptischer Form mit drei, vier, fünf oder sieben Nischen waren in erster Linie dazu bestimmt, vorher verbrannte menschliche Reste mit allerlei Beigaben aufzunehmen. Die Funde, die hier seit 1936, dem Beginn ihrer Erforschung, gemacht wurden, beschränken sich hauptsächlich auf eine interessante Keramik, auf Darstellungen von Menschen, Schlangen, Eidechsen und phantastischen Tieren.

In dieser ausgedehnten archäologischen Zone hat das ›Instituto Colombiano de Antropología‹ im Municipio de Inzá einen Teil zum *Parque Arqueológico* erklärt und auch ein kleines *Museum* errichtet. Man kann die Zone auf zweierlei Wegen erreichen: über Neiva oder über Popayán. Zu beiden Plätzen gibt es Flugverbindungen von Bogotá aus. Von Neiva fährt man die gut asphaltierte Straße in Richtung San Agustín bis Laberinto (68 km). Von hier aus über Tesalia, La Plata nach San Andrés (56 km). Gesamtfahrzeit 10 Stunden.

Von Popayán sind es nach Inzá über Totoró nur 3,5 Stunden Fahrzeit. Es empfiehlt sich, entweder in Popayán in dem neuen Touristenhotel ›El Monasterio‹, einem alten Franziskaner-Kloster von besonders schöner Architektur, zu übernachten oder im Hotel de Turismo in Silvia, von wo aus man ebenfalls über Totoró nach Inzá gelangt. Von Popayán nach Silvia sind es 55 km, von Silvia nach Inzá 88 km. Auch in La Plata besteht die Möglichkeit, zu übernachten; es stehen allerdings nur wenige Zimmer zur Verfügung. Von hier aus sind es zum *Parque Arqueológico* nur 1,5 Stunden Fahrzeit.

Im Laufe des Jahres 1973 soll eine im Bau befindliche Straße fertiggestellt werden, auf der man von Popayán aus über **Coconuco, Paletara, Isnos San Agustín** in wenigen Stunden erreichen kann, so daß auch in verhältnismäßig kurzer Zeit beide archäologischen Zonen besucht werden können.

**Museo del Oro in Bogotá** (s. S. 27; Abb. 2–4). Das Goldmuseum liegt im Zentrum der Stadt und befindet sich heute in der ›Banco de la Republica‹. Es wurde 1938 gegründet aus der Idee heraus, in sicherer und wissenschaftlicher Form die Schätze der indianischen Goldschmiedekunst zu retten. Die Anfänge dieser wunderbaren Sammlung gehen auf Ankäufe und Schenkungen aus privater Hand zurück. Später wurde die Sammlung durch neue archäologische Funde und durch Ankäufe von den ›Huaqueros‹, den privaten Schatzgräbern, dermaßen bereichert, daß sie heute einmalig in der Welt ist. Die Anzahl der Goldobjekte wird mit 14 000 angegeben; das Museum besitzt also fünfmal so viele Goldgegenstände wie alle anderen Museen oder Privatsammlungen zusammen. Das Museum ist gewöhnlich bis 5 Uhr nachmittags geöffnet. Es empfiehlt sich jedoch, bei Ankunft in Bogotá sich nach den genauen Öffnungszeiten zu erkundigen, da sie geändert werden können (s. a. Farbt. II, III).

## Peru – Bolivien

**Die Scharrbilder des Südens** (s. S. 70 ff.). Sie werden nur aus großer Höhe sichtbar, da manche Bilder Hunderte von Metern lang sind: Kakteen, ein Affe, Vögel, ein Kolibri mit fünfzig Meter langen Flügeln, helle Linien, die kilometerweit in verschiedenen Richtungen laufen. Diese Bilder wurden aus dem Wüstengrund der Pampa Colorada gescharrt und werden durch eine spätere Inka-Straße durchschnitten.

Die Behauptung E. von Dänikens, die Archäologie hielte die vielen parallellaufenden und zickzackförmigen Linien für Inka-Straßen, ist völlig aus der Luft gegriffen; das ist nie behauptet worden. Diese nach Däniken »absurde Logik« kann man nur ihm selbst zuschreiben, wenn er behauptet, die Scharrbilder wären Landebahnen der Astronauten aus anderen Welten gewesen. Die Figuren und Linien im Gebiete der Nazca werden schon 1548 von Cieza de León erwähnt. Sie seien Zeichen, sagte er, die den unbekannten Wanderern den Weg weisen sollten. Diese seltsamen Zeichen befinden sich auf einer Fläche von ungefähr 500 km² zwischen Palpa, Nazca und Poroma. Man kann sie am besten aus der Luft erkennen, muß sie also überfliegen. Ein Flug mit einer viersitzigen Cesna, die drei Passagiere aufnehmen kann, dauert von Lima aus hin und zurück 6 bis 7 Stunden. Der Flug kann aber heute auch direkt von Nazca aus unternommen werden. Die halbe Flugstunde kostet pro ›Flugzeugladung‹ 1500. – Soles. Der Travel Service Sudex S. A., Lima, Plaza San Martín, Edf. Sudamerica 311–14, gibt nähere Auskunft.

**Chan-Chan** (s. S. 75 ff.; Abb. 34–36, 121, 122). Diese Hauptstadt der Chimú erreicht man am besten mit dem Flugzeug der Compañía Faucett. Man fliegt von Lima bis *Trujillo*, in dessen unmittelbarer Nähe Chan-Chan liegt. Die direkte Autostraße (Panamerican Highway) führt an der Küste entlang über Pativilca (Paramonga), Casma (Cerro Sechín), Chimbote und das Virú-Tal (545 km). Man kann diese Reise auch mit einem Abstecher nach *Chavín* verbinden, indem man in Pativilca die Küstenstraße verläßt und in das Callejón de Huaylas nach Huaraz fährt, dort übernachtet und am nächsten Tag

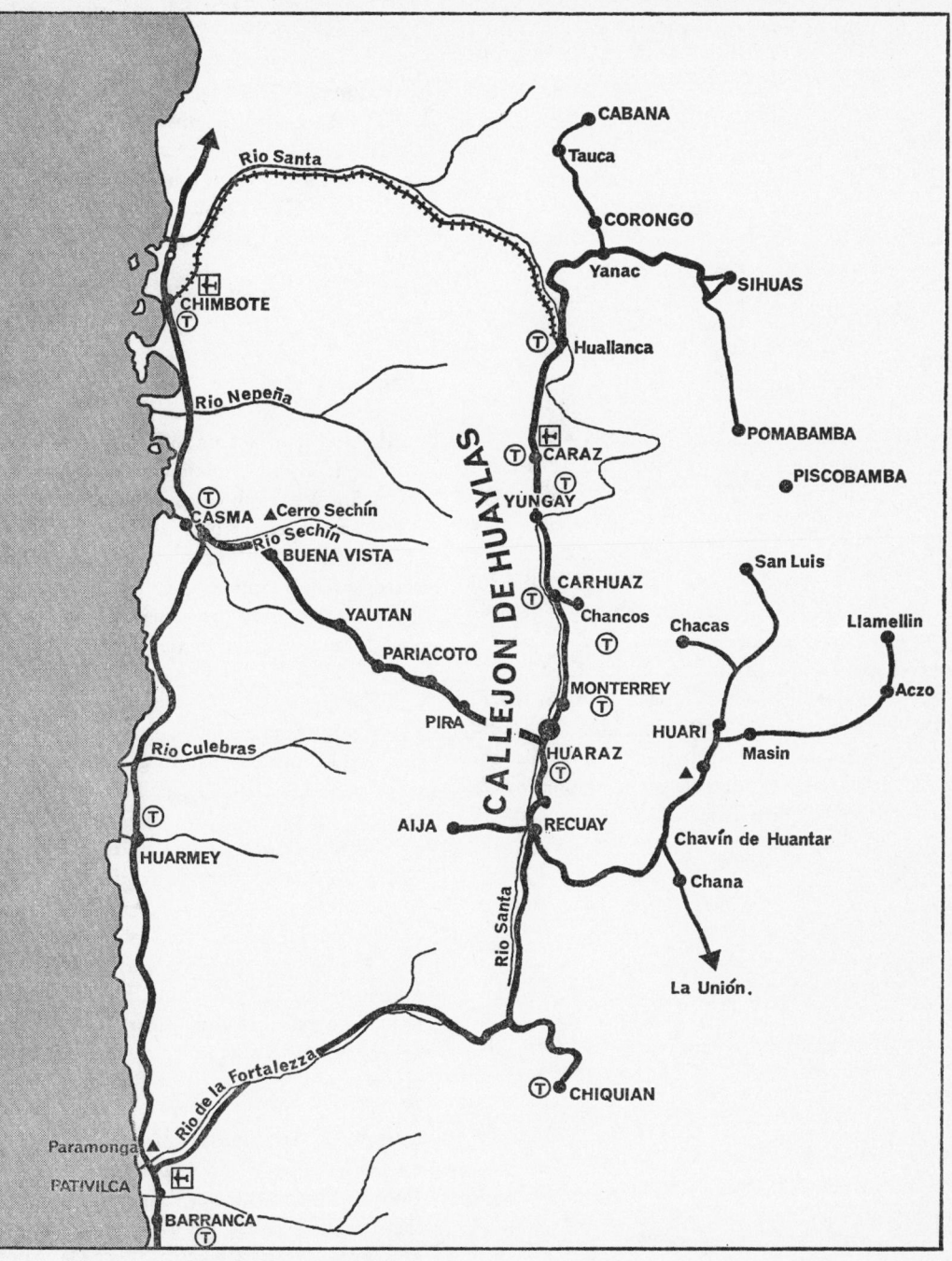

Straßennetz im nördlichen Peru mit Callejón de Huaylas (T = Touristenhotel, Dreieck = Ruinen)

über Recuay nach Chavín und zurück nach Huaraz fährt. Von hier aus gelangt man dann wieder auf direktem Wege nach Casma und kann auf der Küstenstraße die Reise nach Trujillo fortsetzen.

Wer über kein eigenes Fahrzeug verfügt, kann von Lima über Pativilca, Huaraz, Casma nach Trujillo lokale Autobusse benutzen. Den Ausflug nach Chavín unternimmt man dann aber am besten von Huaraz aus mit dem Taxi.

**Pacatnamú** (s. S. 81), neben Chan-Chan eine der ausgedehntesten Städte der Mochica und Chimú, beherrscht das weite Mündungstal des Jequetepeque-Flusses, das Zentrum des Reisanbaus. Die Ruinen von Pacatnamú wurden von H. Ubbelohde-Doering in den Jahren 1937–38, 1953 und 1962 eingehend untersucht. Von *Trujillo* aus fährt man auf der Küstenstraße mit dem Linienbus nach Norden bis *Pacasmayo* (106 km). Von hier aus erreicht man auf sehr schlechter Straße die ganz nahe der Stadt gelegenen Ruinen am besten mit dem Taxi.

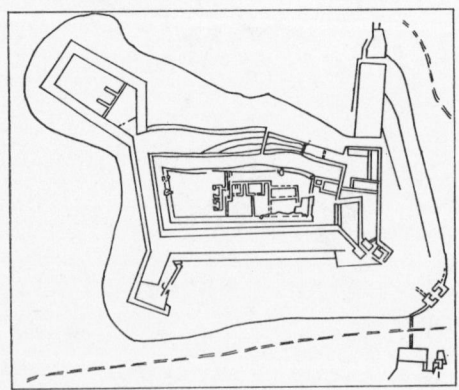

Plan der Festung Paramonga (nach L. M. Langlois)

**Paramonga** (s. S. 82 f.; Abb. 37) liegt unmittelbar an dem Panamerican Highway, 199 km von Lima entfernt. Die Straße in das *Callejón de Huaylas* biegt schon 10 km vorher von der Küstenstraße ab. Bei einer Fahrt mit dem Linienbus in das Callejón muß die Reise in *Pativilca* unterbrochen werden. Von hier aus mit dem Taxi nach Paramonga.

**Umgebung von Lima.** Archäologisch interessante Plätze sind: Puruchuco, Cajamarquilla und Pachacamac. Den Besuch der beiden ersten kann man verbinden, beide liegen am Weg nach Chosica (40 km).

*Puruchuco*, eine Konstruktion mit vielen Gängen und Gemächern aus Adobe, luftgetrockneten Lehmziegeln, liegt 8 km von Lima entfernt, 1953 restauriert. Am Platz ein Museum mit regionaler Kunst: Keramik, Gewebe, Federschmuck.

*Cajamarquilla* (s. S. 103 f.; Abb. 41). 16 km von Lima entfernt, eine der größten Siedlungen aus der Vor-Inka-Zeit, im Tal des Rimac-Flusses gelegen. Beim Kilometer 12,5 geht von der Hauptstraße die 4,7 km lange Abzweigung nach Cajamarquilla ab, die an der Hacienda Nievería vorbeiführt.

*Pachacamac* (s. S. 84 ff.; Abb. 39, 40). Zu den Ruinen gelangt man auf dem Panamerican Highway, der zunächst zur Küste und dann parallel zum Meer nach Süden führt; nach 31 km eine kurze Abzweigung zu den Ruinen.

**Museen in Lima.** Das *Museo Nacional de Antropología y Arqueología*, Plaza Bolivar, Pueblo Libre (Magdalena Vieja), Tel.: 23–1855, ist geöffnet von 10 bis 18 Uhr, an Festtagen geschlossen. Das Museum verfügt über 85 000 Huacos (Keramiken). In einem runden Saal sind einige der schönsten Gewebe aus Paracas ausgestellt. In einem unterirdischen Raum befindet sich die Goldabteilung. Diese Abteilung ist nur von 10 bis 13.30 Uhr, außer sonntags, geöffnet. Im Patio des Museums sieht man die sogenannte Raimondi-Stele aus Chavín (s. S. 111, 112).

*Museo Rafael Larco Herrera*, Av. Bolívar 1515, Tel.: 24–4333, geöffnet von 9 bis 13 Uhr und von 15 bis 18 Uhr. Sonntags und an Festtagen geschlossen. Dieses Privatmuseum verfügt über 55 000 Keramik-Stücke, es ist die Sammlung, die früher in der Hacienda Chiclín, Valle Chicama, in der Nähe von Trujillo ausgestellt war und vor einigen Jahren von ihrem Besitzer nach Lima gebracht wurde. In einem besonderen Saal sind Schmuckgegenstände aus Gold und anderem Material, in einem anderen Gewebe, unter ihnen das Fragment eines Gewebes der Chincha-Kultur, bei dem 157 Fäden auf den Zentimeter, linear kommen (das Museum gibt 398 Fäden pro Pulgada an).

*Museo de Oro del Peru*, in Chacarilla del Estanque, in der Verlängerung der Avenida Primavera gelegen, Tel.: 25–5531. Es ist gewöhnlich von 15 bis 19 Uhr offen, es empfiehlt sich jedoch, vorher telephonisch anzufragen. Das Privatmuseum (Miguel Mujica Gallo Foundation) gehört zu den größten Sehenswürdigkeiten Limas. Ebenso wie das Goldmuseum in Bogotá überrascht es durch seine Fülle und den großen Formreichtum seiner äußerst attraktiv ausgestellten Objekte.

*Museo Amano*, Calle Retiro 160, Miraflores, Tel.: 22–7456, ebenfalls Privatmuseum. Es befindet sich in dem von dem Be-

Anthropomorphe Säule, die im Schnittpunkt kreisförmiger Galerien in den sog. Labyrinthen v. Chavín steht

sitzer der Sammlung, Señor Yoshitaro Amano, eigens errichteten Gebäude und kann nur nach vorheriger telephonischer Vereinbarung besucht werden. Neben einer ausgewählten Keramiksammlung kann man hier eine einmalige Sammlung auserlesener präkolumbianischer Gewebe bewundern, die hauptsächlich, jedoch nicht ausschließlich Funde aus dem Tal von Chancay darstellen.

**Chavín** (s. S. 108 ff.; Abb. 44, 45), eine mächtige Anlage von pyramidenartigen

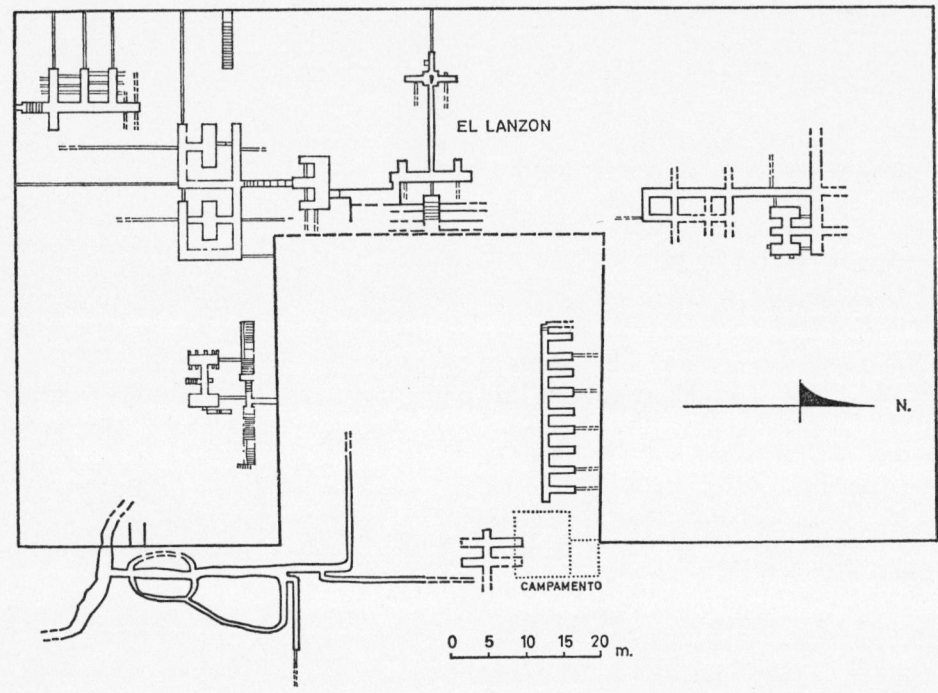

EL LANZON

N.

CAMPAMENTO

0  5  10  15  20 m.

Grundriß des großen Tempels von Charín mit dem Lanzon (der anthropomorphen Säule) und Anordnung der labyrinthischen Gänge. (Nach L.G. Lumbreras, Los Templos de Chavín, Lima 1970)

Anlagen, von einem Labyrinth unterirdischer Gänge und Kammern und von versenkten Höfen, ähnlich wie auf dem Monte Albán in Mexiko, vielleicht schon seit 3 000 Jahren ein religiöses Zentrum, liegt in unmittelbarer Nähe der kleinen Ortschaft *Chavín de Huantar* in der ›Sierra Norte del Perú‹. Man erreicht diesen äußerst interessanten archäologischen Komplex, auch wenn die Reise nicht nach Trujillo fortgesetzt werden soll, immer über *Pativilca*, von Lima aus 199 km, und weiter nach *Recuay* im Callejón de Huaylas nach Überquerung der Paßhöhe von Conococha (4020 m). Von Recuay aus sind es noch einmal 78 km auf landschaftlich sehr

schöner, aber äußerst exponierter Straße mit Überwindung wiederum eines Passes von über 4000 m bis Chavín de Huantar. Es empfiehlt sich jedoch, von Recuay weiter nach *Huaráz* zu fahren und dort zu übernachten, entweder im Hotel de Turista am Rande der vom Erdbeben fast völlig zerstörten und erst teilweise wiederaufgebauten Stadt oder im etwa 5 km entfernt liegenden besseren *Hotel Monterrey* mit seinen warmen Thermalquellen (Schwimmbassin). Von hier aus kann man dann am nächsten Tag den Ausflug zu den Ruinen von Chavín als Tagestour machen und übernachtet dann wieder im Hotel Monterrey. Ferner besteht die

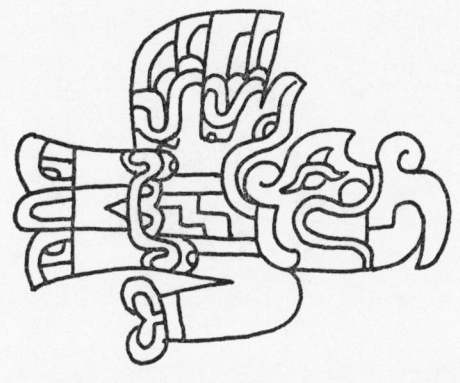

nen, leitet den Namen von dem karibischen Wort ›Chavi‹ = Puma (tigre) ab oder von der Variante ›Chavinavi‹, in der Bedeutung ›Söhne des Puma mit Speeren‹.

Von den unterirdischen Räumen oder den Gängen und Kammern im Innern der pyramidenartigen Bauten ist am sehenswertesten die *Galería del Lanzón*. Hier steht im Schnittpunkt kreuzförmiger Galerien ein 4,53 m hoher Idolo in Form eines großen Messers, dessen Griff sich oben befindet. Dieser Stein zeigt in reliefartiger Darstellung eine anthropomorphe Figur

Möglichkeit, in einem bescheidenen Hotel in Chavín de Huantar zu übernachten. (Hotels: *Inca, Gantu* und *Condor*. Es empfiehlt sich ein eigener Schlafsack, da Floh-, Zecken- u. Lausgefahr!)

Der Name Chavín könnte von dem Quechua-Wort ›Chaw-Pin‹, mit der Bedeutung ›im Zentrum‹, stammen. Julio C. Tello, der peruanische Entdecker der Rui-

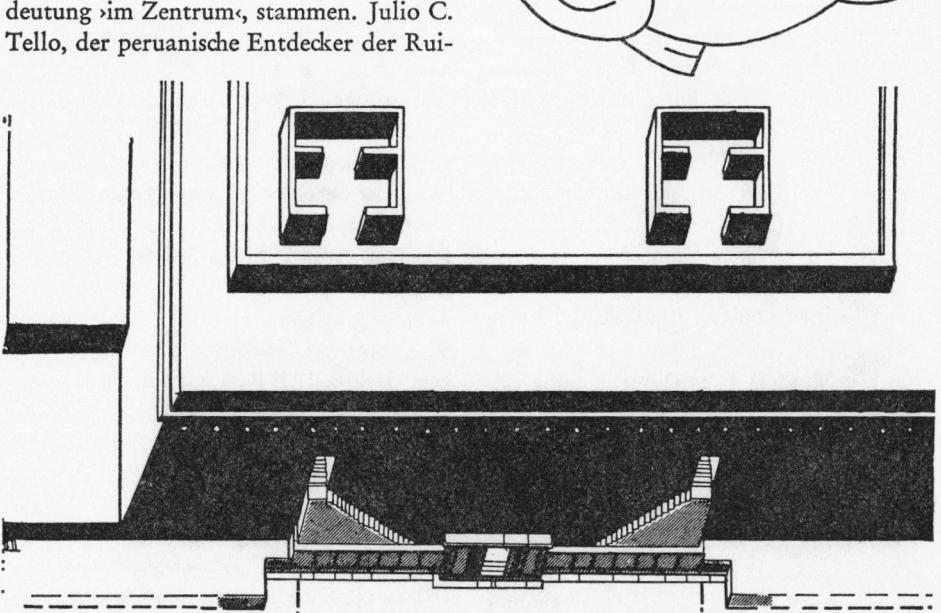

Rekonstruktion der Ostfront der großen Pyramide von Chavín. (Aus: Luis Guillermo Lumbreras, Los Templos de Chavín, Lima 1970)

mit einer Fülle von Attributen aus dem Tierreich. Der ›Griff‹ dieses großen ›Messers‹ zeigt eine Art Federbusch, der auf einem Haupt ruht, dessen Haare in Schlangen auslaufen. Das Gesicht hat die Züge eines wilden Tieres mit zwei herausragenden gekrümmten Hauern. Der Leib der Figur ist reich geschmückt. Am Rücken hängen von ihrem Gürtel zwei Schlangen. Bisher hat man keine Erklärung für dieses eigenartige Wesen, das vielleicht eine Gottheit darstellt, und für ihre merkwürdige Aufstellung gefunden (s. Fig. S. 223).

Weitere Ausgrabungen und Restaurierungsarbeiten werden augenblicklich von dem peruanischen Archäologen Luis Guillermo Lumbreras geleitet.

**Cuntur Wasi** (s. S. 112) liegt in der Nähe der Stadt *Cajamarca*. Zweimal wöchentlich wird Cajamarca von der Faucett-Linie angeflogen. Beim Rückflug Zwischenlandung in Trujillo. Über Land erreicht man die Stadt auf der ›Panamericana Norte‹, indem man kurz hinter dem Río Jequetepeque (km 666) auf der ›carretera a Cajamarca‹ (178 km) abbiegt. Cajamarca liegt 2750 m hoch. Vom *Hotel de Turistas* kann man mit Taxi zu den nahe gelegenen Ruinen von Cuntur Wasi gelangen.

**Cumbre-Mayo** (s. S. 113) mit seinen großartigen Bewässerungsanlagen liegt nur 9 km von Cajamarca entfernt in 3700 m Höhe. Die Fahrstraße dorthin ist bis zum km 6 ausgebaut.

Von Lima aus leichter zu erreichen sind die prähistorischen Bewässerungsanlagen von *Chancay*, in der Nähe der ›Panamericana Norte‹, 80 km von Lima entfernt, am Rande des Río Chancay.

**Cerro Sechín** (s. S. 114; Abb. 43, 223 bis 229) liegt ebenfalls nahe der ›Panamericana Norte‹. Kurz vor der Ortschaft *Casma* beim km 357, nach Überquerung der Brücke Carrizal, biegt ein Fahrweg nach Osten ab, der nach 2 km bei den Ruinen von Sechín endet. Von Casma aus kann man jederzeit ein Taxi zu den Ruinen mieten.

Die Ausgrabungen und Rekonstruktionen unter der Leitung des peruanischen Archäologen Lorenzo A. Samaniego Román haben in der letzten Zeit große Fortschritte gemacht. Das 4 m hohe Hauptgebäude ist bereits wieder mit 200 gravierten Steinplatten verkleidet. Diese Monolithen repräsentieren eine doppelte Reihe von Kriegern, die von den Außenseiten der Mitte zustreben. Ihnen zu Füßen oder am Wege sind die Körperteile getöteter Krieger dargestellt, Resultat einer blutigen Schlacht, so daß man annehmen könnte, dies sei ein Denkmal oder Mahnmal an eine kriegerische Handlung.

Außer dem aus monolithischen Steinen errichteten Bauwerk konnte auch noch ein Lehmbauwerk freigelegt werden, dessen feingeglättete Adobe-Mauern Bemalungen in Blau, Rot, Rosa, Grau, Schwarz und Weiß zeigen. Lorenzo A. Samaniego schätzt das Alter dieser Anlage auf 3500 Jahre und glaubt, daß es hier im Tale von Casma schon vor der Chavín-Zeit eine hochentwickelte Kultur gegeben hat. Auf jeden Fall wurde hier zum ersten Mal im Küstengebiet ein mit gravierten monolithischen Platten geschmücktes Gebäude entdeckt.

**Tiahuanaco** (s. S. 115 ff.; Abb. 49–60). Tiahuanaco in Bolivien ist von *La Paz* aus leicht mit dem Auto zu erreichen, es liegt auf dem Wege von La Paz nach *Guaqui*, dem Hafenplatz am Titicaca-See, von wo aus die Dampfer nach *Puno* fahren. Man kann also Tiahuanaco auf dem Wege nach Peru mitnehmen, wenn man von Bolivien kommt. Der Dampfer fährt nur über Nacht und ist meist überfüllt. Es empfiehlt sich daher, entweder mit dem Auto oder Kleinbus über eine Touristenorganisation von La Paz um den See herum nach Puno zu fahren, eine landschaftlich sehr schöne Fahrt, auf der man Gelegenheit hat, auch die schönen Kolonialkirchen in *Pomata* und *Juli* zu sehen. Die Straße ist aber nicht asphaltiert. Man braucht zu der Reise einen vollen Tag. Eine andere Möglichkeit besteht darin, das Hydrofoil oder Tragflächenboot über den Titicaca-See zu benutzen, dann muß man sich allerdings der vollorganisierten kombinierten Auto- und Hydrofoil-Tour anschließen, die dreimal in der Woche stattfindet. Hier ist Tiahuanaco nicht eingeschlossen. Die Fahrt geht von La Paz mit Auto nach *Huatajata*, von dort mit Hydrofoil durch die Enge von Tiquina, vorbei an der *Mondinsel* zur *Sonneninsel* (Landung) und weiter nach *Copacabana* (Abb. 97). Von dort mit Auto über Pomata, Juli und Ilave nach Puno.

Tiahuanaco liegt 60 km von La Paz entfernt auf 3842 m Höhe. Jedes Reisebüro in La Paz arrangiert halbtägige Ausflüge nach Tiahuanaco. Man kann aber auch ebensogut ein Taxi mieten. Bei der Besichtigung der Ruinen sollte man nicht versäumen, außer der *Kalasasaya* und *Acapana* die 2 km davon entfernt liegenden Reste von *Puma Puncu* aufzusuchen.

An der *Sonneninsel* (s. S. 177 ff.) wird, wie schon erwähnt, auf der Fahrt mit dem Tragflächenboot angelegt. Die Zeit genügt jedoch nicht, um die Ruinen zu besichtigen. Man sieht lediglich die lange und steil auf den Berg hinaufführende Treppe und den Kanal, durch den das Wasser aus der heiligen Quelle neben der Treppe herläuft. Zu einem längeren Besuch der Insel muß ein Boot in Huatajata gemietet werden. Die *Mondinsel* (s. S. 180) ist zur Strafkolonie für politische Gefangene erklärt worden und kann nicht besucht werden.

Sehr zu empfehlen ist noch der Besuch der *Insel Cumana*, zu der man leicht von La Paz aus über Huatajata gelangen kann. Hier werden die Schilfboote aus Totora hergestellt.

Ein halbtägiger Ausflug muß für den Besuch der sogenannten schwimmenden Inseln der *Urus* (Abb. 96, 98) von Puno aus angesetzt werden. Im *Hotel de Turista in Puno* oder direkt am Hafen können Vereinbarungen für die Fahrt mit Motorbooten getroffen werden. Auf der Insel, die besucht wird (nur am Vormittag gibt die Hafenbehörde die Erlaubnis, zu den Urus zu fahren), befindet sich eine Missionsschule für die Kinder der Nachkommen der Urus (Mestizen von Urus und Aymarás), die hier in mehreren Hütten aus Totora leben.

## CUZCO – PUNO
### (391km)

CUZCO ○ (3326m)

Andahuai Lillas ○ 40 km (3139 m)

Checacupe ○ 99 km (3400 m)

Tinta ○ 108 km (3450 m)

S.Pedro ○ 124 km (3470 m)

Sicuani ○ 141 km (3530 m)

Marangani ○ 153 km (3670 m)

La Raya, Punto Culminante ○ 180 km (4313 m)

Sta.Rosa ○ 209 km (3996 m)

Ayaviri ○ 251 km (3903 m)

Pucara ○ 285 km (3882 m)

Juliaca ○ 347 km (3840 m)

PUNO ○ 391 km (3830 m)

**Sillustani** (siehe S. 197 ff.; Abb. 101) liegt von Puno aus 31 km entfernt. Etwa zwei Drittel des Weges werden auf der asphaltierten Straße zurückgelegt, die von *Puno* nach *Juliaca* und *Cuzco* führt, dann zweigt linker Hand eine neuerdings gut befestigte Straße ab, die direkt zu der Halbinsel im *Umayo-See* führt, auf der sich die Chullpas von Sillustani befinden. Die größte Chullpa von 12 m Höhe wird *Chullpa del Lagarto* (der Eidechse) genannt, weil sich an einem der oberen Steine das Relief einer Eidechse befindet. Eine andere unvollendete oder halb zerstörte heißt *Chullpa de la Serpiente* (sie zeigt das Relief einer Schlange). Für den Besuch der Chullpas von Sillustani genügt ein halber Tag. Taxis sind in Puno reichlich vorhanden.

Die *Gegend von Puno* ist reich an Trachten, die sich oft von Dorf zu Dorf unterscheiden. Besonders reich sind die Kostüme, die nur zum Tanz bei den Festen getragen werden. Man hat über 100 verschiedene Trachten registriert, die zu 96 verschiedenen Tänzen getragen werden. Am schönsten und ursprünglichsten erlebt man diese Tänze an den Festen in den verschiedenen kleinen Dörfern. Jedes Dorf hat seinen Santos, und der Tag eines solchen ›Schutzheiligen‹ wird stets mit einem Fest gefeiert. In Puno kann man sich jederzeit erkundigen, wo und wann gerade ein Fest stattfindet. Es gibt aber in Puno auch, ebenso wie in La Paz, sogenannte ›Grupos Folklóricos‹, die an bestimmten Tagen in Puno Vorführungen für die Touristen geben.

**Cuzco** (s. S. 171 ff.; Abb. 70–77). Zur Besichtigung der Sehenswürdigkeiten Cuzcos empfehlen wir drei Rundgänge, in die nicht nur die präkolumbianischen Denkmäler eingeschlossen sind, sondern auch die historischen Bauwerke aus der Kolonialzeit, die freilich hier nicht beschrieben werden können.

*I. Rundgang* vom ›Hotel de Turistas‹ oder ›Hotel Cuzco‹ im Zentrum der Stadt aus: Dem Hotel gegenüber in der Calle Mantas liegen die Kirche und das Kloster *La Merced*. In derselben Straße, durch die Avenida del Sol getrennt, befindet sich die *Universität*, das frühere Jesuitenkloster, und anschließend die Kirche *La Compañía*, deren Hauptfront auf die *Plaza de Armas* blickt, zur Zeit der Inka ›Hauccaipata‹ genannt. An der Ostseite des Platzes steht zwischen den Straßen El Triunfo und Almirante die *Kathedrale* über dem alten Palast Viracochas. Rings um die Plaza sehen wir häufig in den Grundmauern der Kolonialbauten Reste von alten Inkamauern. Zwischen der Calle Almirante und Ataud befand sich ein anderer Inka-Palast. Später errichtete Gonzalo Pizarro hier seinen Wohnsitz und nannte ihn *Cora-Cora* (El Herbazal). Als G. Pizarro 1548 hingerichtet wurde, wurde der Palast geschleift, und eine rohe Gedenkstele an dem Platz errichtet (heute in der Universität). Ebenfalls an der Plaza de Armas, zwischen den Straßen Plateros und Procuradores, stand ein Palast, *Condorcancha* genannt, der wahrscheinlich Pachacutec gehört hat. Später soll hier Francisco Pizarro gewohnt haben. Eine der schönsten Inka-Mauern sehen wir in dem *Callejón de Loreto*. Sie gehörte zu dem Acllahuasi oder dem ›Haus der Sonnenjungfrauen‹. Dem Palast gegenüber befand sich der Palast Huayna Capacs, *Amarucancha* ge-

nannt, von dem ebenfalls eine sehr schöne Mauer erhalten ist. Ein ganzer Komplex von erhaltenen Inkamauern, der *Puca-Marca* genannt wird und der zum Teil auch zu dem Palast des Inka Tupa Yupanqui gehört haben soll, wird von den Straßen Arequipa, Maruri, San Agustín und Triunfo eingeschlossen und durch die Straße Santa Catalina Ancha in zwei Hälften geteilt. Verfolgen wir jetzt die Triunfo weiter, so gelangen wir in deren Fortsetzung in die Calle Huatunrumiyoc mit dem *Erzbischöflichen Palast*. Wenn wir jetzt nach links in die Calle Choquechaca und wiederum nach links in die Calle 7 Culebras einbiegen, so haben wir die gut erhaltenen Mauern des *Chayhuasi* oder ›Haus des Wissens‹ umgangen und gelangen auf die *Plazoleta de los Nazarenas*. Zur Zeit der Inka wurde dieser Platz Amarukjata oder ›Platz der Schlangen‹ genannt. Von hier erreichen wir dann auf der Calle Córdoba del Tucumán und deren Verlängerung, der Calle del Almirante, die Plaza de Armas.

*II. Rundgang:* Ausgangspunkt ist wieder die Plaza de Armas. Über die Calle Loreto und deren Verlängerung Pampa del Castillo gelangen wir zur *Plazoleta de Santo Domingo*, die bei den Inka ›Intipampa‹ hieß, es war der Platz vor dem Sonnenheiligtum, dem alten Coricancha. Die Kirche und das Kloster *Santo Domingo* haben sehr unter dem schweren Erdbeben von 1950 gelitten. Dabei stürzte auch die Apsis über der Rundung des alten *Sonnenheiligtums* ein. Sie wurde inzwischen in etwas anderer Form wiederaufgebaut. Bei dem Erdbeben kamen hier wie auch an anderen Stellen der Stadt alte Inkamauern zum Vorschein, die von den Spaniern überbaut wurden. Jetzt ist man bestrebt, die Kirche wieder so herzustellen, daß auch die Wände der Gemächer des Sonnenheiligtums, die für andere Gottheiten bestimmt waren, zur Geltung kommen. Der Kirche gegenüber liegt ein Häuserkomplex, der *Rimaj-Pampa* oder ›Platz der Ausrufer‹ genannt wird, mit einem kleinen Platz davor namens *Limacpampa Chico*. Von hier aus biegen wir in die Calle San Agustín ein und verfolgen sie bis zur *Santa Catalina Ancha* mit ihren schönen Inkamauern. Über die Santa Catalina Angosta gelangen wir dann wieder zur Plaza de Armas. In der Calle San Agustín Nr. 400 befindet sich die *Casa de los cuatro Bustos*, das schöne alte Kolonialhaus ›mit den vier Büsten‹.

*III. Rundgang:* Er gilt allein dem Besuch von Kolonialbauten. Vom Hotel Cuzco aus gehen wir die Calle Heladeros nach links und biegen in die Calle del Marqués ein. Hier befindet sich das ehemalige *Haus des Marqués de Valleumbroso*, in dem sich heute Geschäfte befinden. Die Straße mündet auf die Plaza de San Francisco mit der Kirche und dem Kloster *San Francisco*, die man besichtigen kann. Am anderen Ende der Plaza, parallel zur Calle Marqués, läuft die Calle Garcilaso mit dem interessanten Kolonialhaus *Casa de Jara* auf der linken Seite und mit der *Casa de Garcilaso* rechts an der Ecke zur Calle Heladeros. Dieses Haus soll das Geburtshaus Garcilaso de la Vegas gewesen sein. Die Calle Garcilaso mündet dann auf einen Platz, *Cusipata* oder ›Platz der Freuden‹ genannt. Über die Calle Santa Teresa erreichen wir als Abschluß das Kloster *Santa Teresa*.

In Cuzco ist der Besuch folgender Museen zu empfehlen: *Museo de la Universidad*, Calle Tigre 115, geöffnet Montag bis Freitag von 9 bis 12 und von 14 bis 17 Uhr, am Sonnabend nur von 9 bis 12 Uhr, sonntags und an Festtagen geschlossen. Unter den 10 000 Objekten befinden sich Keramiken, Gold- und Silberarbeiten, Idolos aus Türkisen, etwa 40 Stück, die in Piquillacta nahe Oropesa gefunden wurden, eine Sammlung einzig in ihrer Art. Ferner aus Stein modellierte Lamas und Alpacas und Schädel mit Trepanationen. Das *Museo de Cerámica Incaica J. Fernández Vaca*, Calle San Andrés 407, birgt eine reiche Sammlung an Keramiken, die von dem peruanischen Professor Fernandez Vaca hauptsächlich im Jahre 1927 ausgegraben wurden.

**Sacsayhuaman** (S. 174 ff.; Farbt. XVI, Abb. 78–84) liegt 3 km von Cuzco entfernt. Nicht weit ist es auch nach **Tampu Machay** (S. 176; Farbt. XV, Abb. 88, 89, 91), **Chingana Grande** (S. 177; Abb. 90), **Kenko** (S. 176 f.; Abb. 85–87) und **Puca-Pucara** (S. 177). Bei einer halbtägigen Fahrt mit Taxi von Cuzco aus können alle Plätze bequem besucht werden. Zu diesen Plätzen werden täglich von den Touristenbüros Gemeinschaftsfahrten unternommen.

**Pisac** (s. S. 202 ff.; Abb. 100, 109, Farbtafel XIII). Für Pisac und die *Ruinen von Pisac* benötigt man einen vollen Tag. Der Besuch des Ortes Pisac, im Flußtal gelegen, lohnt nur an einem Sonntag, wenn auf der Plaza der große offene Markt abgehalten wird und die Indios in ihren Trachten aus der ganzen Umgebung zum Markt und anschließend zum Kirchgang kommen, an dem die Alkalden aus den umliegenden Dörfern teilnehmen. Pisac liegt nur 30 km von Cuzco entfernt, 2971 m hoch, ist also leicht mit Taxi oder über eine Touristenorganisation am frühen Morgen von Cuzco aus zu erreichen. Da aber der Kirchgang gewöhnlich erst gegen Mittag stattfindet, ist zu empfehlen, das *Hotel de Turista* in Urubamba (72 km), das komfortabel und sehr schön gelegen ist, als Ausgangspunkt sowohl für den Besuch des Marktes von Pisac wie der Ruinen von Pisac und der Ruinen von Ollantaytambo zu benutzen. *Ollantaytambo* liegt von Urubamba (Farbt. XII) aus 16 km flußabwärts.

Der Aufstieg zu den Ruinen von Pisac von der Ortschaft aus dauert zu Fuß etwa 1,5 bis 2 Stunden. Er erfolgt zwischen den Inka-Terrassen, die der Ortschaft Pisac am nächsten liegen, hauptsächlich über Treppen in der *Quebrada de Chongo*. Dann überquert man den Bach Chongo und erreicht über einen Zickzackweg an dem steilen linken Hang des Bergsporns, auf dem die Ruinen liegen, das sakrale Viertel der Stadt mit dem *Intihuatana*. Dieser Weg ist neueren Datums und dem alten gefährlichen Weg, der über den Grat führt, vorzuziehen. Die absolute Höhe des Intihuatana wird mit 3018 m angegeben. Einige Autoren meinen, daß sich die Ruinen bis zu einer Höhe von 3300 m erstrecken. Auf jeden Fall ist der Aufstieg in diese Höhenlagen, in der etwa 200 bis 300 m zu überwinden sind, beschwerlich und sollte am besten am frühen Morgen gemacht werden.

**Ollantaytambo** (s. S. 204 ff.; Abb. 102 bis 108). Die Ruinen von Ollantaytambo, für

deren Besuch man dann den nächsten Tag ansetzen kann, sind leicht zu ersteigen, sie beginnen bereits am Fuß des steilen Bergrückens. Der Ort liegt an der Bahnstrecke Cuzco–Machu Picchu und hat eine Bahnstation, so daß der Ausflug nach Ollantaytambo auch mit der Bahnfahrt von Cuzco nach Machu Picchu verbunden werden kann; doch ist es schwierig, in Ollantaytambo zu übernachten.

**Machu Picchu** (s. S. 207 ff.; Farbt. XIV, Abb. 110–120). Diese Stätte ist nur mit einer Privatbahn von Cuzco aus zu erreichen. Man fährt im Urubamba- oder Vilcanota-Tal bis an den Fuß des Berges, auf dem die Ruinen liegen. Von dort aus fahren Kleinbusse auf einem Zickzackweg über 400 m den steilen Hang hinan. Unmittelbar neben den Ruinen liegt das Hotel, in dem man wenigstens eine Nacht verbringen sollte. Eine zeitige vorherige Anmeldung ist jedoch dringend erforderlich, da das Hotel ständig voll besetzt ist. Zum *Huayna Picchu* führt ein sehr exponierter steiler Fußpfad hinauf, der nicht ungefährlich ist. Nachdem in der letzten Zeit dort zwei Touristen abgestürzt sind, wird offiziell von der Besteigung des Berges abgeraten. Für denjenigen, der nicht über viel Zeit verfügt, werden täglich von Cuzco aus von den Reiseagenturen ganztägige Ausflüge unternommen, bei denen die Bahnfahrt, die Fahrt mit dem Bus, die Besichtigung der Ruinen mit einem Führer und das Mittagessen eingeschlossen sind.

**Die günstigsten Reisezeiten für Kolumbien:** Januar bis April und Juli bis September; **für Peru und Bolivien:** Juni bis September.

Dies gilt besonders für das *Callejón de Huaylas* und *Chavín*. Die sehr exponierten Gebirgsstraßen sind dann trocken und die *Weiße Kordillere* mit dem Huascarán bei dem klaren Himmel sichtbar, am schönsten jedoch im September, wenn sich schon Wolken bilden, es aber noch nicht zum Regnen kommt. Dies ist der südliche Winter. Die Nächte sind dann sehr kalt, auf dem Altiplano in Bolivien kann das Thermometer bis 15 oder 20 Grad unter Null anzeigen, aber am Tage in der Sonne ist es wieder warm.

Von den Reiseagenturen werden gewöhnlich die Monate Dezember bis Februar bevorzugt, also die Regenzeit.

Für *Lima* ist dies die beste Zeit, dann ist es dort sonnig, während die südlichen Wintermonate für Lima die Nebelzeit bedeuten. Aber auch im *Hochland* kann man ohne weiteres in der Regenzeit reisen. Um diese Zeit ist die Landschaft schön saftig grün, und es gibt wohl Wolkenbildungen, die oft sehr eindrucksvoll sind. Nur hat man hin und wieder mit Regen zu rechnen, der jedoch nie lange anhält.

In den Wintermonaten ist die Luft in den Bergen außerordentlich trocken, im Gegensatz zu der peruanischen Küste mit den feuchten Nebeln (*garua*).

**Besonders zu empfehlen bei kurzem Aufenthalt in Kolumbien:** in Bogotá das Goldmuseum und Cerro de Monserrate. San Agustín mit seinen monolithischen Figuren. **In Peru:** das Goldmuseum in Lima, Pachacamac und der Aufenthalt in Cuzco mit Ausflügen nach Sacsayhuaman und Machu Picchu. **In Bolivien:** Tiahuanaco und die Insel Cumana, auf der die Schilfboote aus Totora hergestellt werden (Farbt. XIX).

**Bei längerem Aufenthalt in Peru** empfiehlt es sich, mit dem ›Club Andino de Exploradores‹ (oficina: Hotel Savoy, Cailloma 224, Lima) Verbindung aufzunehmen. Dieser Club arrangiert für interessierte Reisende Exkursionen in archäologische Gebiete, die sonst den Touristen nicht zugänglich sind. Diese Expeditionen dauern 1 bis 2 Wochen. Der Club sorgt für Luft- und Landtransport und für die nötige Ausrüstung. Er veranstaltet auch regelrechte Entdeckungsreisen zu archäologischen Plätzen, die zwar aus der Luft schon gesichtet wurden, aber auf dem Landwege noch nicht erforscht sind.

# Anmerkungen

# Ausgewählte Bibliographie

## Einführung

1 Andreas Lommel
2 Geoffrey H. S. Bushnell

## Alt-Kolumbien

1 Hermann Trimborn
2 Georg Eckert
3 Hans-Dietrich Disselhoff
4 Horst Nachtigall
5 Ingeborg Bolz-Augenstein
6 Wolfgang Haberland
7 Luis Duque Gomez
8 Konrad Theodor Preuss
9 José Pérez de Barradas
10 Luis E. Valcarcel

## Alt-Peru

1 Garcilaso de la Vega
2 Cúneo Vidal
3 Fred J. Dockstader
4 Betty Meggers, Emilio Estrada, Clifford Evans
5 Peter Pleuss
6 Adrian Mueller
7 A. de Tuya
8 Hans-Dietrich Disselhoff
9 Eduard Seler
10 Rebeca Carrión Chachot
11 Heinrich Ubbelohde-Doering
12 Hermann Leicht
13 Pedro de Cieza de León
14 E. George Squier
15 Alexander von Humboldt
16 Michael D. Coe
17 Rafael Larco Hoyle
18 J. Aldon Mason
19 Hermann Trimborn

Anton, Ferdinand: *Alt-Peru und seine Kunst,* Leipzig 1962

Baudin, Louis: *Der sozialistische Staat der Inka,* Hamburg 1956

Bennett, Wendell C.: ›The Archaeology of the Central Andes‹, in: *Handbook of South American Indians,* Washington 1946

– *Ancient Arts of the Andes,* The Museum of Modern Art, New York 1954

Bennett, Wendell C., und J. B. Bird: *Andean Culture History,* New York 1949 u. 1959

Bingham, Hiram: *Machu Picchu,* New Haven 1930

– *La Ciudad Perdida de los Incas,* Santiago de Chile 1953

Bolz-Augenstein, Ingeborg: *Arte Colombiano,* Katalog der Ausstellung der Staatl. Kunsthalle Baden-Baden, 1962

Bushnell, Geoffrey H. S.: *Peru,* Köln 1957

Calancha, Antonio de la: *Cronica Moralizada del Orden de San Agustín en el Peru con Sugesos Egenplares en esta Monarquía,* Bd. I, Barcelona 1638

Carrión Cachot, Rebeca: *La cultura Chavín. Dos nuevos colonias, Kuntur Wasi y Ancón,* Lima 1948

Cieza de León, Pedro de: *Parte primera de la crónica del Perú,* Antwerpen 1554

– *Segunda Parte de la crónica del Perú,* Madrid 1880

– *The Incas,* University of Oklahoma Press, 1959

Coe, Michael D.: *The Maya,* Ediciones Lara, Mexiko 1966

Disselhoff, Hans-Dietrich: *Geschichte der altamerikanischen Kulturen,* München 1953

– *Alltag im alten Peru,* München 1966

Dockstader, Fred J.: *Kunst in Amerika,* Bd. III, Stuttgart 1969

Duque Gomez, Luis: *Exploraciones arqueológicas en San Agustín*, Bogotá 1964

Eckert, Georg: *Totenkult und Lebensglaube im Caucatal*, Braunschweig 1948

Garcilaso de la Vega: *Comentarios Reales. El origen de los Incas*, Barcelona 1968

Haberland, Wolfgang: *Gold in Alt-Amerika*, Wegweiser zur Völkerkunde, o. O., o. J.

- *Die Kunst des indianischen Amerika*, Katalog Museum Rietberg Zürich, Zürich 1971

Horkheimer, Hans: *El Perú Prehispánico*, Lima 1950

Krickeberg, Walter: *Märchen der Azteken und Inkaperuaner, Maya und Muisca*, Jena 1928

Kutscher, Gerdt: *Chimu – Eine altindianische Hochkultur*, Berlin 1950

Larco Hoyle, Rafael: *Cronología Arqueológica del Norte del Perú*, Buenos Aires 1946

Lothrop, Samuel K.: *Altamerikanische Kunst*, Olten/Freiburg 1959

Leicht, Hermann: *Indianische Kunst und Kultur. Ein Jahrtausend im Reiche der Chimú*, Zürich 1944

Mason, J. Aldon: *Das alte Peru. Eine indianische Hochkultur*, Zürich 1965

Meggers, Betty: *Ecuador*, New York 1966

Muchica Gallo, Miguel: *Gold in Peru*, Recklinghausen 1959 u. 1967

Nachtigall, Horst: *Tierradentro. Archäologie und Ethnologie einer kolumbianischen Landschaft*, Zürich 1955

- *Alt-Kolumbien. Vorgeschichtliche Indianerkulturen*, Berlin 1961

Pérez de Barradas, José: *Arqueología Agustiana*, Bogotá 1943

Pleuss, Peter: Beitrag in: *Antike Welt, Zeitschrift für Archaeologie und Vorgeschichte*, 2. Jg., Heft 1, Zürich 1971

Prescott, W. H.: *Die Eroberung von Peru*, Wien 1937

- *The Conquest of Peru*, New York 1957

Preuss, Konrad Theodor: *Monumentale vorgeschichtliche Kunst. Ausgrabungen im Quellgebiet des Magdalena in Kolumbien*, Göttingen 1938

Rowe, John H.: *Chavín Art. An Inquiry into its Form and Meaning*, New York 1962

Schmidt, Max: *Kunst und Kultur von Peru*, Berlin 1929

Seler, Eduard: *Gesammelte Abhandlungen zur amerikanischen Sprach- und Altertumskunde*, Graz 1960

Squier, E. George: *Peru. Reise- und Forschungs-Erlebnisse in dem Lande der Incas*, Leipzig 1883

Tello, Julio C.: *Origen y desarollo de las civilisaciones prehistóricas andinas*, Lima 1942

- ›Discovery of the Chavín Culture in Peru‹, in: *American Anthropologist*, Bd. 9, Menasha 1950

Trimborn, Hermann: *Vergessene Königreiche. Studien zur Völkerkunde und Altertumskunde Nordwest-Kolumbiens*, Braunschweig 1948

- *Indianische Welt in geschichtlicher Schau*, Iserlohn 1948

- *Das Alte Amerika*, Stuttgart 1959

Ubbelohde-Doering, Heinrich: *Altperuanische Kunst*, Berlin 1936

- *Auf den Königsstraßen der Inka*, Berlin 1941

- *Kunst im Reiche der Inka*, Tübingen 1952

- *Kulturen Alt-Perus*, Zürich 1966

Uhle, Max: *Die alten Kulturen Perus im Hinblick auf die Archäologie und Geschichte des amerikanischen Kontinents*, Berlin 1935

Valcarcel, Luis E.: *Altiplano Andino, Período indigena*, Mexiko 1953

Vargas, Victor Angles: *Pisac. Metrópoli Inka*, Lima 1970

# Verzeichnis der Abbildungen

## Abbildungen im Text

## Fotonachweis

Anthony-Verlag, Starnberg Vordere Umschlaginnenklappe, Farbt. I, XIV, XIX
Michael Friedel, München Umschlagvorderseite rechts
Hans Helfritz, Ibiza Umschlagvorderseite links, Umschlagrückseite, Farbt. XV–XVII, XXII, alle SW-Abbildungen (außer Kahler-Lang). Der Verfasser nahm die SW-Abbildungen mit einer Leica M 3 der Firma Ernst Leitz, Wetzlar, auf, die Farbabbildungen auf Agfacolor CT 18.
Walter J. Kahler-Lang Abb. 25–28, 44, 45
M. Ch. Mügge-Bruckert, Glashütten Farbt. X, XI
Spectrum Colour Library, London Farbt. XII, XIII, XVIII, XX, XXI
ZEFA, Düsseldorf Farbt. II–VIII, IX

## Register

### *Personenverzeichnis*

## Ortsverzeichnis

XIX    Schilfbootanfertigung am Titicaca-See. Peru

◁ XVIII    Weg in die Yungas mit Bergen der Ostkordillere. Bolivien

XX    Titicaca-See. Peru

XXI   Markt in La Paz. Bolivien

den mexikanischen und peruanischen Kulturkreis auszeichnet, die hochentwickelte Steinarchitektur, fehlte ihnen vollständig. Ihre Bauten, Tempel und Paläste, die sie sicherlich einst gehabt haben, sonst hätten die Spanier ihr Land nicht ›Tal der Burgen‹ genannt, waren aus Holz. Von ihnen ist leider nichts erhalten geblieben. Auch fehlen historische Überlieferungen fast vollständig. Aus den Legenden erfahren wir jedoch, daß das Herrschergeschlecht von Muikitá göttlicher Herkunft gewesen sein soll. Damit die Macht des Herrschers nicht erschüttert würde, sorgten die Priester dafür, daß das Volk stets an ihre göttliche Herkunft erinnert wurde. Ähnlich wie sich die spanischen Eroberer in Peru die Erbstreitigkeiten der Inkakönige zunutze machten, erleichterte ihnen auf dem Hochland von Bogotá die Rivalität der Muisca-Fürsten die Eroberung Kolumbiens.

Über die Klasseneinteilung der Muisca wissen wir wenig. Es gab einen Adel von Geburt, einen Besitzadel und einen Amtsadel. Dem Adel waren mancherlei Privilegien eingeräumt, sie bestanden im Besitz weitläufiger Gehöfte, die von mehreren Reihen von Palisadenzäunen umschlossen waren. In der Kleidung unterschieden sich die hohen Würdenträger durch bunte Mäntel, Baumwollkappen oder Fellmützen und kostbaren Schmuck von der übrigen Bevölkerung. Es gab etwas Ähnliches wie ein Heroldsamt, und man schickte Abgesandte in die Vasallenstaaten, um Handelsabkommen zu schließen. Bei der Ankunft der Spanier gab es neun Fürstengeschlechter. Die Polygamie war bei ihnen, wenn wir den spanischen Chronisten Glauben schenken wollen, ungewöhnlich weit verbreitet. Piedrahita berichtet, daß der Zipa von Muikitá 200 Frauen besessen habe; andere sprechen sogar von 300 bis 400. Der Fürst trug ein mit Smaragden besetztes Diadem, ein großes goldenes Brustgehänge und ein langes Schleppgewand. Wenn er sich öffentlich zeigte, wurde er in einer Sänfte getragen. Eine Anzahl Tabus verlieh ihm eine besondere Stellung. So durfte ein gewöhnlicher Sterblicher dem Herrscher nicht ins Antlitz sehen. Deshalb ging ihm bei seinen Reisen über Land ein Herold voran, der dem Volk die Ankunft seines Gebieters verkündete. Nur hohe Beamte und Krieger durften sich dem Herrscher nähern, aber auch sie nur mit abgewandten Gesichtern.

Eine Sonderstellung unter den Fürstentümern der Muisca-Staaten nahm das Priesterfürstentum von Sogamoso ein. Das Amt des Hohen Priesters, das der Fürst dieser heiligen Stadt neben seinen weltlichen Verpflichtungen innehatte, wurde abwechselnd von einem Mitglied der Sippe zweier ihm unterstellter Fürstentümer bekleidet. Die Häuptlinge von vier anderen von Sogamoso abhängigen Provinzen entschieden wie Kurfürsten über die Wahl des Hohen Priesters.

Als der spanische Eroberer und Gründer der Stadt Bogotá, Quesada, mit seinen Soldaten in den Tempel von Sogamoso eindrang, trafen sie nur einen einzigen Menschen im Allerheiligsten an. Unbeweglich stand dieser da, in ein langes rotes Gewand gekleidet, während die goldverbrämten Wände tausendfach das Licht der Fackeln reflektierten. Reglos blieb der Mann stehen, als die Soldaten das Gold von den Wänden rissen. Verachtungsvoll folgten seine Blicke dem Vernichtungswerk der spanischen Eroberer.

Als dann der prachtvolle Sonnentempel in Flammen aufging, stand er immer noch aufrecht und unbeweglich an seinem Platz, bis er selbst von den Flammen erfaßt wurde. Mit ihm sank die heiligste Stätte der Chibcha dahin. Es war das Ende des Priesterfürstentums Sogamoso.

Von der Religion der Muisca wissen wir nur, daß ihre Hauptgottheiten Suá, die Sonne, und Chía, der Mond, waren. Der Sonne wurden Menschenopfer dargebracht, die die Gebete der Menschen der Gottheit überbringen sollten. Das Opfer fand morgens auf einer hohen Bergspitze statt. Meist waren es Knaben, die man den Nachbarstämmen abgekauft hatte; den Leichnam ließ man auf dem Berg liegen, als ›Nahrung‹ für die Sonne.

Die Muisca glaubten an ein Weiterleben der Seele des Menschen nach dem Tode, an eine Fortsetzung des irdischen Lebens. Ein beschwerliches Leben stand dem Bösen bevor, ein angenehmes dem Guten. »Der Tod verliert damit viel von seinem Schrecken, er ist nichts anderes als der Übergang in eine andere Daseinsform, in der der ›lebende Leichnam‹ ein zwar verändertes, aber durchaus menschliches Leben führt, ein Leben, in dem die alten menschlichen Bedürfnisse und Eigenschaften weitgehend erhalten bleiben[2].«

Die Chronisten berichten von mehreren Bestattungsarten. Der Leichnam der Fürsten wurde mumifiziert, der präparierte Körper mit Gold und Smaragden angefüllt und in einem Tempel in Hockstellung beigesetzt. Die Adligen bestattete man in Lagunen der Flüsse und Seen. Der einfachen Bevölkerung waren Erdbegräbnisse vorbehalten. Diese Angaben der Chronisten stimmen jedoch mit den archäologischen Forschungen nicht ganz überein. Den reichen Beigaben nach zu schließen, die in Erdgräbern in der Nähe Bogotás gefunden wurden, muß auch für den Adel die Erdbestattung üblich gewesen sein. Nur der Zipa wurde in einem innen und außen mit Goldplatten belegten Einbaum bestattet.

Es ist merkwürdig, daß ein Volk wie die Muisca, die in ihren religiösen und sozialen Belangen immerhin recht fortschrittliche Züge aufweisen, im Gegensatz zu den Völkern des Cauca-Tales an ihren technischen und künstlerischen Fähigkeiten gemessen primitiv und ärmlich erscheinen. Von Bedeutung ist eigentlich nur ihre Goldschmiedekunst, aber auch diese reicht nicht annähernd an die Meisterschaft der Goldschmiede der Quimbaya und der benachbarten Stämme im Cauca-Tal heran. Charakteristisch für den Goldschmuck der Muisca sind dreieckige flache Goldfiguren; ihre Gliedmaßen sind durch dünne Drähte angedeutet, die aber nicht angelötet sind, sondern in einem gegossen wurden. Bei den Muisca fanden sich viel weniger Goldarbeiten als an den anderen berühmten Fundorten der kolumbianischen Goldschmiedekunst, obwohl gerade vom Hochland der Muisca aus, allein schon durch die Sage vom Dorado, der Ruf Kolumbiens als Goldland ausging.

»Die Inferiorität der Goldarbeiten der Muisca im Vergleich mit dem hohen Stand des Goldgusses bei den Stämmen Westkolumbiens hat man damit zu erklären versucht, daß die Bewohner der Hochebene verhältnismäßig spät mit Material und Technik vertraut geworden seien, mußte doch Rohgold noch in geschichtlicher Zeit eingeführt

werden³.« Die Goldsuche der habgierigen spanischen Konquistadoren begann im Hochland von Bogotá, das sie Cundinamarca, das ›Land des Condors‹, nannten. Doch ihre Wünsche wurden hier nicht erfüllt, obwohl ihnen beträchtliche Mengen Gold in die Hände fielen; den ›vergoldeten Mann‹ konnten sie nicht finden. Nach langem Suchen wurde ihnen von den Indios verraten, El Dorado lebe gar nicht in ihrem Lande, sondern in den Gebieten weiter östlich, tief unten in den Urwäldern des Orinoco. Dies war jedoch nur ein Trick, um die unerwünschten Eindringlinge fernzuhalten. So starteten die Spanier zu Erkundungszügen bis in die entferntesten Winkel der unerforschten Urwälder des Amazonas und Orinoco. Dort sollte irgendwo die Stadt Manoa liegen, von deren märchenhaft reichen Goldschätzen Abenteurer aus aller Welt träumten. Das eigentliche Goldland aber, in dem es zwar keinen El Dorado gab, liegt zwischen der West- und Zentralkordillere Kolumbiens, es ist das berühmte Cauca-Tal.

## 4 Die Indianerkulturen im Cauca-Tal

Auch im Westen Kolumbiens erzählte man sich eine geheimnisvolle Sage: die Geschichte vom Lande Dabaiba. Hier sollte es einen goldgedeckten Tempel der Göttin gleichen Namens gegeben haben. Nach diesem unbekannten Land im Westen setzte eine ähnliche fieberhafte Suche ein wie nach dem Dorado im östlichen Teil Kolumbiens. Aus diesem Anlaß wurden die Küstengebiete am Karibischen Meer erforscht, die zu Gründungen verschiedener Kolonialstädte geeignet waren. Im Jahre 1533 gründete Pedro de Heredia die Stadt Cartagena, und bald darauf fanden die Spanier am Río Sinú überaus goldreiche indianische Gräber. Das sagenhafte Dabaiba fand jedoch keiner von ihnen, auch nicht Heredia auf seinen Expeditionen zwischen den Jahren 1536 und 1541. Dagegen gelang Juan Vadillos auf der vergeblichen Suche nach dem Goldland im Jahre 1538 die erste Nord-Süd-Durchquerung Kolumbiens bis zur heutigen Stadt Cali im Cauca-Tal.

Außer auf dem Hochland von Bogotá fanden die Spanier hier im Cauca-Tal Völkerschaften vor, die auf einer höheren kulturellen Entwicklung standen; es waren kriegerische Stämme, die nicht nur mit ihren Nachbarn Kriege führten, sondern die sich auch gegen die Spanier tapfer verteidigten. Mit ihren Waffen, den Lanzen, Speerschleudern, Keulen aus Hartholz und mit Pfeil und Bogen, wußten sie sehr wohl umzugehen. Sie führten Kriege, um, wie die spanischen Chronisten versichern, in den Besitz von Trophäen zu gelangen und Kriegsgefangene für ihre kultischen, kannibalischen Mahlzeiten zu machen.

Als Trophäen wurden angeführt: Kopftrophäen, die an den Hauseingängen der Kaziken angebracht wurden, Hand- und Fußtrophäen und mit Menschenhaut bespannte Trommeln. »Sie glaubten, mit dem Kopf und der Haut des erschlagenen Feindes auch dessen Wesenheit in ihre Gewalt zu bekommen. Hatte man den Toten erst durch magische Beschwörungen gefügig gemacht, so erwartete man von ihm Hilfe-

leistungen aller Art: aus dem rachedurstigen Feind war ein gefügiger Sklave geworden, an dessen Weiterleben man das größte Interesse hatte. Wollte man jedoch die Wesenheit des Toten erhalten, so mußte die präparierte Trophäe ihr ursprüngliches Aussehen bewahren. Dieses Ziel war bei den mit Stroh und Asche ausgestopften Menschenhäuten der Lile in hohem Maße erreicht, ... um so mehr, als man die Schädel mit Wachs modellierte[2].« Die Chronisten Cieza de León und Pascual de Andagoya, die den Kämpfen der Spanier im Cauca-Tal beigewohnt hatten, behaupteten, bei einem Kaziken nicht weniger als 400 solcher Trophäen an den Wänden gesehen zu haben. Und Gonzalo Fernández de Oviedo zählte allein in drei Häusern 680 Trommeln, die mit Menschenhaut bespannt waren. »Je tüchtiger einer der Kriegsanführer war, eine um so größere Zahl solcher Trommeln hatte er aufzuweisen.«

Aus denselben Quellen erfahren wir auch einiges über den Kannibalismus. »Nach diesen Berichten müssen wir uns mit Erstaunen fragen, ob es sich dabei um dieselben Völker handelt, die im Kunsthandwerk, besonders in der Bearbeitung von Gold und Keramik, das weitaus Beste unter allen nordandinen Völkern geleistet haben[4].« Die Menschenfresserei hat man auf verschiedene Art zu erklären versucht. Die einleuchtendste ist wohl die Erklärung Hermann Trimborns, nach der es sich in erster Linie um Kriegsopfer gehandelt haben soll. Der Krieger aß den besiegten Feind aus der Vorstellung heraus, daß er sich auf diese Weise dessen Stärke und Lebenskräfte einverleibte. Pedro Simón berichtet von einem besonders tapferen und tüchtigen Krieger, der sich freiwillig opfern ließ, damit die anderen Krieger seinen Leichnam verzehren konnten und so alle seiner Stärke und Tapferkeit teilhaftig würden.

Unter den verschiedenen Völkern des Cauca-Tales fanden nun aber nicht immer kriegerische Auseinandersetzungen statt. Einige Volksgruppen lebten friedlich miteinander und tauschten ihre Waren aus. Da nur im unteren Cauca-Tal Baumwolle angepflanzt werden konnte, bezogen die meisten Stämme aus diesen Gegenden den Rohstoff für ihre Gewebe, denen sie mit Stempeln farbige Muster aufdruckten. Bei einem der Volksstämme, den Catío, will Trimborn sogar eine ideographische Schrift erkennen, wobei man mit einem Zeichen oder Muster einen bestimmten, nur den Catío verständlichen und geläufigen Begriff fixieren wollte.

Die Formen der Keramik bei den Stämmen des Cauca-Tales waren sehr schlicht und einfach, wenn man sie mit ihren Goldarbeiten vergleicht, die an Feinheit und Erfindungsreichtum alle Metallarbeiten aus präkolumbianischer Zeit in Amerika übertreffen.

## 5  Gold in Alt-Kolumbien (Abb. 2–4)

In keinem anderen Land Amerikas hat die Goldschmiedekunst ein so hohes Niveau erreicht wie in Kolumbien. Peru und Kolumbien gelten nach dem heutigen Stand der Forschung als die Länder, in denen am frühesten die altindianischen Metalltechniken entwickelt wurden, nicht nur die des Goldes, sondern auch die des Kupfers. Schon

aus der frühesten bis jetzt bekannten peruanischen Kulturepoche, dem Chavín-Horizont, sind Funde von Goldarbeiten bekannt. Ob allerdings von Chavín aus überhaupt die Goldbearbeitung ausging und sich dann über den ganzen Andenraum und das südliche Mittelamerika verbreitet hat – auch Costa Rica ist bekannt und berühmt wegen seiner prachtvollen altindianischen Goldarbeiten –, ist bisher nicht geklärt worden. Man vermutet vielmehr, daß sich die verschiedenen Techniken in der Goldbearbeitung in Kolumbien selbständig entwickelt haben. Auf jeden Fall stammen die kolumbianischen Goldfunde aus viel späterer Zeit, als die von Chavín. In dem Übergangsstadium vom ›Barbarentum‹ zur ›Herrenkultur‹, in dem sich die Stämme Kolumbiens befanden, begann kurz vor der spanischen Eroberung ein höfischer Luxus, dem wir so viele Meisterwerke von Goldarbeiten verdanken.

Der Rohstoff, das Gold, wurde in Kolumbien aus den Flüssen gewaschen, wo es als Staub oder feine Körnchen vorkommt, während das Kupfer, das zu Legierungen gebraucht wurde, im Bergbau gefördert wurde. Man verstand es schon damals, Gold durch Beimischung von Kupfer zu strecken. Die Legierung nahm einen leichten Kupferton an. Behandelte man die Gegenstände mit einer säurehaltigen Flüssigkeit, so wurde wieder eine goldene Färbung erreicht, eine feine Goldhaut überdeckte dann die Oberfläche mit den kleinen Kupferteilchen der Legierung. In Ekuador, wo man auch Gold verarbeitete, vergoldete man vorher erhitzten Kupferschmuck durch Übergießen mit der geschmolzenen Legierung. Es war also nicht alles reines Gold, was die Konquistadoren aus der Neuen Welt nach Spanien schafften.

Über die Aufbereitung des Rohmaterials sind wir nur durch flüchtige Beschreibungen der spanischen Chronisten unterrichtet. Demnach kannte man weder Schmelzöfen noch den Blasebalg. Dagegen bediente man sich großer Tongefäße, deren Wände durchlöchert waren. Sie wurden mit den Metallen und mit Holzkohle gefüllt, die in Brand gesetzt wurde. Man stellte die Tongefäße an luftigen Plätzen auf, damit der Wind durch die Öffnungen dringen konnte, oder man blies durch Schilfrohre Luft in die Löcher. Auf diese Weise wurden hohe Temperaturen erreicht, die das Metall zum Schmelzen brachten.

Die Technik der Legierungen hatten die Stämme Kolumbiens besonders gut entwickelt; sie ist dann aber auch in den nördlich angrenzenden Gebieten Kolumbiens verwandt worden. »Eine der großartigsten Erfindungen der Indianer der nördlichen Anden ist wohl die Gold-Kupfer-Legierung, die man meist als ›Tumbaga‹ bezeichnet, wenn auch dieses Wort aus dem Malaiischen kommt. Ein eigenes indianisches Wort für diese Art der Legierung ist nicht bekannt, und das aus der Sprache der Aruak übernommene Wort ›Guanin‹ gehört nicht in den Wortschatz der Hochlandindianer; über Alter und Ort der Erfindung wissen wir heute noch nichts Sicheres[5].«

Die Technik des Schlagens und Hämmerns von Goldklümpchen zu dünnen Folien, die dann durch Punzen oder Gravieren die Muster erhielten, ist sicherlich auch in Kolumbien die älteste gewesen. In Peru war sie zur Zeit der Chavín-Kultur schon in Gebrauch. Auch das Hämmern der Folien über Stein- oder Holzformen war bekannt.

Auf diese Weise konnten nach derselben Form beliebig viele Schmuckstücke angefertigt werden, im Gegensatz zu dem Verfahren des ›Wachsausschmelzen‹ oder dem ›Verfahren in verlorener Form‹, wie man es überall in der Welt kannte: in Asien bei den Chinesen, in Europa bei den Griechen und Römern, in Ägypten, Palästina und Phönizien und in West-Afrika in höchster Vollendung bei den Yoruba in Nigeria. Nach dem ›Verfahren in verlorener Form‹ wurden in Kolumbien sowohl Vollfiguren wie hohle Plastiken hergestellt. Der Vorgang war folgender: Das Abbild des gewünschten Objektes wurde zunächst in Wachs, in Gips oder in Ton geformt. Bei größeren Gegenständen überzog man einen Tonkern mit einem ›Wachshemd‹, das das genaue Abbild der gewünschten Plastik darstellte. Darauf umgab man das Ganze mit einem Mantel aus weichem, feuchtem Ton, in dem man jedoch zwei kleine Öffnungen an entgegengesetzten Seiten offenließ. Sobald der Mantel trocken und hart geworden war, wurde die Form erhitzt, so daß das flüssig gewordene Wachs aus einer der Öffnungen ausfließen konnte, während durch die andere die Luft eindrang. In den frei gewordenen Hohlraum wurde das flüssige Metall gegossen, das nun die Gestalt des ausgeflossenen Wachses annahm. Nach dem Erkalten des Metalls wurde die Form zerschlagen, sie ging ›verloren‹, worauf man die Figur feilte und polierte. Die Gußtechnik verlangte also nachträglich noch eine Feinbearbeitung.

Kompliziert war auch das Schweißen und Löten. Beide Techniken wurden in den südamerikanischen Andenländern angewandt. Ob das Schweißen allerdings in Alt-Kolumbien bekannt war, ist bis jetzt nicht erwiesen. In Peru dagegen hat man diese Methode mit einiger Sicherheit nachweisen können, vor allem auch an dem großen ekuadorianischen Goldschmuck des Hamburger Völkerkundemuseums. »Unter Schweißen versteht man die Verbindung zweier Metallstücke unter Anwendung von Hitze. Meist werden beide Teile rotglühend gemacht und dann zusammengehämmert ... Ob diese Methode in Alt-Amerika angewendet wurde, ist bis heute umstritten ... Sicher ist eine andere Schweißmethode, bei der die Ränder der zu verbindenden Teile bis zur Verflüssigung erhitzt wurden und sich dann bei dem Erkalten verbanden[6].«

Auch über die Technik des Lötens, die die alten Kolumbianer anwandten, ist man sich nicht einig. Zum Löten benutzt man gewöhnlich ein bestimmtes Lötmetall. In der Alten Welt kannte man eine Quecksilberverbindung, Amalgam genannt. Doch da Quecksilber in Südamerika nicht vorkommt, kam diese Methode in Kolumbien nicht in Frage. Obwohl es sehr schwierig ist, die angewandte Löttechnik zu rekonstruieren (denn eine Lötmasse hinterläßt keine Spuren), muß man annehmen, daß die Indianer Kolumbiens als Lötmasse eine »Paste aus Kupferoxyd oder eutektischem Tumbaga und Kautschuk oder Harz« verwendeten.

Es gab aber auch noch andere Methoden der Goldbearbeitung wie die Granulation, das Auflöten von Goldkügelchen auf eine Unterlage, und die Filigranarbeiten, die besonders charakteristisch für den Muisca-Stil sind. »Es muß dabei aber eine Einschränkung gemacht werden, denn, wie genauere Untersuchungen gezeigt haben, wurde bei einem großen Teil der Stücke anders vorgegangen und eine Methode angewendet, die

man teils als Guß, teils als Schweißen bezeichnen könnte. So wurden z. B. Filigran-Effekte dadurch erzielt, indem man Drahtteile in die gewünschte Form bog, die Einzelteile zu dem beabsichtigten Schmuckstück zusammenlegte und dann das Ganze mit Ton umkleidete und erhitzte. Die Teile wurden flüssig und verbanden sich miteinander[6].«

Als Schmucksteine wurden in Kolumbien vor allem Smaragde verwendet. Die Smaragde Kolumbiens gelten als die edelsten der Welt; in Südamerika werden nur dort Smaragde gefunden. Die großen Smaragde, die die Inka-Herrscher trugen, stammten aus Kolumbien, erstreckte sich doch das Inkareich bis in die nördlichen Gebiete.

Die Goldarbeiten Alt-Kolumbiens zeigen nun oft sehr markante Stilunterschiede, vor allem in Techniken und Verzierungen, so daß die Archäologen heute die Stile nach sogenannten ›Goldprovinzen‹ eingeteilt haben. Doch ist es nicht immer so einfach, noch weniger als bei Keramik, die Herkunft der Funde zu klassifizieren, stammen doch die meisten Gegenstände von den sogenannten ›Huaqueros‹, den ›Schatzgräbern‹, die nur selten verrieten, woher die Kunstschätze stammten. Schatzgräber gab es in Südamerika schon seit der spanischen Kolonialzeit. Diese ›Gilde‹ entwickelte in ihrem Beruf, in Peru und in Kolumbien, eine solche Kunstfertigkeit, daß sie vor der Grabung an der Lage der Grabstätten, an der Form der Gräber oder an der Beschaffenheit der Erdschichten zu wissen glaubten, um welche Art der Bestattung es sich handelte und welche Funde sie zu erwarten hatten. Der berühmteste Schatzgräber war Luis Arango, der seine großen Grabungen im Jahre 1885 in Kolumbien begann und der 1924 ein Buch über seine Tätigkeit und Erfahrungen schrieb, die er bei mehr als 300 Grabungen gesammelt hatte. Die Schatzgräberei artete aber später, wie er selbst sagte, in regelrechte Räuberei aus. Man konnte dieses unerfreuliche Gewerbe nicht stoppen, man konnte es aber in andere Bahnen leiten. Damit die Funde, die immer noch gemacht werden, nicht in private Hände gelangten und außer Landes gingen, gründete 1938 die Staatsbank das ›Museo del Oro‹ in Bogotá und konnte mit den rund siebentausend Objekten, die die Bank heute besitzt, ihre Reserven decken. Da die Bank für Goldfunde mehr als den Goldwert zahlte und auch heute noch zahlt, bleiben Kolumbien außerordentlich wertvolle Kunstwerke erhalten, doch da die meisten Objekte aus heimlichen und unsachgemäßen Grabungen stammen, ist man über die Herkunft vieler Funde schlecht unterrichtet.

Immerhin konnten auch in verschiedenen Teilen des Landes Gräber unter wissenschaftlicher Leitung geöffnet werden. Einige Schachtgräber der Fürsten glichen wahren Schatzkammern. Die Beigaben, die man einem Herrscher mit ins Grab gab, waren vor allem aus Gold. Plastiken, die Abbilder der Verstorbenen darstellten, und goldene Gesichtsmasken und Figuren in Tiergestalt, denn nach ihrem Glauben verwandelten sich die Toten in Tiger, Schlangen und Pumas. Einige Stämme jedoch glaubten, daß die Seelen der Verstorbenen in die Körper der Neugeborenen eingingen. Porträtähnliche Goldmasken, die besonders im Gebiet der Quimbaya gefunden wurden, sollten die Gesichtszüge des Verstorbenen über den Tod hinaus bewahren, sie sollten den Dämonen den Anblick der Verwesung ersparen und sie verscheuchen. Durch das unvergängliche, golden glänzende Antlitz blieb der Tote mit der Sippe verbunden.

Goldene Brustplatte. Tolima-Stil

Flaches Opferfigürchen aus Gold, mit aufgelötetem Draht. Muisca-Stil. (Nach Wendell C. Bennett)

## Der Quimbaya-Stil (Abb. 1, 3, 4)

Die schönsten Goldarbeiten kommen von den Quimbaya. Sie lebten in den heutigen Provinzen Caldas und Antioquía im oberen Cauca-Tal. Außer Votivfiguren, Opfergefäßen und Masken stellten sie voll aus Gold gegossene Schmuckstücke her, die man ebenfalls den Verstorbenen mit ins Grab gab. Dazu gehören Brustplatten, Armmanschetten und Nasengehänge. Neben hohen Goldflaschen mit figürlichen Reliefs fand man Glocken, Beile und Pinzetten. Besonders reizvoll sind die menschlichen Figuren ohne dämonische Züge. Sie sind als Hohlfiguren gegossen und tragen meist reichen Schmuck, so daß man in ihnen Kaziken oder Häuptlinge zu erkennen glaubt.

## Der Muisca-Stil (Abb. 6–8)

Voll aus Gold gegossene Gestalten finden wir bei den Muisca, die auch oft als Chibcha bezeichnet werden. Das ist jedoch irreführend, denn wie wir gesehen haben, sind die Chibcha, zu denen auch die Muisca gehören, eine Völkergemeinschaft, deren Stämme von Mittelamerika bis an die Grenze von Ekuador reichen. Hervorzuheben sind die nach der Stadt Tunja genannten ›Tunjos‹, flachgehaltene Menschenfiguren, deren Körper geometrisch geformt sind, während ihre Gliedmaßen und die Gegenstände, die sie in den Händen halten, aus goldenen Drähten in Filigranarbeit angebracht sind. Solche Figuren wurden in großer Anzahl gefunden, aber wen sie darstellen sollen, wissen wir nicht, denn auch hierüber fehlen jegliche Berichte der frühen spanischen Chronisten.

*Der Darién-Stil*

Die Goldarbeiten dieser Stilgruppe sollen angeblich aus der Provinz Darién stammen, die im Nordwesten Kolumbiens liegt. Auch hier ist wie bei der Klassifizierung der anderen Stile noch nicht das letzte Wort gesprochen. Ich schließe mich hier wie auch bei den anderen Stilgruppen der Klassifizierung von H. Nachtigall und I. Bolz-Augenstein an. Der Darién-Stil ist vor allem durch stilisierte Menschenfiguren gekennzeichnet, mit »leicht zoomorphen Zügen«. Sie sind in der verlorenen Form ohne Kern gegossen.

*Der Sinú-Stil*

Diese Stilgruppe ist nach dem Río Sinú benannt, dessen Flußbett früher sehr goldreich war. Leider sind uns aus diesem Gebiet sehr wenige Goldobjekte überkommen, erst in jüngster Zeit wurden hier wieder Grabungen vorgenommen und wissenschaftlich ausgewertet. Gerade dieses Gebiet hatten die spanischen Eroberer schon auf das gründlichste ausgebeutet. Leider sind alle diese Schätze eingeschmolzen worden. Schon zu Anfang der Konquista sollen die Spanier hier Gold im Werte von 150 000 Dukaten erbeutet haben. Die Schmuckstücke, die im Sinú-Gebiet gefunden wurden, waren halbkreisförmige Nasenringe und tierische Figuren. Doch mit Sicherheit läßt sich heute noch nicht ein eigener Sinú-Stil bestimmen. Erschwerend für die Bestimmung ist die Tatsache, daß durch die Handelsbeziehungen zwischen den einzelnen Stämmen ein beträchtlicher Goldhandel florierte.

*Der Tairona-Stil (Abb. 5b)*

Die Bezeichnung Tairona ist ebensowenig wie Sinú auf einen bestimmten Volksstamm zurückzuführen. Sie bedeutet nach einem frühen Bericht aus dem 16. Jahrhundert nichts weiter als ›Goldschmied‹. Wir bezeichnen heute mit Tairona die Kulturen, die sich im Gebiet der Sierra Nevada de Santa Marta entwickelt haben. Wie sich die Stämme dieser Gegend genannt haben, wissen wir nicht. Man hält jedoch den heute noch lebenden Stamm der Kágaba oder Kógi, wie sie sich selbst nennen, für nahe Verwandte der ›Tairona‹. Auch in diesem Gebiet machten die spanischen Eroberer reiche Beute. Amerikanische Grabungen in neuerer Zeit ergaben, daß die Goldarbeiten des Tairona-Stils ähnlich denen aus Panama sind. Typisch für beide Gebiete ist die Darstellung eines ›vogelähnlichen Wesens, vielleicht eines Adlers‹. In beiden Gebieten kannte man den Guß in verlorener Form, die Treibtechnik und die sogenannte ›falsche Filigrantechnik‹.

*Der Tolima-Stil (Abb. 2)*

Zu den Nachbarstämmen der Muisca gehören die Pijao, in deren Siedlungsgebiet die Spanier auch reichen Goldschmuck fanden; dieses Gebiet gehört heute zur Provinz

Tolima, nach dem auch der Stil der Objekte genannt wird. Zu den Objekten gehören halbmondförmige Nasenringe, großer Brustschmuck mit tierförmigen Anhängern und kleine Gegenstände wie Nadeln mit menschlichen Köpfen und Pinzetten. »Ob es sich hier aber ebenso wie bei der Keramik um stammeseigenes Handwerk handelt, oder um einen Import, ist schwer zu sagen. Denn immerhin waren die Quimbaya, ihre westlichen Nachbarn, die besten Gold- und Keramikarbeiter[4].«

*Der Calima-Stil (Abb. 5a)*

Die Bezeichnung Calima-Stil ist erst aufgekommen, als Grabungen im Cauca-Tal westlich von Cali im Jahre 1935 reiche Goldfunde eigener Prägung zu Tage brachten. Man hat den Stil nach einem kleinen Flüßchen in der Westkordillere genannt. Spätere Untersuchungen in dieser Gegend, in den Jahren 1945 bis 1947 vom Instituto Etnológico Nacional in Bogotá, und eine theoretische Durcharbeitung der neuen Funde und des Bestandes des Goldmuseums in Bogotá ließen erkennen, daß es sich hier um das »Zentrum der Goldbearbeitung« des Cauca-Tales gehandelt hat. Und doch läßt sich bis heute noch nicht eine genaue Grenze zwischen der Goldschmiedekunst des Colima-Stils mit dem der Muisca ziehen, die nicht nur geographisch, sondern auch stilistisch sowohl in der Keramik, wie in der Goldkunst die nächsten Nachbarn waren. Besonders hervorzuheben sind im Calima-Stil die Brustplatten, die in ihren Ornamenten Totenmasken darstellen, und die getriebenen, mit kleinen Nägeln zusammengenieteten Figuren, die verschiedene Tiere darstellen.

## 6  Die Megalith-Kultur von San Agustín (Farbt. I, Abb. 9–24)

> *Die Furcht und die Hoffnung sind die Eltern der Götter. Der Mensch, der Natur gegenübergestellt, die ihn beschattet und vernichtet, ist sich seiner eigenen Schwäche bewußt gegenüber von Kräften, die er nicht begreift und die er nicht zu zähmen versteht. Doch ihre vernichtenden Folgen wecken sein Erstaunen, seine Furcht und seine Hoffnung, und da er sie nicht begreift und auch nicht lenken kann, fürchtet und liebt er sie, das heißt, er betet sie an.*  Alfonso Caso

Auch in anderen Teilen Kolumbiens hat man Forschungen und Ausgrabungen vorgenommen, die erkennen lassen, daß sich dort eigenwillige Kulturen entwickelt haben. In dem Departament Nariño, nahe der Grenze mit Ekuador in den kolumbianischen Anden, lokalisierte H. Lehmann im Jahre 1944 eine Anzahl vorgeschichtlicher Siedlungen und Schachtgräber mit polychromer Keramik, deren Bemalungen typisch für den Nariño-Stil sind.

Eine Fülle von Terrakotta-Figürchen wurden im Küstengebiet von Tumaco gefunden. Die Fundorte setzen sich noch etwa 150 km weiter an der ekuadorianischen Grenze fort.

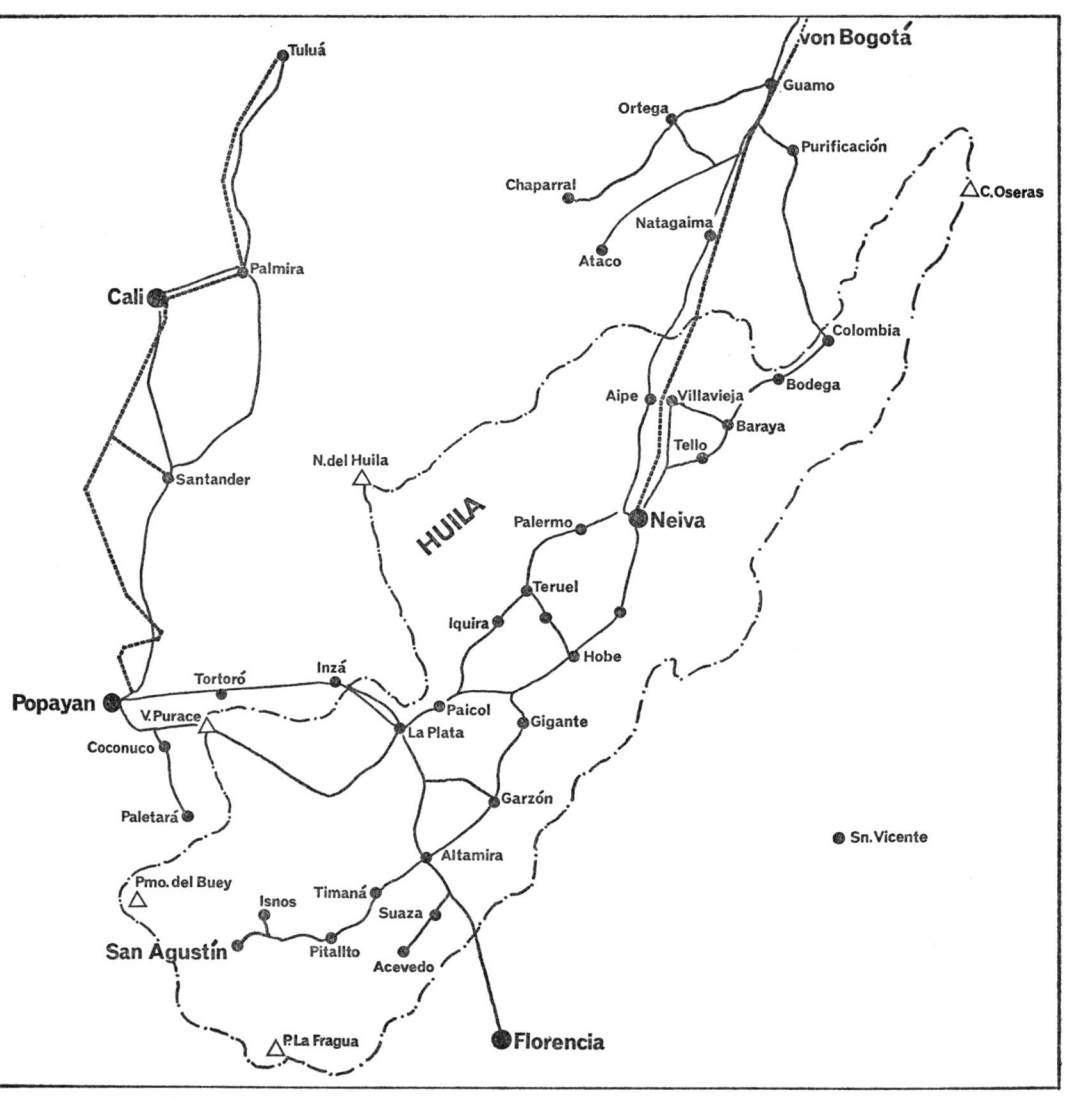

Provinz Huila mit dem Gebiet von San Agustín

Auch auf den kleinen Inseln, die diesem Küstenstrich vorgelagert sind, wurden zahl-reiche Funde gemacht, allerdings in erster Linie von Huaqueros. Man hat diese Kultur die Esmeralda-Tumaco-Kultur genannt.

Weit in vorgeschichtliche Zeiten reichen die zahlreichen Denkmäler einer Megalith-Kultur zurück, wohl die ältesten Zeugen menschlicher Kulte in Kolumbien überhaupt,

deren Zentrum sich ebenfalls im Süden des Landes befindet, im Gebiet des oberen Magdalenen-Flusses. Hier handelt es sich jedoch nicht um eine einzelne Fundstelle, sondern um ein Verbreitungsgebiet vieler Zeugnisse gleichen oder ähnlichen Stils. In Ermangelung an Überlieferungen und da sich an den verschiedenen Fundstellen auch keine archäologischen Schichtungen nachweisen lassen, hat man diese Kultur nach dem kleinen Ort San Agustín im Departament Huila benannt, in dessen Umkreis allein über 300 monolithische Figuren gefunden wurden. Diese sogenannte San Agustín-Kultur ist nicht nur die älteste, sondern auch die am weitesten verbreitete. »In jedem Falle handelt es sich bei San Agustín um eine Kunstströmung, die eine viel weitere Ausbreitung hatte, als es die ursprünglichen Funde ahnen ließen, und die einem größeren Teil der nördlichen Anden zu ihrer Zeit ihren Stempel aufdrückte[1].« Übereinstimmende Elemente bei den monolithischen Steindenkmälern, die nicht nur hier, sondern eigentlich überall dort, wo wir Steinskulpturen von überdimensionalen Ausmaßen antreffen, haben gezeigt, »daß die Verbreitung einer durchgehend durch Megalithen faßbaren amerikanischen Kulturschicht von den großen Seen Nordamerikas bis Mittelchile nicht anders als durch eine im wesentlichen gleiche geistige, ja religiöse Grundhaltung geschehen sein kann[4].« Auch in Kolumbien bleibt diese Kultur immer noch die rätselhafteste.

Als die Spanier in die Gegend von San Agustín kamen, leisteten die Indios, die hier noch ansässig waren, die Andakí, den Truppen Belalcázars energischen Widerstand, aber diese Andakí, ein Sammelname für verschiedene Stämme, zum Beispiel für die Timaná und Yalcón, waren bestimmt nicht die Schöpfer der monolithischen Denkmäler, und von den Konquistadoren erfahren wir nichts über diese Kultur. Wir erfahren jedoch, daß früher der Magdalenen-Fluß ›Guacacallo‹ genannt wurde, was soviel wie ›Fluß der Gräber‹ bedeutet.

San Agustín liegt von Bogotá aus 520 km und von Neiva 234 km entfernt in den Ausläufern der nördlichen Anden-Kette, in einem Massiv, das zwischen dem Magdalenen-Strom und seinen zahlreichen Nebenflüssen liegt. Verstreut über Hunderte von Quadratkilometern befinden sich die Nekropolen mit ihren monolithischen Statuen, schweigsame Zeugen eines unbekannten Volkes, das hier wie in einer natürlichen Festung den Totenkult zum höchsten Ziel seines irdischen Daseins erhob. Bei der großen Anzahl der bisher freigelegten Steindenkmäler – allein im Umkreis von 25 km hat man inzwischen 328 solcher Monumente freigelegt – handelt es sich sicherlich um eine heilige Stätte, zu der auch Pilger von weither kamen, um den Toten die größte und letzte Ehre zu erweisen. Außer den Hunderten von Statuen, von denen manche Höhen von 4 bis 5 m erreichen, finden wir zahllose Gräber, steinerne Sarkophage und heilige Quellen, deren Felsumrahmungen aus dem Stein gehauene Ornamente aufweisen. Die neuesten archäologischen Arbeiten, die ständig im agustianischen Kulturbereich fortgesetzt wurden, haben gezeigt, daß »der größte Teil der Skulpturen und monolithischen Sarkophage ausschließlich für den Begräbniskult bestimmt waren und vor allem, um die politische und religiöse Wichtigkeit eines gestorbenen Hierarchen zu würdigen«[7].

Der erste Bericht über die archäologischen Reste von San Agustín stammt von einem Padre, Fray de Santa Gertrudis, der die Gegend im Jahre 1757 besuchte und der in seinem Buch über eine Reise durch Kolumbien, »Maravillas de la Naturaleza«, schreibt, daß zu seiner Zeit ein Priester aus Popayán hier Grabungen vornehmen ließ, in der Hoffnung, einen Schatz zu finden, die aber nicht erfüllt wurde. In den folgenden Jahren waren es die Huaqueros, die auf der Suche nach Schätzen wohl manche Kultstätten entdeckten, viele aber auch halb oder ganz zerstörten.

In Europa wurde das Interesse für die Monolith-Kultur von San Agustín erst vom Jahre 1920 an geweckt, als K. Th. Preuss über seine Grabungen und Forschungen 1913 und 1914 in Kolumbien berichtete. Eingehend beschäftigte man sich dann erst wieder in den vierziger und fünfziger Jahren mit dem Gebiet, als unter der Leitung des Direktors des ›Instituto Colombiano de Antropología‹, Luis Duque Gómez, Grabungen stattfanden, die auch weiterhin durchgeführt werden. Besonders hervorzuheben sind auch die Arbeiten des deutschen Forschers Horst Nachtigall über seine Grabungen aus dem Jahre 1952.

Die inzwischen ausgegrabenen und freigelegten archäologischen Stätten erstrecken sich über San Agustín hinaus auf die benachbarten Gemeinden von San José de Isnos und Saladoblanco. Die wichtigsten Fundstellen hat man namentlich lokalisiert, sie liegen in Höhen von 1300 bis 2000 Metern. An erster Stelle ist der ›Parque Arqueológico Nacional‹ zu nennen, in dessen unmittelbarer Nähe sich heute ein Museum befindet. Diese zum Nationalpark erklärte Landschaft wird durch eine Anzahl von mit üppiger tropischer Vegetation bedeckten Hügeln, Mesitas, geformt. Die Namen der wichtigsten Fundstellen von Begräbnisplätzen mit steinernen Sarkophagen, mit Stelen und Steinfiguren sind folgende: Las Moyas, El Cabuyal, El Batán, La Estrella, Lavapatas, Alto de Lavapatas, La Candela, La Parada, Alto de Lavaderos, Naranjos, Ullumbe, El Tablón, La Chaquira, Mulales, El Estrecho, El Azafrán, El Purutal, Quebradillas, Cerro de la Pelota, Quinchana, El Jabón, Alto de los Idolos, Alto de Guacas, Alto de las Piedras, El Vegón und Matanzas.

## Die Stelen und steinernen Figuren

Nur einige dieser Fundstellen sind im Nationalpark gelegen, während die anderen von San Agustín aus teils über befahrbare Wege, teils zu Fuß oder zu Pferd in Tagesausflügen zu erreichen sind. Eine Anzahl kleinerer steinerner Skulpturen wurden von verschiedenen Fundstellen zum Museum geschafft und dort in einer kleinen Schlucht inmitten üppigen Pflanzenwuchses, dem sogenannten Bosque Arqueológico, aufgestellt.

Die großen und kleinen steinernen Figuren von außerordentlicher Ausdruckskraft sind es, die San Agustín heute, ähnlich wie Villahermosa in Mexiko, zu einem der wichtigsten Plätze frühzeitlicher megalithischer Denkmäler machen. Als Material fanden große erratische Andesit-Blöcke, einige von enormen Ausmaßen, Verwendung, die in der Gegend verstreut liegen. Nun stehen aber die Skulpturen nicht etwa dort, wo diese

Blöcke gefunden wurden, sondern man hat das Steinmaterial oft 5 bis 20 km weit transportiert. Viele der Steine wurden vermutlich aus dem Flußbett des Río Magdalena geholt, das voll von mächtigen Geröllsteinen ist. Steinbrüche, aus denen Blöcke geschlagen wurden, sind in der ganzen Gegend nicht bekannt. Wie der Transport dieser megalithischen Blöcke bewerkstelligt wurde, wissen wir nicht. Über die Verwendung von Rädern oder Rollen fehlt im ganzen vorgeschichtlichen Amerika jeglicher Hinweis. Möglicherweise benutzte man Holzschlitten, doch auch hierfür haben wir keinen Beweis. Ein noch schwierigeres Problem bildete der Transport von noch größeren Steinen in den peruanischen Anden, wie etwa in Sacsayhuaman und Ollantaytambo. Aus Indonesien und Hinterindien ist bekannt, daß man in der Errichtung megalithischer Denkmäler »ein Gemeinschaftswerk und gleichzeitig ein Verdienst für die Allgemeinheit« sah. Und sicherlich haben wir es in der Neuen wie in der Alten Welt beim schwierigen Transport megalithischer Blöcke mit einer »kultischen Steinsetzung« zu tun. »Übereinstimmend haben wir hier wie dort die sozialwissenschaftlich bedeutsame Eigenheit, daß die von den betreffenden Völkern errichteten Megalithen nirgendwo am Ort der Steinbrüche bzw. der Steinfundorte errichtet worden sind[4].«

Werkzeuge aus Basalt und anderen harten Steinen in Form von Meißeln und Schabern oder auch nur zu Sticheln oder Nadeln zugespitzte Obsidiansplitter wurden in großen Mengen sowohl bei den ehemaligen Behausungen wie an den Kultstätten gefunden.

Über die stilistische Entwicklung der Figuren neigen die meisten Archäologen dazu, die Vorform der megalithischen Statuen in bearbeiteten Baumstämmen zu sehen, man nimmt also an, daß die Hersteller nicht vom Relief zur Rundplastik gelangt sind, sondern umgekehrt. Als älteste Zeugen der agustinischen Kunst gelten deshalb megalithische Säulen, die mit nur wenigen eingemeißelten Linien zu Idolos gestaltet wurden. Als Beispiel hierfür mögen die Funde auf dem Monticulo N der Mesita B gelten. Schon hier können wir menschliche Gestalten mit tierischen Eigenschaften feststellen, wie sie uns an späteren sorgfältig bearbeiteten Monolithen immer wieder begegnen.

Als zweite Stilstufe betrachtet Pérez de Barradas, der nach seinen Feldforschungen von 1936/37 einen umfassenden Bericht lieferte, den »klassischen agustinischen Rundstil«, als dessen schönstes Beispiel er die Hauptfiguren der Mesitas A und B und des Monticulo A vom Alto de los Idolos ansieht. In diesen Statuen erkennt er – und seiner Meinung schließen sich andere an – »nicht nur den Höhepunkt der agustinischen, sondern einen Höhepunkt der gesamten amerikanischen Steinplastik«.

Als dritte Stufe gelten dann Steinplatten mit Gravierungen figürlicher Darstellungen. Häufig verlaufen die bei den früheren Stufen breiten Nasenflügel in ornamentale Ranken. Die reinen Felsgravierungen, zu denen wir Parallelen in Peru, zum Beispiel in Kenko antreffen, bilden dann eine weitere Stilstufe. Sie gehören wahrscheinlich einer späteren Entstehungszeit an. Allen Stilstufen gemeinsam sind menschliche Darstellungen mit tierischen Attributen. Besonders typisch ist der breite Mund mit den herausragenden Hauern und die Nase mit den breiten Nüstern. Fast alle Figuren zeigen das Maul einer

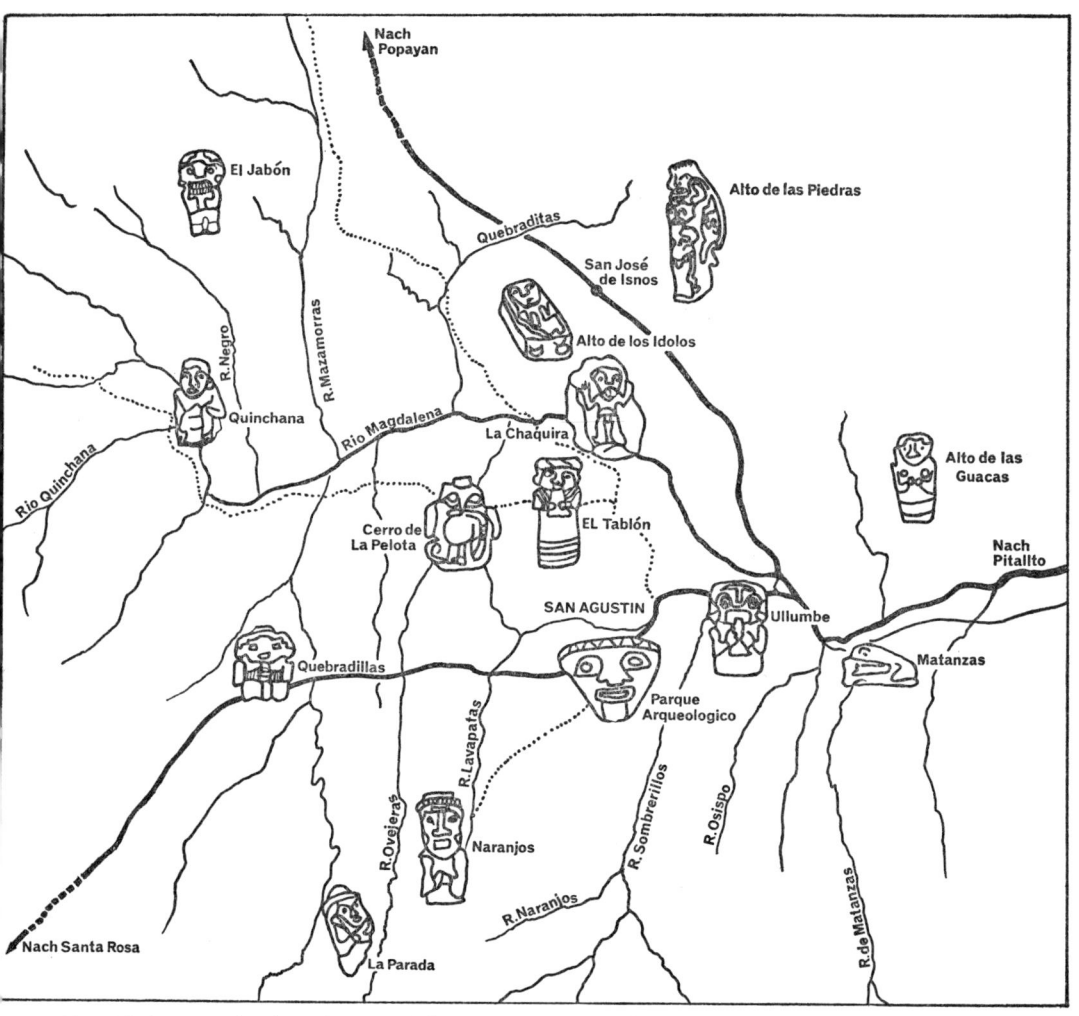

Die wichtigsten archäologischen Fundplätze von San Agustín

Bestie, vermutlich das eines Jaguars oder Pumas. Sicherlich sahen die Schöpfer der Agustín-Kultur im Jaguar die Inkarnation einer Gottheit, die eine wichtige Rolle in ihren religiösen Vorstellungen spielte, ähnlich wie bei den Olmeken in Mexiko. Und sicherlich präsentieren diese Statuen außerirdische Wesen einer irrationalen und mythischen Welt, doch um sie zu deuten, müßte man zuerst die geistige Welt der Menschen studieren, die die Figuren schufen. Die Skulpturen zeigen uns, wie diese Menschen gekleidet waren, sie zeigen die Attribute des Todes, die Naturgottheiten, die Schutzgötter

und die seltsamen Wesen, denen die Toten auf dem langen Weg zu einer anderen Welt begegnen, wo für sie ein neues Leben beginnt. Manche Gesichter der dargestellten Figuren scheinen Masken zu tragen, so daß man annehmen kann, zu den kultischen Handlungen gehörten auch Maskentänze, wie sie noch zu Anfang unseres Jahrhunderts bei den Indios der Sierra Nevada de Santa Marta im Departamento del Magdalena stattfanden. In diesen Masken fand man »eine große Ähnlichkeit mit zoomorphen Darstellungen auf den Skulpturen von San Agustín«[8].

Bei der Vielzahl der als Götterbilder gedeuteten Darstellungen ist man der Auffassung, daß »entweder ein riesenhaftes Pantheon existierte, oder jede der aufeinanderfolgenden Epochen eine bestimmte geringere Anzahl von Göttern aufwies. Andererseits ist es aber auch möglich, daß die Bevölkerung von San Agustín nur Verstorbene abgebildet hat. Es entspräche dies einer besonders unter südamerikanischen Indianern sehr weit verbreiteten Vorstellung, nach der Verstorbene, beziehungsweise deren Seelen, das Aussehen von Geistern tierischer Art – besonders Jaguaren – annehmen. Hierauf würden in der agustinischen Kunst die Mischungen von menschlichen und tierischen Attributen hindeuten. Mit dieser Generalisierung aber stimmt nicht überein, daß nur die Figuren mit tierischen Hauzähnen Werkzeuge in den Händen halten. Somit muß wenigstens ein Teil dieser Skulpturen eine besondere Beziehung zur Kunst der Steinbearbeitung gehabt haben. Außerdem gibt es Skulpturen mit einem menschlichen, geschlossenen Mund, die durch ihren meist reichlichen Schmuck und durch eine unkonventionelle Darstellung von körperlichen, rein menschlich-individuellen Eigenheiten hervorragen. In diesen Fällen dürfte es sich um sozial führende Personen handeln, über deren Funktion wir allerdings nichts wissen[4].«

Über einer Anzahl von Figuren, sowohl menschlichen wie tierischen Charakters, erscheinen Köpfe oder auch volle Gestalten, die das ›doppelte Ich‹ der Hauptfigur eines Gottes oder Menschen darstellen sollen, wie es in den Erzählungen und Mythen eines noch lebenden Stammes, der Huitotes, vorkommt. Eine Parallele hierzu finden wir in Kunstwerken verschiedener mexikanischer Kulturkreise, in denen aus einem Tierrachen ein menschlicher Kopf oder der einer Gottheit herausschaut. Ein schönes Beispiel für das ›doppelte Ich‹ haben wir bei einer Monumentalstatue auf dem Alto de Lavapatas.

Die größte Sorgfalt haben die Künstler von San Agustín bei der Gestaltung der Köpfe und Gesichter walten lassen. Oft erscheinen sie übermäßig groß im Verhältnis zu den anderen Körperteilen, besonders da die Beine immer sehr kurz sind und manchmal auch ganz fehlen.

Problematisch ist und bleibt der Symbolismus, der uns in den Figuren selbst und in ihren Attributen entgegentritt, denn ohne Kenntnis der Lebensformen, der Traditionen und religiösen Gepflogenheiten jenes alten Volkes ist es unmöglich, die Symbole einwandfrei zu erklären, in die die künstlerische Gestaltung der Skulpturen verflochten ist. Der Versuch einer Deutung dieses Zweiges der agustinischen Kultur konnte nur durch Vergleiche mit ähnlichen Kunstwerken aus anderen amerikanischen Kulturkreisen geschehen, deren Symbolismus uns aufgrund ihrer religiösen Auffassung bekannt ist.

Tonfigur, Quimbaya-Stil, Kolumbien

2   Modell mit Goldschmuck, Tolima-Stil, Kolumbien

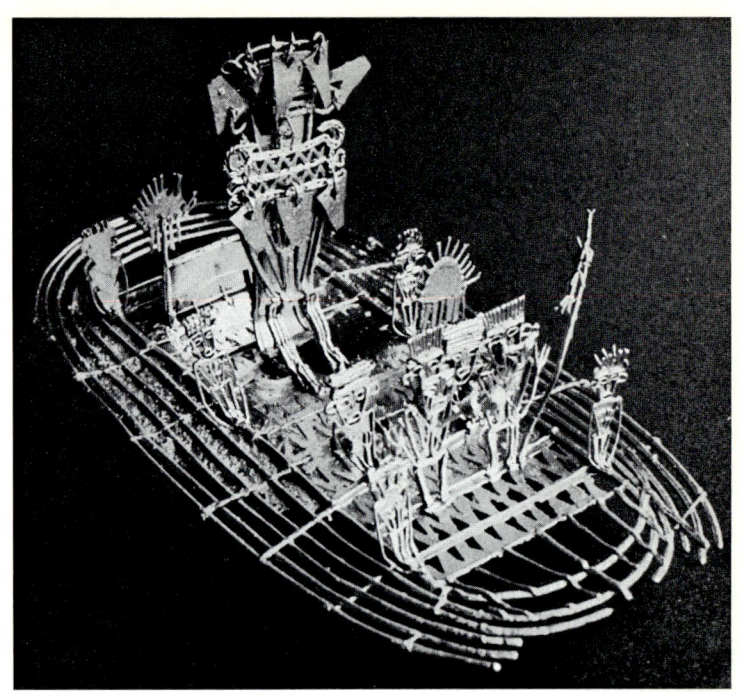

4  Goldmodell des ›El Dorado‹ auf
seinem Floß und Goldene Figur
im Quimbaya-Stil, Kolumbien

5a, b  Tonfiguren im Calima-Stil und im Tairona-Stil

6–8  Kleine Tonfigur, große Tonfigur mit goldenem Nasenrir
und tönernde Flöte. Muisca-Stil

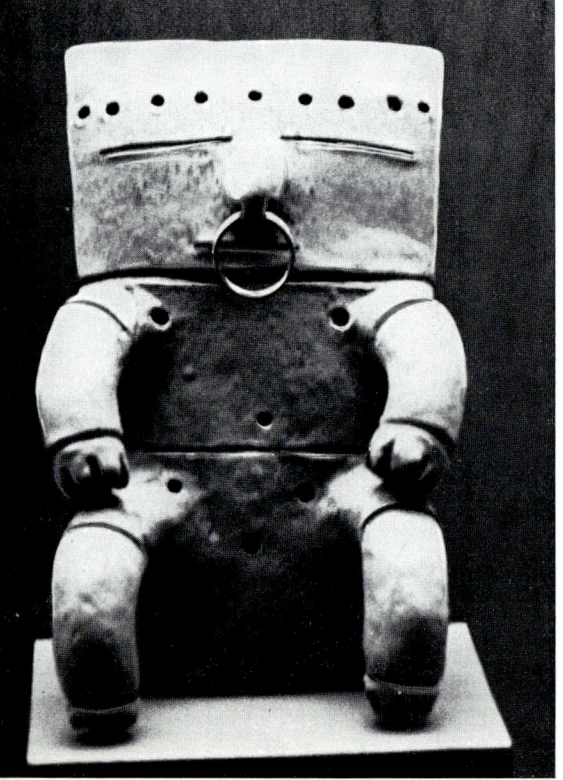

9 Statue einer Gottheit, die ein Men
schenopfer verzehrt (nach Preuss), Bos
que Arqueológico, San Agustín

10 Figur einer Eule oder eines Adlers, d
von dem Platz ›El Batán‹ stamm
heute im Bosque Arqueológico, Sa
Agustín

11 Monumentalkopf mit zoomorphen [
Zügen im Parque Arqueológico,
San Agustín

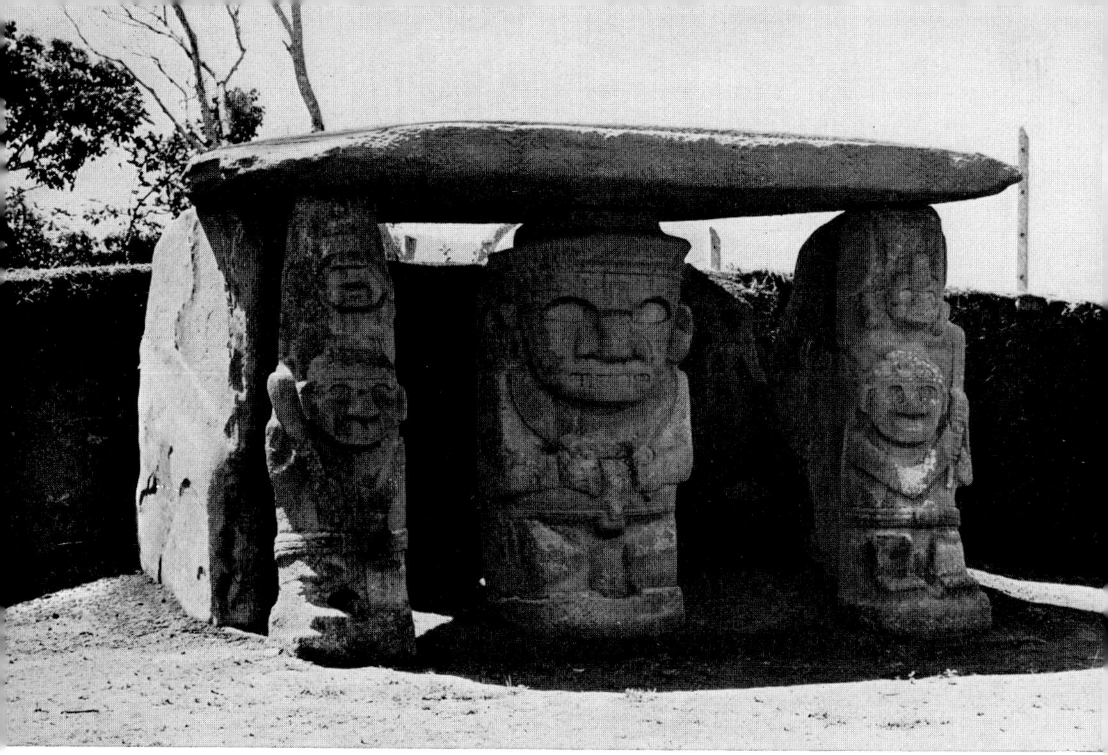

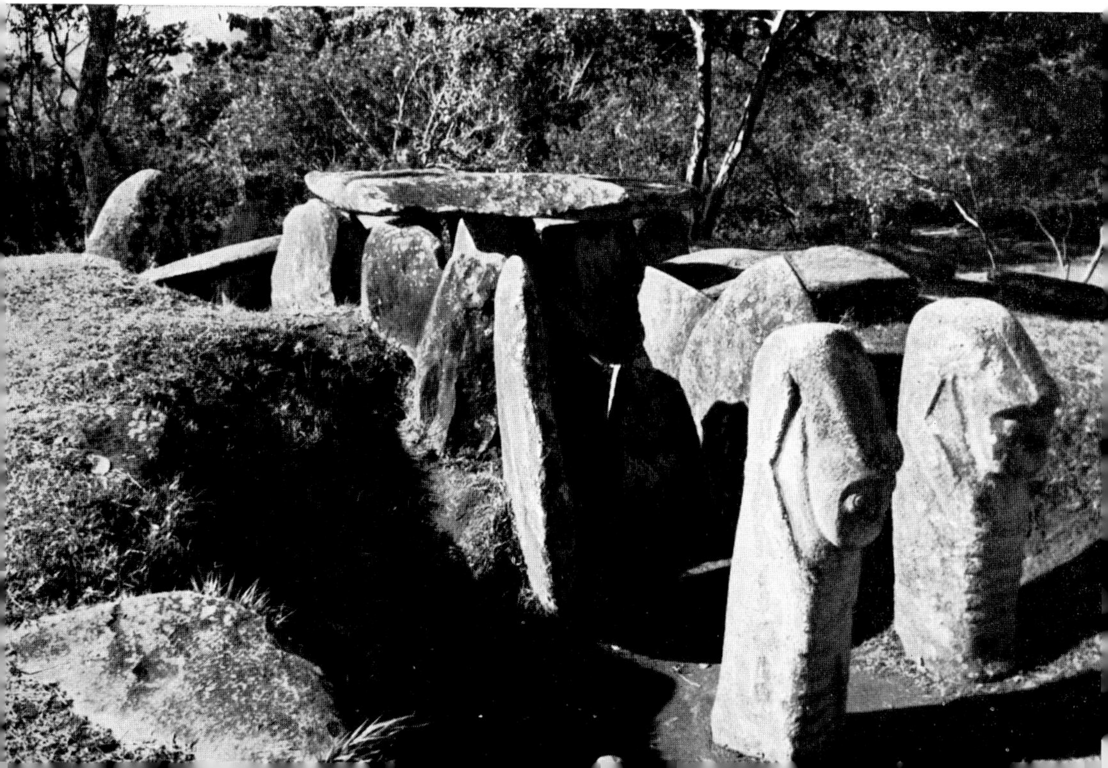

12  Eingang zu einer Grabkammer mit ›Karyatiden‹ im Parque Arqueológico, San Agustín

13  Grabkammer aus monolithischen Platten mit ›Karyatiden‹. Montículo Sur der Mesita B im Parque Arqueológico, San Agustín

4  Gottheit mit zoomorphen Zügen am Ende der Grabkammer. Montículo Sur der Mesita B im Parque Arqueológico, San Agustín

5  Steinernes Grab, wahrscheinlich einer hohen Persönlichkeit, San Agustín

◁ 16 Statue einer Gottheit auf der Mesita C,
Parque Arqueológico, San Agustín

17, 18 Kleine steinerne Figur und Steinerner Sarg
mit Deckel in Form einer menschlichen Gestalt. Alto de los Idolos, San Agustín

19 Figur eines Kriegers mit Keule und dem ›zweiten Ich‹.
Montículo Oriental der Mesita A, Parque Arqueológico,
San Agustín

o Kopf einer anderen steinernen Figur mit dem ›zweiten Ich‹

1 Steinernes Grab mit Deckel in Form eines Krokodils. Alto
de los Idolos, San Agustín

22 Figur mit Salamander als ›zweitem Ich‹. Alto de Lavapatas, Parque Arqueológico, San Agustín

23 Anthropo-zoomorphe Figur, die den Sonnengott repräsentieren soll. Parque Arqueológico, San Agustín ▷

24 Figur, die eine Sonnengottheit repräsentieren soll. Parque Arqueológico, San Agustín

Durch solche Vergleiche kam man zu folgenden Schlüssen: Der Jaguar repräsentiert wahrscheinlich die Erde. Der große Vogel mit einer Schlange im Schnabel, möglicherweise ein Uhu, wird als eine Gottheit der Erde und des Mondes interpretiert. Die Figuren in Form von Fröschen oder Kröten sollen Gehilfen des Regengottes darstellen. Dieselben Eigenschaften wurden den ›dämonischen Schlangen‹ mit menschlichen Köpfen und Armen zugeschrieben, ebenso wie den Figuren mit Körpern von Iguanas und Köpfen anderer Tiere. Da bei manchen amerikanischen Indios Schlangen und Fische als regenbringend angesehen werden, mag auch ein ähnlicher Symbolismus bei den menschlichen Figuren gelten, die Schlangen oder Fische in den Händen halten.

Als Sonnengott wird eine Figur gedeutet, die zwei Keulen oder Zeremonienstäbe in den Händen hält und deren Kopf von einer bogenförmigen Verzierung eingefaßt ist, die einmal als Regenbogen und das andere Mal als Lebensbaum gedeutet wird. Ein häufig auftretendes Motiv finden wir bei Figuren, die in den Händen eine kleine menschliche Figur halten und gerade verschlingen. Auch diese Figuren werden als Sonnengottheiten erklärt.

Zu den bedeutendsten archäologischen Denkmälern in Parque Arqueológico von San Agustín zählt die sogenannte ›Fuente de Lavapatas‹, die ›Fußwaschungsquelle‹. Sie wurde während der Expedition von 1936/37, der ersten Unternehmung, die der kolumbianische Staat patronizierte, entdeckt. Die Fuente de Lavapatas ist ein Zeremonialzentrum in Form phantastischer Darstellungen von Schlangen, Eidechsen, Salamandern, Affen und menschlicher Figuren im gewachsenen Felsbett eines Flüßchens gleichen Namens. Man nimmt an, »daß diese Kultstätte Wassergottheiten geweiht war«[9].

## Die Grabarchitektur

Im Bereich von San Agustín und von einem Kulturzentrum, das nach einer Landschaft in der südlichen Zentralkordillere Tierradentro-Kultur genannt ist, wurden zahlreiche Begräbnisstätten freigelegt, die sich in manchen Zügen ähnelten, aber auch wiederum mancherlei Unterschiede erkennen ließen. Die Frage, ob zwischen den beiden Stilgruppen von San Agustín und Tierradentro eine Abhängigkeit bestand, ist noch nicht geklärt. »Im allgemeinen wird heute eine solche Ursprungsgemeinschaft der beiden Kulturen abgelehnt, und man beruft sich dabei auf markante Unterschiede: zum Beispiel wurde die Bestattung in Tierradentro in dem bescheidenen Typus von Schachtgrab durchgeführt, während man in San Agustín monolithische Sarkophage hatte ... Auf jeden Fall gehört die Schicht von Tierradentro jüngeren Zeiten an als die von San Agustín, die teilweise von ihr überlagert wurde, wie das Auftreten des Schachtgrabes in der Spätzeit dieser Kultur beweist[1].«

Die meisten Gräber von San Agustín befinden sich in Tumuli oder Mounds, in Erdhügeln, die stellenweise einen Durchmesser von 25 Metern haben. Die Form und Ausstattung der Gräber ist verschieden, sie variieren gemäß des politischen oder religiösen Ranges, den der Bestattete zu Lebzeiten einnahm, von geräumigen Grabkammern bis zu

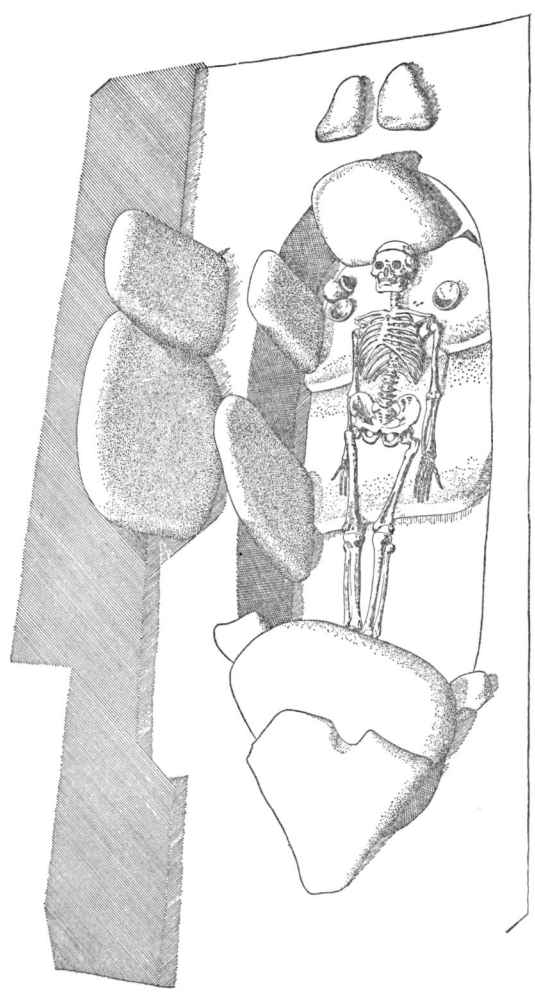

Lagezeichnung eines Steinkistengrabes des Montículo Sur von der Mesita B, San Agustín. (Aus: Luis Duque Gomez, Reseña Arqueológica de San Agustín, Bogotá 1963, S. 47)

einfachen Schachtgräbern. Jene sind bis zu 4,5 mal 3 m groß, man kann sie schon kleine Tempel oder Schreine nennen. Ihr Grundriß ist rechteckig, ihre Seitenwände bestehen aus flachen megalithischen Steinen, ebenso wie die Decken. Bei manchen solcher Grabstätten wird der Eingang durch monumentale Figuren flankiert, die bei den Gräbern von Tierradentro fehlen. Die Toten wurden hier in steinernen Sarkophagen beigesetzt, die aus einem Block gehauen wurden. Diese fehlen in Tierradentro ganz, denn hier bestand der Totenkult in der Totenverbrennung mit anschließender Bestattung der unverbrannten Knochenreste, wie H. Nachtigall feststellen konnte.

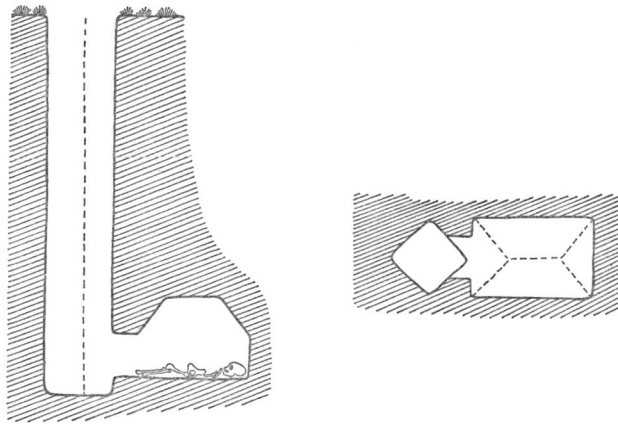

Schachtgrab im oberen Cauca-Tal. Die Grabkammer befindet sich seitlich des Haupt-
schachtes. (Nach Nachtigall)

In San Agustín fand L. A. Guerra, ein Huaquero oder ›Schatzgräber‹, eine große
Anzahl von rechteckigen Steinkisten und Schachtgräber mit Steinkammern, die er bei
seinen Ausgrabungen in Tiefen bis zu 5,5 m fand. In diesen Steinkammern lagen zum
Teil vollständige Skelette, aber auch mit Knochen gefüllte Urnen. In den steinernen
Sarkophagen wurden die Toten wahrscheinlich liegend bestattet, obwohl man bisher
keinen Sarkophag in unberührtem Zustand gefunden hat.

An den megalithischen Konstruktionen, sowohl in den Grabkammern wie bei den
Figuren entdeckte man Spuren von Bemalungen, mit geometrischen Mustern: Kreise,
Quadrate, Rhomben und treppenförmige Muster, ganz ähnlich den Bemalungen mit
symbolischer Bedeutung bei einigen Indios im Amazonas-Gebiet.

Zusammenfassend kann man sagen, daß einige Charakteristika der Kultur von San
Agustín sich weitgehend bei den Zivilisationen längs der pazifischen Küste in Mesoamerika über Guatemala bis nach Mexiko und in Südamerika bis in die peruanischen
Anden wiederholen, so daß diese Momente auf eine interkontinentale Entwicklung
während der sogenannten ›formativen Epoche‹ zurückzuführen sind. Aber eine auch
nur einigermaßen sichere Datierung der agustinischen Kultur konnte man bisher nicht
erbringen. Bei aller Vorsicht sollte man jedoch für diese kolumbianische Kultur ein ähnlich hohes Alter annehmen, wie es bei den megalithischen Denkmälern des mexikanischen und peruanischen Kulturkreises bereits als sicher erwiesen ist. Diese Theorie
findet nicht bei allen Archäologen Zustimmung. Ein peruanischer Forscher behauptet
zum Beispiel, »die altperuanische Kultur hätte sich selbständig ohne Beziehung zu anderen Kulturen des prähispanischen Amerika entwickelt, isoliert und aus eigenem An-
trieb«[10]. Das mag schon sein, aber auch ohne einen direkten Kontakt kann diese große
kulturelle Bewegung, die ihre Spuren in all den genannten pazifischen Gebieten hinterlassen hat, die Andenländer Südamerikas erfaßt haben.

BALZE DE GUAYAQUI
dans toutes ses proportion

A. la Proue.
B. la Poupe.          G. Rame qui sert de B
                      et de Gouvernal
..la Ramée ou Cabane. H. Cuisine.
D. Perche qui sert  I. Bouteilles d'aig
    de Mât.            K. Haubans
E. Bouline.           L. Barbaco
    F. Bigues.         ou Couve

*BALSA oder FAHRZEUG VON GUAYAQUIL mit seinen Verhaeltnissen vorgestellet.*

A. Das Vordertheil.
B. Das Hindertheil.
C. Die Laube oder Hütte.
D. Stangen welche statt des Mastes dienen

E. Segelleinen.
F. Schutzhoelzer.
G. Ruder, welches zum Schutzholze
und Steuerruder dienet.

H. Die Küche.
I. Wasserflaschen.
K. Haupttauen oder die Wand.
L. Der Boden oder das Bedeck.

Floß aus dem leichten Balsa-Holz, wie es in der altperuanischen Küstenschiffahrt benutzt wurde

# II Alt-Peru (Peru und Bolivien)

## Die Umwelt

*Es ist unmöglich vom südamerikanischen Menschen zu sprechen, ohne zuvor die Natur zu Worte kommen zu lassen, denn sie ist die große Herrscherin, sie war es und bleibt es.* Louis Baudin

Wenn man vom präkolumbianischen Peru spricht, so denkt man an die Inka, die einst ein Gebiet beherrschten, das zur Zeit der spanischen Invasion von der Grenze Ekuadors mit Kolumbien bis über den Río Maule im mittleren Chile, also vom 2. Grad nördlicher bis zum 37. Grad südlicher Breite reichte. Man denkt an ihr Staatswesen, an ihre hochentwickelte Kultur, die ihnen den Beinamen ›die Römer Südamerikas‹ eintrug. Man erinnert sich auch an die unfaßbar erscheinende Tatsache, daß zu Beginn des 16. Jahrhunderts nur eine Handvoll spanischer Abenteurer, deren Anführer nicht einmal lesen und schreiben konnten, von unersättlicher Habgier getrieben, das gewaltige, hochzivilisierte Reich der Inka zerschlug. Aber dieses Inkareich war nur eine von den vielen Hochkulturen, die sich im Laufe der Jahrhunderte in Peru entwickelt haben. Eine löste die andere ab, und der Staat der Inka war die letzte große Macht, die im westlichen Teil Südamerikas großartige bauliche und künstlerische Schöpfungen hervorgebracht hat.

Will man einen kulturhistorischen Überblick über das alte Peru geben, so darf man jene Kulturen nicht vergessen, die sich in alten Zeiten zwischen den Anden und dem Meer, in den Oasentälern der Flüsse, die von den eisigen Kordilleren herab durch glühendheiße Wüsten zum Meer strebten, entwickelt haben.

In wenigen Teilen unserer Erde hat wohl die Natur großartigere und vielseitigere Formen angenommen als in dem Gebiet des heutigen Peru. Hinter einem schmalen Küstenstreifen, der an seiner breitesten Stelle nur etwa 150 km mißt, erhebt sich die Gebirgsmasse der Anden, die die Peruaner ›La Cordillera de los Andes‹ nennen. Sie ist eine ungeheure Bodenwelle, die von Vulkanen und Schneegipfeln gekrönt ist und Höhen über 6000 m erreicht. Stellenweise, sowohl in Peru wie in Bolivien, das kulturhistorisch ebenfalls zu Alt-Peru zählt, laufen zwei stark profilierte Höhenzüge nebeneinander her, in Peru die Weiße und die Schwarze Kordillere und in Bolivien die West-

und die Ostkordillere. Zwischen jenen in Peru liegt das Callejón de Huaylas und zwischen den Kordillerenrücken in Bolivien erstreckt sich das sogenannte Altiplano, ein riesiges Tafelland in rund 4000 m Höhe, dessen Seen, der Lago Titicaca und der Lago Poopo, keine Abflüsse zum Meer haben. Das Altiplano ist jedoch keinesfalls eine eintönige Hochebene, sondern ein Land, das von Höhenzügen, von Tälern, Flüssen und Seen gebildet wird (Farbt. XVIII). Von den vergletscherten Gebirgszügen der Westkordillere mit ihren zahlreichen weißen Häuptern, die das Altiplano säumen, fließen die Schmelzwasser durch tiefe Schluchten dem Pazifischen Ozean zu, doch nur die Wasser des Río Santa erreichen das Meer, die anderen versiegen in der glühendheißen Wüste zwischen den Anden und dem Ozean, einer Wüste, die trockener ist als die Sahara. Die Gebirgstäler, die diese Flüsse auf ihrem Wege nach Westen gespeist haben, sind reicher und üppiger als die Oberitaliens.

Auch nach Osten zu, wo es ebenso wie im Westen unbeschreiblich schroffe Abstürze gibt, fließen von der Ostkordillere unzählige Bäche und Flüsse durch tiefeingeschnittene Täler. Diese versiegen dagegen nicht, sondern sie tauchen in dem dichten Regenwald unter und gehören zum Quellgebiet des Amazonas, des Orinoko und des La Plata-Flusses. In den Urwäldern des Amazonasbeckens sind die Menschen, die sich dort angesiedelt haben, Naturvölker geblieben. Die Hochkulturen Perus entstanden im Bergland der Anden, in den Oasentälern des Küstenlandes und in den Ausläufern der Westkordillere. Diese Einteilung wollen wir hier auch beibehalten, ohne damit eine strikte Trennung des Hochlandes vom Tiefland vornehmen zu wollen, denn alle altperuanischen Kulturerscheinungen sind mehr oder weniger miteinander verknüpft.

Die Costa, wie die Peruaner das wüstenartige Flachland zwischen den Anden und dem Meer nennen, beginnt bei Tumbéz an der ekuadorianischen Grenze. Hier liegt die Scheidewand zwischen der Trockenzone Perus und der feuchten tropischen Sumpflandschaft Ekuadors, denn hier wendet sich der Humboldtstrom, die kalte antarktische Meeresströmung, die von Süden kommend, die chilenische und peruanische Küste entlang fließt, plötzlich von der Küste ab und nimmt direkten Kurs nach Westen. Diesem Meeresstrom verdanken die peruanische und auch die nordchilenische Küste ihr außerordentlich trockenes Klima, da der Humboldtstrom temperaturmäßig in schroffem Gegensatz zu der trockenen Wüste steht. In tropischen und subtropischen Gebieten erwärmt sich die Luft über der Wüste durch die intensive Sonnenbestrahlung ungleich mehr als über dem Meer, wo sie sich am Morgen mit Wasserdampf zu sättigen beginnt. Warme Luft steigt empor und in etwa 300 bis 500 m Höhe hat sie sich soweit abgekühlt, daß es zu Wolkenbildungen kommt. Die Wolken dringen jedoch im Sommer nicht bis zu den Wüsten vor, sondern machen an der Küste halt. Im Mai, wenn der südamerikanische Winter beginnt, verändert sich das Bild. Ein dünner Nebelschleier breitet sich dann über dem Meer aus und bedeckt auch stellenweise größere Flächen des Küstenlandes. Dieser Nebel, Garúa genannt, läßt es niemals zu wirklichen Niederschlägen kommen, er ist immer lokal begrenzt und reicht nur wenige Kilometer ins Land hinein.

Hauptsächlich tritt er bei den Oasen auf, die auch Nebeloasen genannt werden. Lima, die Hauptstadt Perus, liegt ebenfalls in einer Nebeloase.

Im südlichen Teil der Costa sind die weit ausgedehnten Sandflächen ständig in Bewegung. Ungeheure Wirbelwinde bauen eigenartige, halbmondförmige Dünen auf, die sogenannten Medanos, die sich geisterhaft nach allen Richtungen hin in Bewegung setzen. Oft eilen sie so schnell dahin, daß sie den Reisenden zu verschütten drohen. Nur durch sehr schnelles Reiten kann er ihnen entkommen. So verändert sich die Landschaft, und oft fällt es selbst dem Einheimischen schwer, sich zwischen den Dünen zurechtzufinden und nicht die Richtung zu verlieren.

Inmitten dieser Wüsten lebten die alten Peruaner wie in einem kleinen Ägypten. Hier war es nicht der mächtige Nil, der seine Anwohner mit allem, was sie zum Leben brauchten, versorgte, sondern es waren die kleinen Oasentäler der Flüsse, die, bevor sie versiegten, für die Existenz des präkolumbischen Menschen sorgten. Und ebenso wie in Ägypten setzte man die Toten nicht in den fruchtbaren Flußufern bei, die bis ins Letzte für die Ernährung des Menschen genutzt wurden, sondern in riesigen Gräberfeldern im trockenen, sandigen Boden der Wüste. Dank des abnormen Klimas sind uns in dem absolut trockenen salpeterhaltigen Boden selbst organische Stoffe über die Jahrhunderte, ja Jahrtausende hinweg erhalten geblieben; sie liefern ein wertvolles und zuverlässiges Material, das weitgehend über die Entwicklung der altperuanischen Kultur Auskunft gibt. Erst durch systematische Grabungen erfuhr man mehr über die alten Küstenkulturen Perus, aber ebenso über die Kulturen des Hochlandes, denn Gegenstände, die im feuchten Hochlandklima bald verdarben, blieben an der Küste erhalten und kamen zwischen den reichen Funden der Tiefland-Kulturen zum Vorschein, ein Beweis dafür, daß ein Austausch zwischen dem Hochland und der Küste stattgefunden haben muß.

Bevor die Spanier in Südamerika festen Fuß faßten, gab es dort kein Land, das den Namen Peru führte. Doch schon sehr bald nannten die Spanier das gesamte unbekannte Gebiet, das sich vom Golf von Darién längs des Pazifischen Ozeans nach Süden erstreckt, Peru. Ein Gebiet, das von Norden nach Süden 7250 km und von Westen nach Osten über 5000 km mißt, praktisch ganz Südamerika ohne Brasilien. Über die Etymologie des Wortes Peru sind sich die Chronisten der Kolonialzeit nicht einig. Einige behaupten, nach dem Río Virú hätte man das ganze Land benannt. »Nach dieser Provinz wurde das Land Pirú genannt, denn Birú wurde in Pirú korrumpiert«, so heißt es in der ›Relación del Adelantado Pascual de Andagoya‹. Nach anderen Auffassungen leitet sich der Name von Pirua ab, ein Wort der Quechuas von Cuzco, das Behälter zur Aufbewahrung von Früchten bedeutet[1], oder von Huirú, einem Quechuawort, das ›Maisfeld‹ bedeutet[2]. In den Sprachen der Quechua und Aymará ist der Laut für ein ›v‹ unbekannt. An seine Stelle tritt ein ›u‹ mit einem scharfen ›h‹.

Wenn wir heute von Alt-Peru sprechen, so meinen wir damit nicht das weite Gebiet, das, wie die spanischen Kolonisten behaupteten, die unermeßlichen Regenwaldzonen des

Amazonas und Orinoco einschließt, und auch nicht die südlichen Pampas Patagoniens, sondern lediglich das Andenland Perus und Boliviens mit den ihm vorgelagerten Küstengebieten. Wir meinen diese großartige Landschaft mit den Gipfeln der Anden, die den Himmel zu sprengen scheinen, in der zwei grundverschiedene Welten hart nebeneinander stehen: die Bergketten der Anden und das heiße Wüstenland und in dem der schreckliche Zusammenprall zweier Welten stattfand, der Welt der Indios und der Abenteurer aus Kastilien und Estremadura.

## Kultstätten des Tieflandes

### 1 Die Valdivia-Kultur und die Caras-Maya-Kultur (Abb. 25–28)

*(Valdivia-Kultur. 3200 bis 1500 v. Chr?*
*Caras-Maya-Kultur. 500 v. Chr. bis 500 n. Chr.)*

Wir könen heute noch nicht die Geschichte der einzelnen Völkerschaften Alt-Perus, die Kulturen entwickelt haben, von ihren primitiven Anfängen bis zum Höhepunkt und ihrem Untergang verfolgen. Ihre dunklen Anfänge sind unbekannt, aber auch die späteren Abschnitte ihres Werdens sind nur schwer erkennbar, da diese Völker im Gegensatz zu denen Mesoamerikas keine Schrift, weder eine Bilderschrift noch eine ideographische, wie die der Maya, besaßen, bleiben uns nur die wenig zuverlässigen und widerspruchsvollen Berichte der spanischen Chronisten. Hinzu kommt noch, daß sich viele dieser Kulturen überschnitten; so greifen zum Beispiel in die Kulturen von Nasca die von Paracas und von Tiahuanaco hinein. Es ist äußerst schwierig, all die verschiedenen Phasen der einzelnen Kulturen zeitlich festzulegen, obwohl der Spaten der Archäologen dafür sorgt, daß wir zu immer neuen Erkenntnissen gelangen. Jede chronologische Aufstellung kann deshalb nur in großen Zügen die verschiedenen Epochen angeben.

Ein großes Rätsel der Altertumskunde bleibt immer noch die Frage, wo die Entwicklung der verschiedenen Kulturzentren Südamerikas ihren Ausgang genommen hat. Erst in letzter Zeit haben Forschungen in einem Land des Kontinents, das bisher von den Archäologen arg vernachlässigt wurde, der Archäologie neue Wege gewiesen: in Ekuador. Inzwischen stellte sich heraus, daß eine Kultur gerade dieses Landes von enorm hohem Alter ist. Wir müssen sie, wenn wir von Alt-Peru sprechen, berücksichtigen, es ist eine Tieflandkultur, der man nach ihrem Hauptfundort an der Küste den Namen Valdivia-Kultur gegeben hat.

An dieser Stelle des Pazifischen Ozeans gab es bereits 3200 Jahre v. Chr. Töpferware, wie die neuesten Untersuchungen ergeben haben. Anhand von Funden konnte bewiesen werden, daß schon in sehr frühen Zeiten ein lebhafter Austausch zwischen den Ureinwohnern Ekuadors und Perus stattgefunden haben muß. »Der zentrale Berührungspunkt, der sich in Ekuador bot – Zugang von See in das Binnenland mit der breitesten

Flachküste längs des Stillen Ozeans und mit Paßpfaden in westöstlicher und nordsüdlicher Richtung –, ergab einen Rahmen ohnegleichen für die Entfaltung des frühen Menschen.«[3] Sicherlich waren schon diese frühen Menschen, die hier auf der flachen Halbinsel Sta. Elena gelebt haben, ebenso wie die Indios, die heute diese Gegend bewohnen, in erster Linie Fischer, denn das trockene wasserarme Land mit dem niederen Buschwerk und Kakteengestrüpp bietet wenig Möglichkeiten zum Ackerbau.

Noch erscheint es verfrüht, ein endgültiges Urteil über die Valdivia-Kultur abzugeben. Die Archäologen, die gemeinsam den bisher ausführlichsten Bericht über diese Kultur und ihre Feldforschungen gegeben haben, stellten jedoch eine stilistische und formale Übereinstimmung der Valdivia-Keramik mit der japanischen Jomon-Kultur, besonders mit der sogenannten Kotosh-Ware, fest und halten einen Kontakt zwischen Asien und Amerika im Neolithikum nicht für ausgeschlossen[4].

Bei den Funden, die meist in unmittelbarer Nähe von Hügeln in 1,50 bis 4 m Tiefe gemacht wurden, handelt es sich hauptsächlich um kleine Frauenfiguren aus gebranntem Ton, die mit rotbrauner Farbe bemalt sind. »Die Tatsache, daß viele Frauendarstellungen Schwangere sind, läßt vermuten, daß diese Idole im Rahmen eines Fruchtbarkeitsrituals hergestellt wurden und während einer bestimmten Zeremonie oder im Gebet absichtlich zerbrochen wurden. Es finden sich in der Tat fast keine kompletten Stücke. Die wenigen erhaltenen unversehrten Stücke dürften für die Zeremonie bereitgelegt, aber in ihr nie benutzt worden sein.«[5]

Unser bisheriges Wissen über die Valdivia-Kultur fußt ausschließlich auf der Keramik aus gebranntem Ton. Architekturreste wurden bisher nicht gefunden. Dasselbe gilt auch von den übrigen Kulturen, die dem Valdivia-Horizont folgen. Man hat auch diese nach den Hauptfundplätzen benannt: die Machalilla-Kultur bis etwa 1700 v. Chr., die sich räumlich und zeitlich an die Valdivia-Kultur anschließt, ihr folgte die Chorrera-Kultur, aus der die immer nackt dargestellten Terrakotten stammen, die eine auffallende Ähnlichkeit mit den olmekischen Tonfiguren haben und deren helmartige Kopfbedeckungen wiederum an die monumentalen Steinköpfe aus La Venta erinnern. »Die Vorliebe der Chorrera für dickleibige Menschendarstellungen, das Fehlen von individuellen Attributen bei dieser Art Prototyp zeigt die geistige Verwandtschaft mit dem olmekischen Volk. Diese formale Übereinstimmung ist, was die südamerikanischen Kulturen anbetrifft, einmalig.«[5]

Von den folgenden Kulturen, die zwar klassifiziert, aber erst wenig erforscht sind, wie die Bahia-Kultur, die Guangala-Kultur und die Jama-Coaque-Kultur, ist die La-Tolita-Kultur schon deshalb die bekannteste, weil hier die größte bisher bekannte Nekropole in Ekuador gefunden wurde. La Tolita ist eine kleine Insel in der Flußmündung des Río Santiago ganz im Norden Ekuadors zwischen Esmeraldas mit dem Fundort Atacames und dem kolumbianischen Grenzort Tumaco gelegen. Somit schließt sich dieses Kulturzentrum unmittelbar an das von Jama Coaque an.

Der Zeitraum der La-Tolita-Kultur liegt vermutlich zwischen 500 v. Chr. und 500 n. Chr. Auch hier fußt unser Wissen über sie, die man auch die Caras-Maya-Kultur

genannt hat, ausschließlich auf den Funden, der Keramik aus gebranntem Ton, den Knochenschnitzereien sowie den Objekten aus Gold, Kupfer und selbst aus Platin, wobei wir uns nicht erklären können, wie jene frühen Menschen das Platin, dessen Schmelzpunkt bei 1775 Grad liegt, zum Schmelzen bringen konnten. Daß die Caras-Maya schon eine Architektur gekannt haben, können wir an Modellen von Wohnhäusern erkennen. Auch Großplastiken müssen sie gehabt haben, von denen allerdings nur Bruchstücke bekannt sind.

Wer nun wirklich das untergegangene Volk an der Küste war, das diese Kultur geschaffen hat, ist nicht mit Sicherheit zu sagen. Die Archäologen sprechen den Objekten dieser Kultur starke mayaide Züge zu und sehen in den Caras-Maya einen Stamm, der vermutlich in dem genannten Zeitraum aus Zentralamerika hier eingewandert ist. Aus den Grabbeigaben ist ersichtlich, daß es sich um ein hochbegabtes Volk gehandelt haben und daß es vielerlei Anregungen von entfernt liegenden Kulturen der Erde empfangen haben muß. In der Umgebung von Manta gefundene Steinsessel mit figürlichem Schmuck erinnern an frühe Maya-Schöpfungen. Aber auch für fremde Einflüsse waren die Caras-Maya ebenso empfänglich wie die Maya Mittelamerikas, so daß auch das, was einmal von diesen gesagt wurde, zutrifft, nämlich daß sie ebenso wie die Chinesen eine unbegrenzte Fähigkeit besessen hätten, fremde Einflüsse aufzusaugen. So finden wir toltekische und aztekische Anklänge im Schaffen der Caras-Maya, und chinesische Einflüsse weisen auf die T'ang-Dynastie (618–906). Selbst Originale aus der 1. und 2. Han-Dynastie will man gefunden haben, wie flachplastische Zikaden aus grün- und bräunlichem Jade, die den Toten auf die Zunge gelegt wurden.

Aber trotz aller Anregungen, die gewiß von fernen Hochkulturen kamen, zeigt die Caras-Maya-Kultur eine ganz eigene Note. Das beweisen besonders die Funde auf der schwer zugänglichen Insel La Tolita, die 120 km von dem letzten größeren Ort entfernt in einer regenreichen tropischen Zone liegt und die heute von Negern, deren Vorfahren als Sklaven hierher verschleppt wurden, bewohnt wird. »Nimmt man auf La Tolita Grabungen vor, so stößt man zuoberst auf eine dicke Schicht Scherben von Gefäßen und Opferschalen, darunter auch sogenannte Dreifüße. Aus rituellen Gründen ist alles fast bis zur Unkenntlichkeit zerschlagen. Nach Ansicht der Indios wohnte in unversehrten Gegenständen Leben, das ›getötet‹ werden mußte. Nach Beseitigung der Scherbenschicht kann auf La Tolita nicht mehr von Archäologie als von einer ›Wissenschaft des Spatens‹ gesprochen werden, denn es muß – je mehr es in die Tiefe geht – im Schlamm mit den Händen gewühlt werden. Negerinnen verrichten diese unangenehme Arbeit. Das Erdreich, das alles gut konservierte, hat noch heute Leichengeruch. Knochen der Toten kommen zum Vorschein, teilweise ausgezeichnet erhaltene, oft birnenförmig (künstlich) deformierte Schädel, ferner Grabbeigaben in Form von Skulpturen, mehr als sonst üblich. Letztere sind glücklicherweise nicht in so radikaler Weise ›getötet‹ worden, wie die Sachen der oberen Schicht. Männer-, Frauen- und Kinderköpfe, ... buddha-ähnliche Gestalten, unheimliche Dämonen, Totenmasken, weibliche Gestalten, ... Tiere aller Art, teilweise in Form von pfeifen- und okarina-ähnlichen Musikinstrumenten.«[6] Die

ganze Tierwelt ist in diesen Gegenständen vertreten, die meisten von ihnen jedoch als dekorative Elemente, während der Jaguar und das Krokodil, die am häufigsten dargestellten Tiere, sicherlich im Fruchtbarkeitskult eine Rolle spielten und vielleicht auch als Götter verehrt wurden. Die Goldfunde unterscheiden sich von den anderen Kulturen Amerikas durch auffallende Kleinheit. Unter ihnen befinden sich Tiere, Idolos, Ohrringe, Nasenringe, Gewandnadeln, Nähnadeln und Angelhaken. Ferner wurde in den Gräbern eine Unzahl von Goldkügelchen gefunden, die ›Tränen der Leidtragenden‹ symbolisieren könnten. Aus Platin fand man lediglich Anhängerplatten und Angelhaken.

Die Funde der Caras-Maya-Kultur beschränken sich nun aber nicht auf die Insel La Tolita. Abgesehen von den verschiedenen Sorten von Ton und Farbe treten aber an anderen Fundorten stilistische Unterschiede auf. So kann man einen Manta-Manabí-Stil von einem Atacames-Stil, einem Rioverde-Mate-Stil und einem La-Tolita-Stil unterscheiden. Die Insel La Tolita wird eine heilige Beerdigungsstätte gewesen sein, zu der man die Toten von anderen Landesteilen überführte. Bisher wurde dort nicht systematisch gegraben, da man hierfür noch nicht die nötigen Mittel beschaffen konnte. Einstweilen soll jedoch die Insel unter Denkmalschutz gestellt werden, und es ist zu hoffen, daß in absehbarer Zeit gerade hier große wissenschaftliche Entdeckungen bevorstehen, die das Dunkel lichten, das noch immer über dem rätselhaften Volk der Caras-Maya liegt.

## 2   Die Mochica-Kultur (Abb. 29, 30)                    (200 bis 600 n. Chr.)

Alle Kulturen, die sich in Peru entwickelten, stützten sich in erster Linie auf den Feldbau. Der Mais, das Hauptnahrungsmittel späterer Zeiten, war den Trägern der frühen Kulturen des Tieflandes zunächst noch unbekannt, jedoch pflanzte man schon Bohnen und Zwiebelgewächse, Kürbisse, Gurken und roten Pfeffer. Das Vorhandensein von Mais konnte in Peru erst vom 9. Jahrhundert n. Chr. an nachgewiesen werden. Baumwolle wurde dagegen schon sehr früh gepflanzt. Botaniker behaupten, daß sie nicht in Peru heimisch war, und sie bewiesen, daß peruanische Baumwolle einer Gattung, die in Asien vorkommt, gleichzusetzen ist.

Eine der interessantesten Kulturen des nördlichen Tieflandes von Peru war die Kultur der Mochica. Der Träger dieser Kultur war ein »Verband von Völkerschaften«, die sich in den Oasentälern der Flüsse Pacasmayo, Chicama und Moche ausgebreitet hatten. Erst später unterwarfen sie ihre südlichen Nachbarvölker und dehnten sich bis in die Täler Virú, Santa, Nepaña und Casma aus. Der Name Mochica geht auf den Fluß und die Ortschaft Moche zurück, die beide heute noch denselben Namen führen. Er wird aus der Sprache der Chimú abgeleitet, der Sprache dieser frühen Völker. Man kann aber diese Epoche nicht ›Protochimú‹ oder ›Frühchimú‹ nennen, wie es manchmal geschehen ist, denn beide Kulturen, die der Mochica und die der Chimú, sind zwei getrennte Welten,

Hirschjagd, Darstellung auf einer Mochica-Vase

obwohl die Chimú später dasselbe Gebiet bewohnten wie die Mochica. Die Blütezeit der Mochica-Kultur konnte man nach der Radiokarbon-Methode (C 14) auf etwa 500 n.Chr. bestimmen.

In der Nähe der Ortschaft Moche liegt die große Sonnenpyramide, die das bedeutendste Heiligtum der Mochica war. Sie ist – ebenso wie die anderen kleineren Pyramiden, die sich in der Nähe befinden – ein massives, wuchtiges Bauwerk und steht auf einer 18 m hohen Terrasse als siebenstufiger Bau, in dem schätzungsweise 130 Millionen Adobeblöcke verarbeitet wurden. Ihr gegenüber liegt die Mondpyramide, in deren Nähe Max Uhle, der Altvater der peruanischen Archäologie, zum ersten Mal Schichtgrabungen vornahm. In den höheren Schichten fand er Scherben aus dem Hochland im Tiahuanaco-Stil. Alle Pyramiden sind aus luftgetrockneten Lehmziegeln, aus Adobe, erbaut.

Volkreiche Siedlungen konnten in den Oasentälern nur bestehen, wenn jedes Stück bepflanzbarer Erde nutzbar gemacht wurde. Dazu benötigte man Wasser. Ein gut angelegtes Kanalsystem war also die erste Voraussetzung für die Existenz der Menschen in den Flußtälern. Hierin, in der Anlage von Bewässerungskanälen, waren die alten Völker in Peru Meister. Aber sie gruben nicht nur Kanäle, die heute noch zum großen Teil in Gebrauch sind, sie bauten auch viele Kilometer lange Aquädukte. Im Chicama-Gebiet befindet sich ein 15 m hoher Aquädukt, der in einer Länge von 1½ km über ein trockenes Tal führte. Bis zum Jahre 1925 war er noch vollkommen erhalten; erst bei den ungewöhnlich starken Regenfällen desselben Jahres wurde das ganze Tal überflutet, und der Aquädukt barst auseinander. Der längste Kanal, der aus der Mochica-Epoche stammt, ist 110 km lang. Er bewässert heute noch die Felder in der Nähe von Chan-Chan, der alten Metropole der Chimú. Über die staatliche Organisation der Erbauer jener großartigen Bewässerungsanlagen wissen wir nichts; wahrscheinlich war es ein theokratisches Staatsgefüge. Wir kennen nicht einmal den Namen des Volkes. Es ist aber

Peruanische Krieger, Darstellung auf einer Mochica-Vase

anzunehmen, daß bei ihm eine besondere Neigung zu militärischer Expansion bestanden hat. Das schnelle Wachstum dieser Kultur führte innerhalb weniger Jahrhunderte zu einem künstlerischen Niveau, das als das höchste in Alt-Peru angesehen werden kann. Vor allem die Porträtvasen der Mochica zählen zum Besten, was altamerikanische Kunst in der Darstellung des Menschen geleistet hat.

Diese alten Peruaner hatten keine Schrift, keine Hieroglyphen wie die alten Mexikaner, und doch ist eine reichhaltige Bibliothek der Mochica auf uns gekommen, die nicht weniger wertvoll und aufschlußreicher ist als alle Bilderschriften der Mexikaner. Diese Bibliothek enthält zwar keine Zahlen und Kalenderdaten wie die Schrift der Maya, sie gibt uns aber über die Lebensweise, über den Alltag, den Fischfang und den Ackerbau, über Krankheiten und Operationen, über Tänze und Totenkulte, über Götter und Dämonen eine so lebendige Beschreibung, wie sie eine Bilderschrift nicht besser vermitteln könnte. Die ›Bücher‹ dieser Bibliothek sind keine Papierrollen, sondern Tongefäße, auf denen alles entweder plastisch oder mittels linearer, naturalistischer Malerei dargestellt ist. Diese Bibliothek besteht aus ›keramischen Bilderbüchern‹.

Alle diese Gefäße sind kugelförmige Töpfe mit Bogenhenkeln. Bei den Porträtvasen ist der ganze Topf zu einem menschlichen Kopf geformt, dessen Züge aufs feinste naturgetreu modelliert sind. Da erkennen wir die Gesichter von Königen und Heerführern mit stolzen, charaktervollen Zügen, mit hoher Stirn und mit Adlernase. Wir sehen aber auch Porträtvasen mit derben, breiten Gesichtern, die den bäuerlichen Typ wiedergeben; es sind dieselben Gesichter, denen man heute noch in der indianischen Bevölkerung Perus begegnet. Das ›keramische Bilderbuch‹ enthält außerdem zahlreiche Gruppendarstellungen, aus denen wir eindeutig die Lebensweise der alten Peruaner ablesen können. Wir sehen Indios beim Fischfang auf dem Meer, ihre Boote, ihre Flöße und ihre Angelgeräte. Sie benutzten Binsenflöße, Schilfboote mit Schilfsegeln, wie man sie heute noch

auf dem Titicaca-See bei den Urus und Aymarás antrifft (Farbt. XIX). Die Fischer an der Küste ließen, wie die Japaner, gezähmte Kormorane für sich fischen. Abbildungen von beladenen Lamas (span.: Llama), die nur im Hochland gehalten wurden, und auch heute noch gehalten werden, lassen darauf schließen, daß die Küstenvölker schon in frühen Zeiten Verbindungen mit dem Hochland gehabt hatten.

Sehr häufig sind die Darstellungen von Göttern und Dämonen. Immer wieder erscheint ein Wesen in mannigfacher Gestalt bei den Mochica. Es ist ein Raubtier mit spitzen Zähnen. Um den Kopf gebunden trägt es den abgezogenen Balg eines Jaguars; bisweilen hängen Schlangen von seinem Gürtel herab. Seine Kleidung ist die eines Fischers, eines Jägers oder eines Ackerbauers. Diese Gestalten sind ›Widersacher‹ des ›Großen Gottes‹ der Mochica, es sind Dämonen. Ein Gefäß belehrt uns, wie die Mochica das Menschenopfer vollzogen haben: Sie stürzten die Menschen von einem hohen Felsen hinab in die Tiefe. Kriegsgefangene werden gezeigt, die stets nackt mit einem Strick um den Hals erscheinen. Ihre mitgefangenen Häuptlinge, denen nur der Kopfputz gelassen wurde, mußten die Gefangenen auf Sänften tragen. Abgesehen von der Thematik ist die meisterliche Behandlung der menschlichen Figuren bestrickend; ihre Gliedmaßen, Körper und Köpfe sind richtig proportioniert und die Gesichter oft, besonders in den frühen Phasen, so individuell gestaltet, daß sie »wie bei großen Kunstwerken anderer Kulturen zum Ausdruck innerer Bewegung geworden sind.«

Auch über den Totenkult gibt uns die ›tönerne Bibliothek‹ Aufschluß. Ähnlich wie in der europäischen Kunst des Mittelalters ist in der Kunst der Mochica der Totenreigen motivisch behandelt. Man sieht Skelette in der Tracht lebender Menschen einen Reigen aufführen. Die Peruaner glaubten, daß ihre Toten in Skelettgestalt im Jenseits weiterlebten, wobei man sich ein rein körperliches Fortbestehen vorstellte. Deshalb gab man den Toten auch alles mit ins Grab, was sie einst im Leben besonders geschätzt hatten. »Aus der gleichen Anschauung heraus lassen sich auch die Porträtvasen erklären, sie waren ein magisches Mittel, das die Züge des Toten noch erhalten konnte, wenn die Verwesung sie längst zerstört hatte.«[7]

Die Art des Materials, die Technik, die Ornamente und die Formen der Bemalung bei der Keramik erlauben es, Vergleiche anzustellen und jene Kultur neben anderen zeitlich einzuordnen. So stellte sich heraus, daß neben der eigentlichen Mochica-Kultur im Virú-Tal eine noch ältere Kultur, die man nach ihrem Fundort ›Gallinazo-Kultur‹ nannte, bestanden hat. Sie dauerte noch an, als die Mochica im benachbarten Chicama-Tal die Gefäßmalerei mit rotbraunen Linien auf cremefarbenen Grund entwickelten.

In der vierten Phase, von etwa 450–600, beherrschten die Mochica fast die gesamte Südküste Perus. »Es gibt Bergtempel und Befestigungsanlagen, die hoch oben auf den Hängen der Taleingänge die Wasserzufuhr regelten. Wahrscheinlich wurden zuletzt ganze Flußtäler von einer Gruppe beherrscht. Alles sieht danach aus, als ob mächtige Fürsten über sie geboten und als ob die großen Gemeinschaftswerke durch ordnende Kräfte gelenkt worden sind.«[8] Mit dieser Macht der Häuptlinge ging es fast schlagartig zu Ende. So zeigt die letzte Stufe der Mochica-Kultur von 600 bis etwa 800 deutlich

ihren Verfall; sie endete mit der Invasion von Huari. Ein neuer Stil macht sich bemerkbar, neue Symbole verdrängen die realistischen Darstellungen auf den Mochica-Gefäßen von ihrem Platz. Die neuen, mehr abstrakten Formen kamen aus dem Hochland, aus Huari und von den Ufern des Titicaca-Sees, sie weisen auf Tiahuanaco, eine der ältesten Kultstätten des peruanisch-bolivianischen Hochlandes.

## 3  Die Nazca-Kultur (Abb. 32)

(ca. 100–700 n. Chr.)

Ungefähr zur selben Zeit, als im nördlichen Küstengebiet Perus bei den Mochica die Kunst zu höchster Vollendung gelangte, entwickelte sich im Süden in den kleinen Oasentälern der Flüsse Nazca, Pisco und Ica ebenfalls eine Kultur von hohem künstlerischen Ausdruck, die man Nazca-Kultur genannt hat. In diesem trockenen Küstenland gibt es eine Hafenstadt, die wie das weite fruchtbare Oasental den Namen Nazca führt. Diese ganze Gegend ist wegen ihres Weinbaus, ihrer Obstkulturen und des damit verbundenen Früchtehandels berühmt geworden. In einem alten Geographiewerk, dem ›Diccionario Geográfico-Histórico‹ von Antonio de Alcedo vom Jahre 1783, ist zu lesen, daß das Tal, in dem die Weingärten liegen, ursprünglich eine Sand- und Kieswüste gewesen sei, daß sich dort aber Quellen befänden, die ›niemals zu- und niemals abnehmen‹ und deren Ursprung man nicht habe feststellen können. Nur soviel könne man sagen, daß sie von Indios der heidnischen Zeit eingefaßt worden seien. Und Paz Soldan, der große peruanische Geograph, beschreibt in seiner ›Geografía del Peru‹ vom Jahre 1862 eine Wasserleitung, die mit Mauern aus kleinen Bruchsteinen verkleidet ist und die stellenweise in Viadukten über Bodenvertiefungen hinwegführt.

Bis zum Beginn der achtziger Jahre des vorigen Jahrhunderts hatten die Bewohner dieser Gegend keine Ahnung davon, was für kunstvolle Schätze der sandige Boden ihrer Landschaft barg. Doch eines Tages kamen die ersten Nazca-Gefäße zum Vorschein, die bei den Archäologen wegen ihrer eigenartigen Formen und Farben und der Art der auf ihnen dargestellten Menschen, Tiere und Gegenstände nicht geringes Aufsehen erregten. Als man dann weiter forschte, stieß man auf zusammenhängende Gräberfelder, die unter allgemeiner Beteiligung der ganzen Bevölkerung freigelegt wurden. Die Funde gelangten nach Lima zum Verkauf; sie waren so reichhaltig, daß es heute kein namhaftes Museum gibt, das nicht eine Nazca-Sammlung aufweisen könnte. Leider haben uns die Grabungen, die damals ganz unsystematisch vorgenommen wurden, der geschichtlichen Erkenntnis jenes unbekannten Volkes, das diese Kunstwerke geschaffen hat, nicht nähergebracht. Erst später kam man zu der Erkenntnis, daß diese Kunst auf viel frühere Ursprünge in dieser Gegend, in Paracas zurückgeht.

Auch die Nazca haben ihre Tongefäße mit naturalistischen Darstellungen geschmückt, jedoch in anderer Weise als die Mochica. Ihr besonderer Wert liegt nicht in der Plastik, die nur in Ansätzen vorhanden ist, sondern im Reichtum der Farben. In lebhafter Be-

wegung sind Menschen, Tiere und Pflanzen naturalistisch dargestellt. Das ist die eine Phase des Nazca-Stils. Die zweite Phase, die auf die Spätzeit weist, fußt auf traditionellen Vorstellungen mit einer Symbolik, die nicht immer leicht zu erklären ist. So treten mythologische Vögel, Dämonenköpfe, verschnörkelte Wesen mit allen möglichen Attributen auf, deren Linien fast zu geometrischen Mustern führen. Es fehlen aber auch nicht rein geometrische Muster, die ihren Ursprung in der Flechtkunst haben. Alle diese Bilder sind nicht nur zur Verschönerung aufgemalt, sondern durch sie sollte eine Wirkung erzielt werden[9]. Welcher Art diese Wirkung war, darüber gehen die Ansichten auseinander. Die einen denken an Abwehr böser Geister, die anderen an Herbeizaubern oder Verzaubern irgendwelcher Art.

Im Mittelpunkt der Nazca-Malereien steht ein katzenartiges Tier, »die gefleckte Katze, die Bringerin der Lebensmittel«[9]. Dieser Katzendämon tritt in menschlicher Gestalt mit einem Katzenkopf auf. »Die Tiere erscheinen dem primitiven Menschen nicht als unter ihnen stehende, sondern als wesensgleiche und sogar höherstehende Wirklichkeiten, da sie Kräfte und Fähigkeiten entwickeln, die dem Menschen nicht zu Gebote stehen. So erhöht sich das Tier zum Tierdämon, da nach einer namentlich in Amerika weitverbreiteten Anschauung die Seelen der Gestorbenen in Tieren weiterleben.«[9]

Auch die Farben, die die Nazca verwendeten, hatten symbolischen Wert. Verwendet wurden mehrere Arten Eisenoxydfarben: ein dunkles Rot und ein helleres Rot, das sich mit dem venezianischen Rot vergleichen läßt. Beide Farben kommen neben Weiß und Schwarz auch auf Grundfarben vor. Mit außerordentlicher Sicherheit sind die Motive in schwungvollen Linien auf roten oder schwarzen Untergrund gesetzt. Die Tongefäße sind hart und dauerhaft gebrannt, nicht glasiert, aber außerordentlich gut poliert. Unter den Farben scheint ein stuckartiges Weiß zu liegen.

Neben den zahlreichen Tontöpfen fand man in den Gräbern von Nazca auch Trophäenköpfe. Diese häufigen Abbildungen auf den Vasen lassen darauf schließen, daß dieser Kult eine große Rolle gespielt hat. Die Kopftrophäen deuten auf kriegerische Auseinandersetzungen zwischen den einzelnen Stämmen. Auch die Verbände der Nazca-Völker glaubten daran, daß die Kraft und die Stärke des erschlagenen Feindes auf den Sieger überging, wenn er dessen abgeschlagenen Kopf aufbewahrte.

## 4  Die Nekropolis von Paracas (Abb. 31, 33)

(Paracas-Horizont ca. 700 v. Chr. bis 150 n. Chr.)

Nur 18 km von der Bahía de Pisco entfernt liegt eine völlig vegetationslose Halbinsel, auf der man niemals auch nur eine Spur menschlichen Lebens vermutet hat, die Halbinsel Paracas. Fischer entdeckten jedoch bei gelegentlichen Landungen an der Südspitze dieser Halbinsel Gräber, in denen sich schöne Gewebe befanden. Als Julio C. Tello, der Nestor der peruanischen Archäologie, davon erfuhr, machte er sich auf den Weg nach

Paracas, und es gelang ihm, in der unabsehbaren Sandwüste der Halbinsel eine sensationelle Entdeckung zu machen. Er fand in Cerro Colorado eine wahre Nekropolis, eine Totenstadt, in dem er später Hunderte von Gräbern freilegen konnte. Heute ist dieses ganze Gebiet vom Wüstensand bedeckt. Das war nicht immer so, denn unter dem Sand im festen Boden entdeckte man drei Arten von Gräbern: erstens künstlich in den Fels geschlagene Höhlen; die zweite Art besteht aus unterirdischen Räumen mit in Reihen angeordneten Korridoren und Innenhöfen: die dritte Art sind 2 m tiefe und 2 m breite Gruben.

Zuerst nahm man an, daß diese Halbinsel eine heilige Begräbnisstätte gewesen sei und daß man die Toten, die hier begraben wurden, von weither gebracht hätte, denn es erschien unmöglich, daß auf der Halbinsel jemals ein Mensch gelebt hat. Inzwischen konnte aber nachgewiesen werden, daß auf dieser Geisterhalbinsel Menschen gelebt haben. »Es ist möglich, daß diese Wüste früher in kultiviertes Land verwandelt worden ist, wie es an anderen Stellen der Wüste geschah, z. B. in Pachacamac, wo ein kompliziertes System von Kanälen und Zisternen unter dem Sande begraben war.«[10] Aus der Zeit der Konquista liegen Berichte über seltsame Anbaumethoden in der Wüste vor, die man auf die Halbinsel Paracas beziehen könnte. Es handelt sich da um sogenannte ›Mahamaes‹, schmale Streifen bestellbaren Landes, die dadurch entstanden, daß man den Wüstensand soweit abtrug, bis man auf feuchten Boden stieß, der von unterirdischen Wasseradern gespeist wurde.

Tello erforschte die Halbinsel von 1923 bis 1925. Seine größte Entdeckung war eine Begräbnisstätte, in der er 429 Mumien zusammen mit den reichsten Beigaben ausgrub. Außer Schmuck und Waffen, Nahrung und Gebrauchsgegenständen kamen vor allem unglaublich fein gewirkte Tücher zutage, deren leuchtende Farben sich auf wunderbare Weise in dem trockenen salpeterhaltigen Boden über die Jahrhunderte hinweg erhalten hatten. Er fand Schädel mit Trepanationen, an deren Schnittstellen festgestellt werden konnte, daß der Patient nach der Operation noch gelebt haben muß, denn die Kanten der Knocheneinschnitte waren verheilt. Einige Schädelöffnungen waren mit Goldplatten bedeckt. Auch chirurgische Instrumente, mit denen solche Operationen durchgeführt wurden, befanden sich in den Gräbern.

In über 2 m lange Totenmäntel waren die Mumien hochgestellter Persönlichkeiten eingewickelt. Diese Totentücher zeichnen sich durch besonders schöne Ornamente und herrlich leuchtende Farben aus. Sie sind durch Webmuster von mannigfachen Figuren, von Tieren mit menschlichen Zügen und Menschen mit Tiergesichtern verziert. Genauso wie auf den bemalten Vasen halten Dämonen Kopftrophäen in den Händen. Auch in die vielen anderen Kleidungsstücke, die man den Toten mit ins Grab gab, sind auf- und abwärts schwebende Figuren gestickt oder eingewebt. So reich wie die Darstellungen ist auch die Art der Gewebe. Es gibt Stoffe, die überaus feinen Geflechten ähneln, und es gibt Schleiertücher, Brokate, Kelims und Gobelins, deren Webtechnik und Farbzusammenstellung von solcher Vollendung ist, wie sie selbst in der alten Welt zu keiner Zeit erreicht worden ist. In ihren Farben sind alle diese Gewebe so leuchtend frisch,

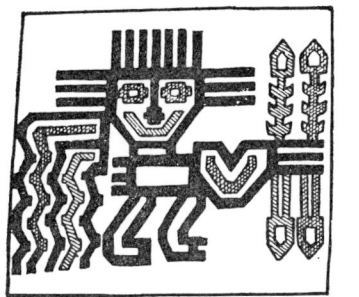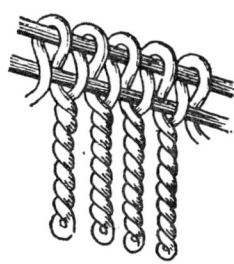

Die Gewebe zeichnen sich durch die Darstellung verschiedenartiger Figuren aus. Daneben Wiedergabe der Knüpftechnik

als hätten sie eben erst den Webstuhl verlassen. Man glaubt, daß die Anfertigung eines einzigen Totentuches mindestens zwei Jahre gedauert haben muß.

Die Keramik von Paracas, die, wie auch bei den anderen Kulturen, eine Klassifizierung ermöglicht, hatte man bisher in zwei Kategorien eingeteilt: ›Cavernas‹ und ›Nekropolis‹. In die erste gehört die Keramik mit eingeritzten Dekorationen und einer nach dem Brennen vorgenommenen Bemalung, ähnlich der von Chavín. Bei der zweiten fehlen eingeritzte Motive, sie wurde vor dem Brennen bemalt. Inzwischen wurden jedoch im südlichen Teil der Oase von Ica Ausgrabungen gemacht, die auch zum Horizont von Paracas gehören, die man aber nicht gut in diesen beiden Gruppen unterbringen kann. So ist man dazu übergegangen, die Paracas-Kultur in fünf Phasen aufzuteilen. Die Anfangsphase beginnt demnach schon um 700 v. Chr. und führt über Früh-, Mittel- und Spät-Paracas bis zum Proto-Nazca (1–150 n. Chr.); sie gilt als Übergangsphase zwischen Paracas und Nazca.

Aus allen Kunstwerken von Paracas, der Keramik und der Weberei, geht hervor, daß zwischen der Küstenbevölkerung und den Bewohnern des Hochlandes schon in sehr frühen Zeiten ein kultureller Austausch stattgefunden haben muß. Die Übernahme von Stilelementen vollzog sich anscheinend auf ganz natürliche Weise, denn der Verkehr zwischen dem Hochland, vor allem zwischen Tiahuanaco und den südlichen Küstengebieten ist sicherlich, schon wegen der geringeren Entfernung, viel reger gewesen als der Verkehr zwischen Nazca und den Volksstämmen Nord-Perus.

## 5  Die Scharrbilder des Südens

Als der amerikanische Gelehrte Dr. Kossok im Jahre 1942 im Auftrag der peruanischen Regierung Erkundungsflüge über der Wüste von Nazca unternahm, um das weitverzweigte Bewässerungssystem aus präinkaischer Zeit zu studieren, erkannte er zahlreiche lange, gerade Linien und geometrische Figuren, die sich kilometerweit über das Land hin erstrecken. Diese Beobachtung gab den Anstoß zu einer wichtigen Entdeckung. In

Scharrbild einer Spinne in der Wüste von Ica

einem Gebiet, das 500 Quadratkilometer umfaßt, stellte er sogenannte ›Scharrbilder‹ von außerordentlicher Größe fest. Ihre Länge reicht von 500 m bis zu 8 km. Scharrbilder geringerer Ausdehnung kannte man vorher schon. Ich selbst habe eine Anzahl von ihnen in der salpeterhaltigen ›Pampa del Tamarugal‹ im Norden Chiles photographiert. Nur ganz früh am Morgen und gegen Sonnenuntergang sind ihre Konturen durch die Schattenbildung sichtbar; dann erkennt man sie schon aus 5 km Entfernung. An sanft ansteigenden Bergrücken erscheinen Kreise, Quadrate, Tiere und Menschen. Diese Scharrbilder sind entstanden, indem man aus der dunkelbraunen, eisenhaltigen Erdkruste etwa 20 cm wegscharrte; aus der Vertiefung hebt sich dann der helle, sandige Untergrund ab. Die Ränder solcher ausgescharrten Linien werfen nur zu bestimmten Zeiten Schatten. Aus nächster Nähe sind sie sehr schwer festzustellen. Noch weitaus schwieriger ist es, die Riesenscharrbilder in der Wüste von Nazca, die man nach ihnen ›Pampa de las Figuras‹ genannt hat, vom Boden aus zu untersuchen.

Dr. Kossok war sich vom ersten Augenblick an, als er die zahlreichen geraden Linien vom Flugzeug aus sah, klar darüber, daß es sich hier nicht um ausgetrocknete Bewässerungsgräben und auch nicht um Reste der alten Königstraßen der Inka handeln könne. Durch seine Entdeckung angeregt, befaßte sich Maria Reiche, eine deutsche Mathematikerin, mit diesen Scharrbildern. Viele Monate hat sie in der Wüste zwischen Nazca und Ica zugebracht. Die ausgescharrten Linien, die bis zu 1,20 m breit und 20 cm tief sind, waren im Laufe der Zeit so verstaubt, daß sie fast die gleiche Farbe angenommen hatten wie die Wüste. Erst als sie die Linien vom Staube befreit hatte, kam der hellere Untergrund zum Vorschein. Jetzt konnte die Forscherin sie vom Flugzeug aus photographieren und vermessen. Als erstes Tierbild entdeckte sie einen Vogel von 120 m Durchmesser.

Schon zu Anfang war die Forscherin der Ansicht, daß es sich bei den Scharrbildern um »die Niederschrift früherer kosmischer Beobachtungen handeln müsse«. Sie stellte

fest, daß eine Linie zum Untergangspunkt der Sonne bei Sonnenwende zielt, die auf der südlichen Halbkugel am 22. Juni stattfindet. Ihre Entdeckung brachte noch mehr Überraschungen: 8 Linien, die nicht ganz parallel laufen, zielen auf Sonnenuntergangs-punkte der Sonnenwenden vergangener Jahrhunderte. Durch astronomische Berech-nungen konnte sie den Zeitpunkt der Anlage der einzelnen Linien genau festlegen. Sie kam auf die Jahre zwischen 300 und 650 n. Chr. Andere Wissenschaftler haben die großartige Entdeckung »das meteorologisch-astronomische Observatorium aus dem 3. bis 7. Jahrhundert in der Wüste von Nazca« genannt.

Über ganz Südamerika verstreut findet man immer wieder geritzte und bemalte Steine und Felsen. Tiere, Menschen und geometrische Formen treten in großer Mannig-faltigkeit dabei in Erscheinung. Daß diese Petroglyphen in engem Zusammenhang mit den Scharrbildern der Nazca stehen, wird allgemein angenommen. Auch hier, bei den Darstellungen von Tieren und Spiralen, könnte es sich um Zeugnisse der ›magischen Beschwörung‹ handeln, die auf Kulte einer frühen Stufe der Menschheit zurückzuführen sind. Doch damit ist das Rätsel der riesigen Scharrbilder noch nicht gelöst. Offen bleibt die Frage, warum sich bei ihnen so häufig die Linien überschneiden. H. D. Disselhoff fand in unmittelbarer Nähe dieser Linien und Figuren eine Unmenge bemalter Ton-scherben in reinem Nazca-Stil und schließt daraus, daß Nazca-Menschen als die Ur-heber der rätselhaften Bilder gelten dürften. Er ist sogar überzeugt, daß alte Gräber in der Unendlichkeit der Bilderpampa versteckt liegen.

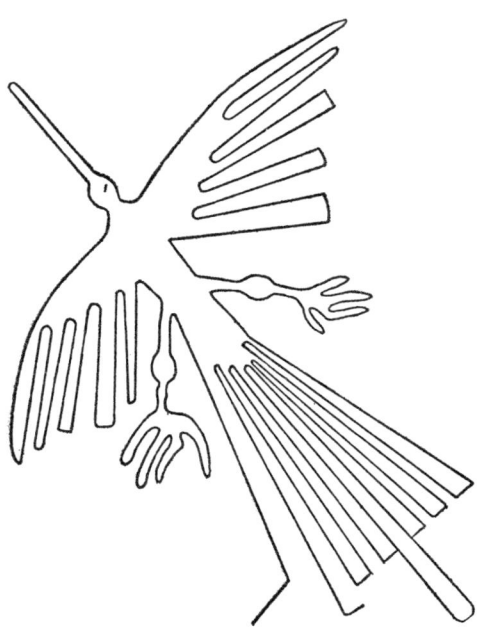

Scharrbild eines Vogels in der Wüste von Ica

Inzwischen haben sich nun auch andere Forscher mit den Scharrbildern im südperuanischen Wüstenland beschäftigt. Im Jahre 1963 begaben sich zwei Amerikaner und ein Franzose, die von der amerikanischen Gesellschaft für Geographie in New York unterstützt wurden, mit einem Flugzeug in dieses so interessante Gebiet und durchforschten eine Bodenfläche von etwa 5000 Quadratkilometern. Vor allem dort, wo das Nazca-Tal in die Wüste einläuft, und weiter nördlich an den Hügelzügen, die die Halbinsel Paracas gegen das Festland abriegeln, fanden sie eine ganze Anzahl von Tierfiguren, die in ein System von mehrfach übereinandergelagerten Linien und geometrischen Figuren eingefügt sind. Die größten Tierfiguren erreichen eine Länge von 150 m, die kleinsten sind etwa 60 m groß. Durch Fallschirmabsprünge fanden die Forscher außerdem alte, anders schwierig zu erreichende Siedlungen. Aber auch ihnen ist es nicht gelungen, hinter das letzte Geheimnis jener gigantischen zeichnerischen Darstellungen zu kommen.

## 6  Das Reich der Chimú (Abb. 38)

(1000–1450 n. Chr.)

Wenden wir uns jetzt wieder den nördlichen Regionen des Küstenlandes von Peru zu, dem Gebiet, in dem schon vor den Chimú die Mochica eine außerordentlich hohe Kultur entwickelt hatten. Der Name Chimú, ursprünglich Chimor, soll der Eingeborenenname des Tales von Trujillo gewesen sein. Einige Wissenschaftler meinen, der Name Chimú bezeichne, ähnlich wie das Wort Inka, ursprünglich nicht ein Volk, sondern sei der Name für die Herrscher der Küste gewesen. Jedenfalls war das Kernland der Chimú die Gegend, die ehemals die Mochica bewohnten: die Flußtäler Chicama, Moche, Virú und Jequetepeque.

Wie weit die Geschichte dieses mächtigen Reiches zurückreicht, ist noch unklar. Nach einer alten Sage soll ein fremder Fürst namens Tacanaymo auf einem Floß an der Küste von Trujillo gelandet sein. Nachdem er das Land erobert hatte, soll er das Königreich Chimor gegründet haben. Er war der Stammvater einer Dynastie von achtzehn Königen, die in dem alten Bericht zum Teil namentlich aufgeführt sind. Der letzte von ihnen hieß Minchanzaman. Nach dem heutigen Stand der Wissenschaft steht fest, daß um 1000 n. Chr. im Kerngebiet des alten Mochica-Reiches eine neue politische Einheit entstand, wobei noch offensteht, ob diese durch Verschmelzung oder Überschneidung zustande kam, ob sie das Ergebnis friedlicher Aufeinanderfolge und Durchdringung war, oder ob die ältere im Kampf unterging.

Die Ausdehnung des Chimú-Reiches erfolgte sowohl nach Norden wie nach Süden und umfaßte schließlich um 1200 das ganze Küstengebiet von Tumbéz bis Paramonga, ja sein Einfluß reichte sogar bis Guayaquil im Norden und bis zum Lurin-Tal im Süden. Auch wissen wir von Verträgen, die die Chimú mit Cajamarca und anderen Gegenden im Bergland schlossen. Minchanzaman, ihr letzter König, erhielt aus dem Hochland

Tribute in Form von Lebensmitteln und Kleidung. Nach dem Bericht des Augustiner-
paters Calancha (1638) waren 6000 Indios vom Herrscher eingesetzt, Gold, Silber
und Kupfer aus dem Hochland zu holen. Um die Mitte des 15. Jahrhunderts wurden
die Chimú jedoch von den Inkas überwältigt; Minchanzaman wurde gefangengenommen und nach Cuzco gebracht. Man verheiratete ihn mit einer der Inkatöchter und
nannte ihn von jetzt an Chimú Capac. Die Inka haben klugerweise das Reich der
Chimú nicht zerstört; im Gegenteil, sie übernahmen unter anderem von der Chi-
mú-Zivilisation die gut angelegten Straßen und verbanden sie mit ihrem eigenen
Straßennetz im Hochland.

Noch lange nach der Eroberung durch die Inka erzählten sich die Bewohner der
Täler südlich von Trujillo Geschichten über den Ursprung und die Herkunft ihrer
Vorfahren. Ein Jesuit namens Miguel Cabello de Balboa, der im Jahre 1566 nach Peru
kam, sammelte solche Berichte und legte sie in seinem Werk ›Miscelánea Antartica‹
nieder; danach erschien »in sehr alter Zeit« an der Mündung des Flusses Faquisllanga,
der heute Río Lambayeque heißt, eine Flotte indianischer Flöße aus Balsaholz, das
aus den Urwäldern Ekuadors stammte, mit einer großen Anzahl fremder Menschen.
Ihr Führer, ein mächtiger Fürst, nannte sich Naymlap. An einer Stelle, die sie Chot
nannten, errichteten die Ankömmlinge einen Tempel für ein mitgebrachtes Götzenbild
aus grünem Stein, das ihrem König glich und das sie Llampallec nannten, was soviel
wie ›Standbild Naymlaps‹ bedeutet. Nach vielen glücklichen Jahren, in denen es die
Ansiedler zu Wohlstand gebracht hatten, starb König Naymlap. Um das Volk im Glauben zu lassen, ihr König sei unsterblich, verbreiteten die Priester die Kunde, der König
habe es zu solcher Macht gebracht, daß er sich mit Flügeln, die er sich habe wachsen
lassen, zum Himmel geflogen sei. Soweit die Legende vom König Naymlap.

An diese Erzählung erinnerten sich die Archäologen, als man in den vierziger Jahren
unseres Jahrhunderts in der Nähe vom Lambayeque die größte Anhäufung von Gold
und Silber fand, die jemals in Peru entdeckt wurde. Es besteht kein Zweifel, daß eine
der Goldfiguren Llampallec in der Gestalt des Königs Naymlap darstellt. Auch in
letzter Zeit kamen in derselben Gegend wieder großartige Goldschmiedearbeiten der
Chimú ans Tageslicht, unter ihnen ein Mantel, auf dem schuppenförmig rund 13000
Goldteilchen (18 Karat) aufgenäht sind. In der Mitte des Mantels befindet sich eine
rote Borte mit 16 kleinen Goldgesichtern (22 Karat). Solche Gewänder wurden nur von
den höchsten Priestern bei rituellen Festen getragen. Ferner fand man Zeremonienbecher
aus Gold, in die Türkise, die heiligen Steine der Chimú, eingelegt sind, Goldkronen in
Durchbruchtechnik mit typischen Chimú-Ornamenten und eine aus einem Stück gearbeitete 860 Gramm wiegende goldene Totenmaske (22 Karat).

Es ist erstaunlich, daß immer wieder Millionenwerte an Gold in Gräbern gefunden
werden, die die spanischen Eroberer nicht entdeckt hatten. Aber diese begnügten sich
vermutlich mit ganz mit Gold bedeckten Wänden und Böden, sie brauchten überall nur
zuzugreifen. Die indianischen Fürsten aßen und tranken aus Gefäßen aus purem Gold.
Nicht allein der ungeheure Wert an Edelmetallen ruft unser Erstaunen hervor, noch

mehr fesselt uns die überraschende Tatsache, daß die alten peruanischen Goldschmiede, denen die Kenntnis der Eisenverarbeitung unbekannt geblieben war, bereits mit fast allen modernen Goldschmiedetechniken vertraut waren. Ihr Formentreichtum tritt besonders bei Menschen- und Tierdarstellungen hervor; am häufigsten erscheinen Fische, Schlangen und Vögel. Die Figuren sind manchmal hohl, meistens jedoch massiv gearbeitet. Schuppen, Federn und andere kleine Züge sind durch Gravierung der Oberfläche angedeutet.

In der Keramik haben die Chimú einen unverkennbaren eigenen Stil entwickelt, der sich besonders in schwarzen, polierten Tontöpfen mit Bügelhenkelausguß zeigt. Die Ornamentik ist mit Hilfe von Modeln oder Stempeln als Relief eingepreßt oder aufgesetzt; man erkennt darin bereits einen Vorläufer der Massenproduktion. Da deutlich wurde, daß diese Kunst aus mehreren Quellen stammt, teilte man sie in drei Gruppen ein:

I. Chimú-Huari (1000–1200) beruht auf der plastischen Tradition der Mochica mit dekorativen Formen.
II. Rein-Chimú (1200–1400), schwarze Keramik.
III. Chimú-Inka (1450–1532), breite Ausgußmünder und Verzierungen an den kleinen Henkelösen.


*Chan-Chan (Abb. 34–36)*

Unter den Chimú-Königen erreichte die Städtebaukunst bei den Küstenbewohnern ihren Höhepunkt. Manche Stadtanlagen waren so weitläufig angelegt, daß sie die Bezeichnung ›Großstadt‹ verdienen. Zwei davon liegen in kleinen Seitentälern des Lambayeque-Tales, und die größte war die Hauptstadt der Chimú, Chan-Chan im Chicama-Tal. Dieses ausgedehnte fruchtbare Tal ist heute noch die Versorgungskammer des ganzen Gebietes mit der modernen Stadt Trujillo, genauso wie ehemals für Chan-Chan. Das Stadtgebiet von Chan-Chan umfaßte etwa 18 Quadratkilometer und war von einer gewaltigen Stadtmauer umschlossen. Im Innern gab es eine Anzahl rechteckiger, ebenfalls ummauerter Bezirke, die den verschiedenen Fürstengeschlechtern als Wohnquartiere dienten.

Heute ist Chan-Chan ein unübersehbares Trümmerfeld, in dem man jedoch deutlich die Reste von zwei gewaltigen Palästen erkennen kann. Die Anlage des ersten bildet ein Rechteck mit Umfassungsmauern von 500 und 400 Metern. In der Stadt gab es Pyramiden, Straßen, Plätze, Kanäle, Aquädukte und Wasserbassins. Es gab Gärten, wie man sie auch an anderen Plätzen längs der Küste antrifft, die weitläufige, künstlich geschaffene Vertiefungen darstellen. Man hatte hier den Sand soweit entfernt, bis man auf feuchten Boden stieß, so daß die Pflanzungen vom Grundwasser gespeist werden konnten. Der zweite Palast ist von hohen, parallellaufenden Mauern umgeben, die in der Mitte einen 2 m breiten Wehrgang freilassen. Die Mauern sind zum Teil aus luft-

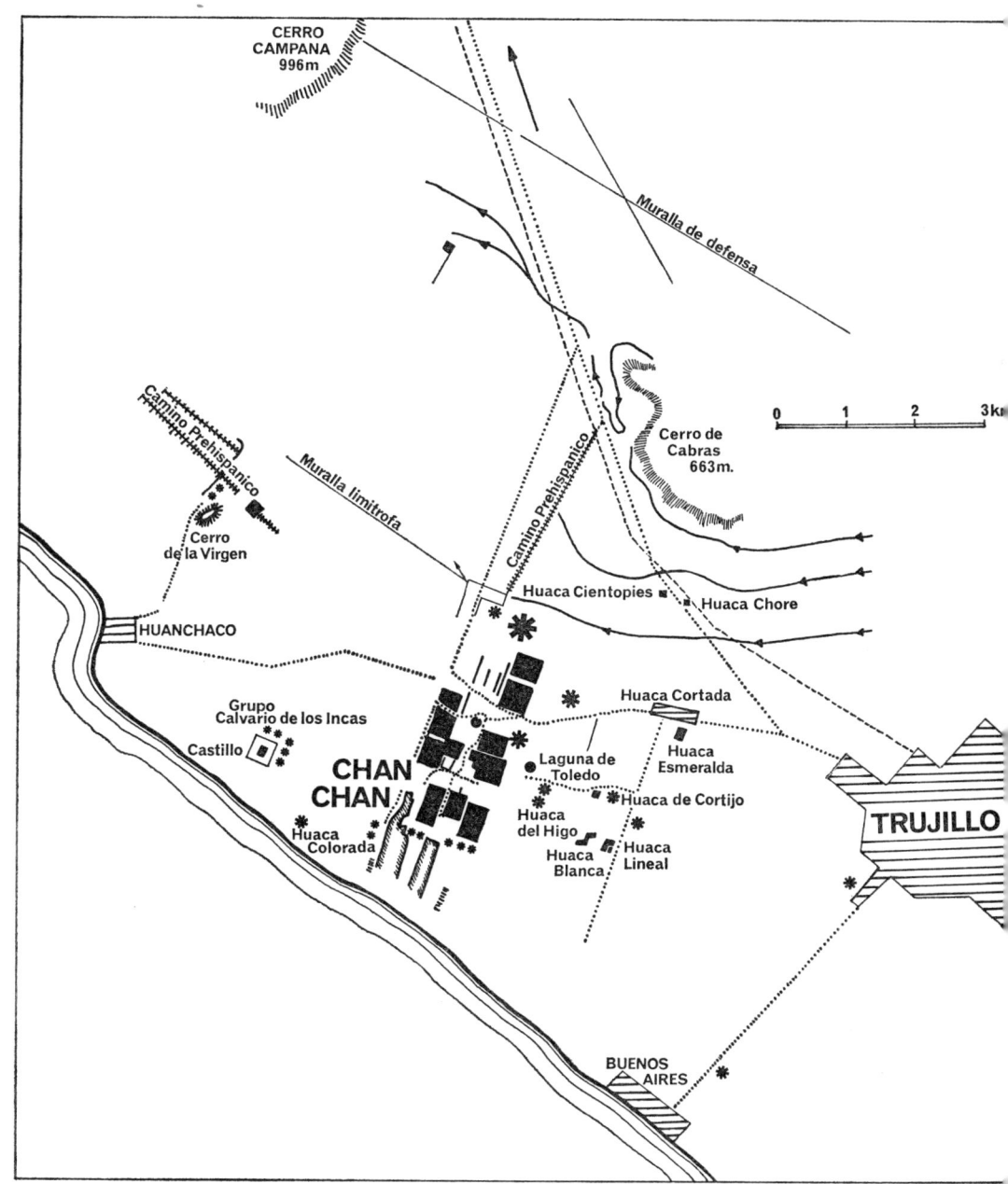

Die Lage von Chan-Chan am Pazifischen Ozean (Stern = Hügel mit archäologischen Resten)

getrockneten Lehmziegeln, zum Teil aus Tapia, dem mit Muscheln durchsetzten Ton-zement, hergestellt. Im ersten Palast befindet sich ein Gebäudekomplex, von dem man annimmt, daß er ein Gefängnis war. Der zweite Palast enthält die sogenannte Huaca Misa, einen von Schatzgräbern vollständig durchwühlten Trümmerhaufen, in dem schon um die Mitte des vorigen Jahrhunderts sehr viel gefunden wurde.

Gleich der alten römischen Stadt Ravenna besaß Chan-Chan einen Hafen, der aus großen rechteckigen Becken bestand, die teils zum Meer hin offen waren, teils mittels Schleusen verschlossen werden konnten. Aus diesen Anlagen ist zu schließen, daß früher Schiffsverkehr zwischen der Hauptstadt und anderen Häfen bestanden haben muß, und aus den Chroniken geht hervor, daß die Chimú noch zur Zeit der spanischen Eroberung eine seetüchtige Handelsflotte besessen haben.

Es gibt in der Welt keine nur aus Adobe gebaute Stadt von so gewaltigen Ausmaßen wie Chan-Chan, an deren Entstehen und Wachstum die Mochica wie die Chimú ge-wirkt und wahre Wunder geschaffen haben. Auch die Lehmziegelstädte in Mesopota-mien, im russischen oder chinesischen Turkestan erreichten nicht die Größe dieser Metro-pole im Wüstensand. Es gibt auch keine Stadt in jenen Ländern, die nach einem so perfekten Plan konstruiert und so reich geschmückt war wie Chan-Chan. Dieser Schmuck besteht aus umfangreichen Reliefs, die an Wandteppiche erinnern und die diese wohl auch ersetzen sollten. So sehen wir hier dieselben Muster wie bei den Geweben, die in den Fischergräbern von Pacatnamú gefunden wurden: geometrische Figuren und stilisierte Tierbilder wie Vögel, Fische und andere Meerestiere sind symbolisch mit-einander verbunden. Leider werden sie immer mehr verschwinden, denn die jetzt aus-gegrabenen Arbeiten, die früher durch den Lehmschutt geschützt waren, zerfallen durch die feuchte Meeresluft und bei den, wenn auch seltenen, dafür aber heftigen Regen-fällen. Zum Glück existieren noch zahlreiche frühe photographische Aufnahmen von längst verschwundenen Reliefs.

Chan-Chan ist in mehrere rektanguläre Stadtteile von 200 bis 400 m Länge einge-teilt. Jeder von ihnen ist von trapezförmigen, bis zu 12 m hohen Mauern eingeschlos-sen, zwischen denen Wege hindurchführen. Die Mauern sind hier und da durch ein-gebaute senkrechte Pfosten aus Algarobo-Holz gestützt. Jeder Stadtteil war nach einem bestimmten Plan angelegt, der jeweils einer bestimmten Berufsgruppe vorbehalten war. Da gab es den Bezirk der Schmiede und der Töpfer mit ihren Werkstätten, Lagerräumen und Wohnhäusern. Innerhalb der Stadt befanden sich kleine Gärten und Wasserleitun-gen, die an das große Bewässerungssystem außerhalb der Stadt angeschlossen waren. Das ganze Land rings um die Stadt war kultiviert und nach dem Innern zu durch eine doppelte Stadtmauer gegen Angriffe geschützt. Außerhalb des Stadtkerns gab es zahl-reiche Huacas, pyramidenartige Heiligtümer und Begräbnisstätten der Chimú. Schon Alexander von Humboldt erkannte die strenge Symmetrie der alten südamerikanischen Stadtanlagen. Dies trifft besonders für Chan-Chan zu. Symmetrisch ist nicht nur die Gesamtanlage der Stadt, symmetrisch sind auch die Fenster und Nischen und die

Dekorationen an den Wänden angebracht. Aus allem geht hervor, daß die Planung auf die Kollektivarbeit einer staatlichen Organisation zurückgeht.

Obwohl die Chimú in der Herstellung der Lehmziegel eine hervorragende Technik entwickelten, fielen doch viele ihrer großartigen architektonischen Schöpfungen aufgrund des zerbrechlichen Materials der Zerstörung zum Opfer. Die größten Katastrophen, die Chan-Chan heimgesucht haben, waren atmosphärischer Art. Wenn es einmal in dieser Trockenzone regnet, was sehr selten geschieht, dann gehen so ungeheure Regenmengen nieder, daß die ganze Gegend regelrecht überflutet wird und vieles, was in mühevoller Arbeit geschaffen wurde, einfach hinweggespült wird. Die letzte große Katastrophe dieser Art ereignete sich im Jahre 1925. Nach ihr sind nur noch wenige von den wundervollen Reliefs übrig geblieben. Aber auch der Mensch hat viel zur Zerstörung so mancher Bauwerke beigetragen. Als die Spanier 1533 Chan-Chan erreichten, war die Stadt selbst und ein großer Teil ihrer Umgebung schon verlassen. Aber sie wußten, daß es eine reiche Stadt gewesen war und daß man hier noch viele Schätze finden könnte. Und sie fanden sie auch, jedoch auf Kosten so mancher prächtiger Bauwerke. Martín de Estete, der Gründer der Stadt Trujillo, fand 1535 Schätze im Werte von mindestens 200 000 Dollar, unter ihnen einen goldenen, mit Perlen geschmückten Sessel. In der Huaca Yamayocguan, die heute Huaca de Toledo genannt wird, fand García Gutiérrez de Toledo in den Jahren 1550 bis 56 Schätze im Werte von 800 000 Dollar. Und so ging es weiter. Noch im Jahre 1864 fand ein gewisser Coronel La Rosa einen Kubikmeter Silber in Form von Gefäßen, die er einschmelzen ließ. Es gibt in Chan-Chan kaum

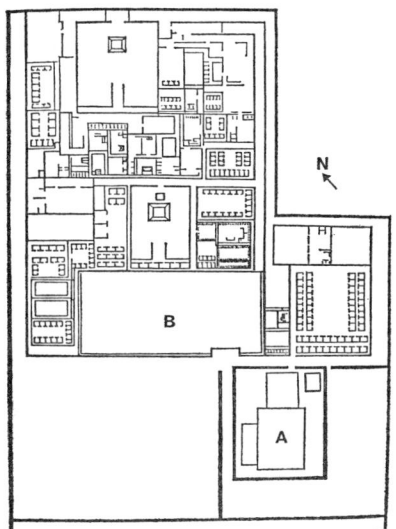 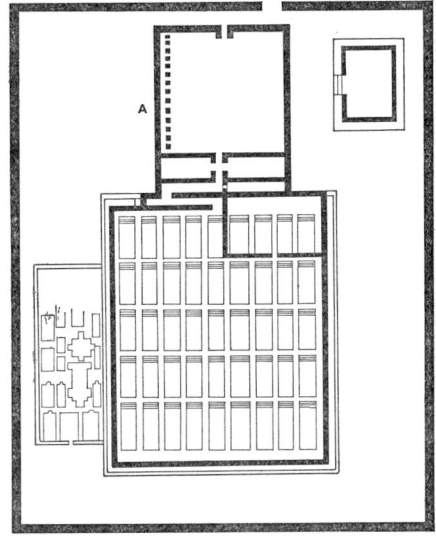

Chan-Chan, Plan des Hauptpalastes:  A Gefängnis  B Zisterne.   Rechts: Gefängnis

mehr eine Stelle, die nicht sondiert wurde, was bei den leicht zerbrechlichen Adobe-Mauern nicht schwerfällt.

Mitten durch die archäologische Zone führt heute die carretera oder Fahrstraße, die Trujillo mit Huanchaco verbindet. Von Trujillo kommend, erreicht man zunächst die Ortschaft Mansiche, in deren unmittelbarer Nähe die Huaca Esmeralda liegt, die sorgfältig restauriert wurde. Etwas weiter durchquert die Straße das eigentliche Stadtzentrum von Chan-Chan. Rechts von ihr liegen die beiden Komplexe, die man Obispo und O'Donovan oder Las Monchas nennt, und links die Huaca Toledo oder Yomayocguan und die Gruppen Bandelier und Velarde, so wie alle übrigen, die zum eigentlichen Stadtbezirk gehören. Von den kleineren Huacas außerhalb der Stadt ist vielleicht die interessanteste die Huaca del Ciempes oder Huaca del Dragón. Sie liegt 3 km nördlich von Trujillo entfernt und 100 m zur Rechten der panamerikanischen Straße.

Etwa 5 km südlich von Trujillo befinden sich am linken Ufer des Río Moche die beiden größten Heiligtümer der Chimú, zwei pyramidenartige Bauwerke, von denen das eine Huaca del Sol und das kleinere Huaca de la Luna genannt werden. Sie liegen in der sogenannten Pampa de los Mochicas am Fuße des Cerro Blanco. Man erreicht sie über einen staubigen Weg, der durch eine Hacienda führt. Die Huaca del Sol ist eine gigantische Pyramide, die schon von den Mochica errichtet und später von den Chimú übernommen wurde. Die ursprünglichen Ausmaße waren: 228 m zu 135 m im Grundriß und 48 m in der Höhe. Schon zur Kolonialzeit haben Schatzgräber, die den Moche-Fluß gegen das riesige Bauwerk leiteten, um an die vermuteten Schätze heranzukommen, festgestellt, daß der Kern der Pyramide von den Mochicas stammt, während die mächtige Ummantelung von den Chimú errichtet wurde. »Da, wo die Pyramide auf der Flußseite aufgerissen ist, sieht man, daß sie nicht in horizontalen Lagern aufgebaut ist, sondern in mächtigen vertikalen Ziegelpfeilern, die aneinander gelegt sind, in verschiedener Stärke und nicht immer mit geraden Fugen. Kein plankonvexer Ziegel ist zu beobachten, ebenso kein Kegelziegel.«[11]

Die Mondpyramide oder Huaca de la Luna, die am Fuße des Cerro Blanco eher wie eine gewaltige gestufte Terrasse als eine Pyramide erscheint, ist entschieden das ältere von beiden Heiligtümern. Sie scheint ein reiner Mochica-Bau zu sein. Leider werden die Wandmalereien im reinen Mochica-Stil, von denen noch Reste vorhanden sind, immer mehr durch die Witterung in Mitleidenschaft gezogen. Die Huaca de la Luna mißt bei einer Höhe von 21 m im Grundriß 80 zu 60 m. Zwischen den beiden Pyramiden liegt die Pampa de los Mochica. Hier machte Max Uhle bei seinen Ausgrabungen die Entdeckung, daß dies eine Nekropolis der Mochica gewesen sein muß. Seine Funde führten dann auch zu neuen, grundlegenden Erkenntnissen über die Chronologie der alten Kulturen des Nordens. Aus den Funden geht aber auch hervor, daß die Huaca de la Luna als Mondheiligtum dem Totenkult geweiht war.

Der Mondkult nahm in der Religion der Chimú die erste Stelle ein. Dieser Kult war das geistige Band, das die Chimú mit den übrigen Kulturvölkern der Küste verband, während die Sonnenverehrung im Mittelpunkt der Religion der Hochlandvölker

stand. Erst als die Inka zu Anfang des 15. Jahrhunderts die Chimú unterworfen hatten, machte der Mondkult allmählich dem Sonnenkult Platz. Auch bei anderen altamerikanischen Völkern ging dem Sonnenkult eine Mondverehrung voraus; der Mond war bei ihnen der Herr des Alls. Er war nicht nur in der Nacht sichtbar, sondern zu bestimmten Zeiten auch am Tage. Darauf beriefen sich die Priester der Chimú auch noch, als der Sonnenkult die Mondverehrung zu verdrängen drohte. »Ein anderer Grund für ihre Meinung war die von ihnen richtig beobachtete Tatsache, daß der Mond wohl gelegentlich die Sonne verdeckte, nie aber diese den Mond. Sonnenfinsternisse wurden noch zu späteren Zeiten bei den Chimú mit großen Feierlichkeiten zu Ehren des Mondes als Sieger begangen. Wenn aber der Erdschatten auf den Mond fiel und eine Mondfinsternis erzeugte, war allgemeine Trauer, und eigene Zeremonien und Tänze wurden aufgeführt, solange er bedeckt war.«[12]

Ebenso wie bei den frühen Mexikanern standen bei den Peruanern aus einer alten totemistischen Vorstellung heraus Tiere im Dienst der Gottheit. Als ausgesprochene Mondtiere galten die Kaniden: der Hund, der Wolf und der Fuchs. Wenn der Hund stundenlang in der Nacht heult, glauben die Indios, er halte Zwiesprache mit dem Mond. Wie bei den Griechen Zerberus, der dreiköpfige schlangenhäutige Hund der Wächter der Unterwelt war, oder bei den alten Mexikanern der hundsköpfige Gott Xolotl die Sonne jeden Tag bis zum Untergang in die Unterwelt führte, oder wie bei den Azteken ein roter Hund die Toten über den neunfach fließenden Strom ins Jenseits geleiten mußte, so finden wir auch bei den Chimú immer wieder Darstellungen von Hunden bei den Weihgaben für die Toten. Kaniden auf Mondsicheln mit Sternen und Schlangen sind beliebte Motive der Vasenmalerei, und kultische Kanidenköpfe aus Ton oder Metall fand man in der Mondpyramide von Moche und in anderen kleinen und großen Grabhügeln.

Neben dem Mondkult spielte bei den Chimú der Wasserkult eine bedeutende Rolle. Die unmittelbare Nähe des Meeres bei der Hauptstadt, deren Bewohner durch die Seefahrt und den Fischfang aufs engste mit dem Wasser verbunden waren, gaben genügend Anlaß dazu. Symbolische Darstellungen von Fischen und Schlangen, die das Spiel der Wellen zum Ausdruck bringen sollten, begegnen uns immer wieder in der Vasenmalerei, in plastischen Kunstwerken und in den Stoffornamenten. Vom Wasser hängt das Leben und Gedeihen aller Völker ab. Auch im Land der Chimú, in dem das Leben nur in den Oasentälern möglich war, spielte daher der Wasserkult eine große Rolle. Großstädte wie Chan-Chan konnten sich nur dort entwickeln, wo genügend Wasser aus den Flüssen dem Lande in Kanälen zugeführt wurde. Die Chimú konnten mit einem 110 km langen Kanal ausgedehnte Pflanzungen bewässern. Sie hatten sogar Anlagen geschaffen, um Wasser aus dem Chicama-Fluß zum Moche-Fluß, der mit jenem parallel läuft, hinüberzuleiten, wenn dieser nicht mehr genügend Wasser führte. Auch die Entwicklung von Pacatnamú am rechten Steilufer des Jequetepeque-Flusses zu einer Großstadt und die Anlage zweier Großstädte in kleinen Seitentälern des Lambayeque-Tales war nur durch Anlage und Instandhaltung komplizierter Kanal- und Bewässerungssysteme möglich.

Auf eine Hochfläche zwischen dem Nordrand des Flußtales Jequetepeque und dem
Meer liegt die gewaltige Trümmerstätte von Pacatnamú. Ihre Mauergevierte und Terrassen lassen sich bei der großen Ausdehnung der alten Stadt am besten aus dem Flugzeug erkennen. In den eingehenden Untersuchungen, die Heinrich Ubbelohde-Doering
während dreier Kampagnen (1937/38, 1953/54, und 1962/63) hier vornahm, stellte er
57 Pyramiden fest. Die Pyramiden sind abgestumpft, und von Norden her führen über
ihre Stufen Rampen empor. Die größte von ihnen ist fast 20 m hoch. Bei der genauen
Aufnahme der Bauwerke ergab sich, daß zum Bau der Pyramiden rektanguläre Plan-
ziegel und plankonvexe Ziegel verwendet wurden. Ferner konnten vier aufeinanderfolgende Lehmböden aufgedeckt und somit fünf Horizonte festgestellt werden. Der
unterste befindet sich auf dem gewachsenen Fels; er war mit Lama-Mist bedeckt. »Die
ersten Besucher kamen aus dem Gebirge und brachten die Tiere ihrer Heimat als Trag-
und Opfertiere mit, und nach Gefäßfunden müßte hier eine, wenn auch verblaßte,
Chavín-Tradition existiert haben.«[11]
   Die Hauptpyramide mißt an der Basis 60 m. Die meisten Pyramiden befinden sich in
Pacatnamú im Innern eines Mauergeviertes. Die große Pyramide ist hier nach außen
gesetzt und »der ganze Bau erhielt damit seinen öffentlichen Charakter, eine ebenso
einfache wie glänzende baukünstlerische Lösung«[12].
   Ausgrabungen in dem ausgedehnten Gräberfeld zeigten, daß die Anlage von Pacatnamú auf dem Plateau schon in Prä-Mochica-Zeiten zurückzuführen ist. Die Toten
lagen in langen schmalen Rohrsärgen ausgestreckt. Unter den Beigaben befanden sich
stets Fischereigeräte, vor allem Netze. Die Toten sind nach Norden gerichtet, ebenso
wie die meisten Pyramiden. »Ob darin das Wissen der Chimú um ihre Herkunft aus
dem Norden ausgedrückt ist, ein Wissen, das zu jenen Zeiten vielleicht noch sehr lebhaft
war, und wohl auch im Kulte seinen Ausdruck fand, ist heute nicht mehr zu beweisen,
sondern höchstens zu vermuten.«[12] Gewebe aus der frühen Chimú-Zeit zeigen Darstellungen von Fischern und Ruderern auf Schilfbooten, die durch die Brandung fahren.
»Daß das nicht ein Genre-Bild ist, verraten schon die mächtigen Zickzackstreifen,
... das ist das Meer, eine hieroglyphische Darstellung des Meeres mit seinen Rand-
wellen und seinem Brandungsschaum. Die Ruderer selbst sind keine lebenden Fischer,
es sind Geister, die auf ›der anderen Seite‹ ihr Wesen treiben, in einem Jenseits, das im
altperuanischen Glauben untrennbar, unausweichlich mit dem Diesseits verbunden war;
es sind Vogelmenschen, mit Vogelköpfen, gekrönt mit großen Federhelmen, wie sie für
die späteren Jahrhunderte charakteristisch sind.«[11]
   Hinter diesen und anderen bildlichen Darstellungen sowohl bei den Geweben wie bei
der Keramik steht ein mythologischer Hintergrund. So verlangen die vielen Motive,
besonders auch die häufige Darstellung des Rochens und der Schildkröte nach einer
Deutung. Besonders reizvoll sind die Darstellungen der Vasenmalerei der frühen Kunst
der Chimú; hier können wir jene für die indianische Kunst typische Wechselbeziehung

zwischen Realismus und Abstraktion feststellen. Diese frühe Kunst der Chimú zeichnet sich besonders durch die Feinheit der Zeichnung aus.

## Paramonga (Abb. 37, Plan S. 222)

Etwa 200 km südlich von Chan-Chan und 5 km von Pativilca entfernt liegt in der Nähe des kleinen Hafens Supe die südlichste Grenzfestung des alten Chimú-Reiches, Paramonga. Zwei Flüsse münden hier in den Pazifischen Ozean: der Río Pativilca und der Río Fortaleza, deren Mündungen 15 km voneinander entfernt sind. Dieses Tal mit seiner deltaförmigen Ausweitung beider Flüsse bildet eine natürliche Grenzlinie, die sich nach Süden zu verhältnismäßig leicht verteidigen ließ. Hier liegt auf einem sich 50 m frei aus dem Tal erhebenden Hügel, der zu den Ausläufern der Kordillere gehört, die Festung. Die Entscheidungskämpfe zwischen dem letzten Chimú-Herrscher und dem 10. Inka Tupac Yupanqui, die für die Inka erfolgreich endeten, fanden an diesem Platz statt. Von diesen Kämpfen zeugt heute noch ein riesiges Gräberfeld, das im Laufe der Zeit immer wieder von Schatzgräbern durchwühlt wurde.

Abgesehen von den Resten alter Behausungen läßt die große Anzahl von Gräbern auf eine zahlreiche Bevölkerung der Stadt schließen, die durch die Festung Paramonga einmal gegen Invasionen fremder Völker geschützt wurde. Aus den Beigaben der Gräber erkennen wir, daß sowohl Fischer wie Landleute hier seit den frühesten Zeiten gelebt haben und daß dieser Platz von verschiedenen Völkerschaften nacheinander besetzt gewesen ist. Doch das Volk, das zweifellos die meisten Spuren hinterlassen hat, war das der Chimú.

Obwohl auch bei dieser Festung wie bei allen Bauwerken aus Lehm im Küstengebiet viele Konstruktionen in Trümmern liegen, ist doch die ganze Anlage mit ihren Ringmauern noch deutlich erkennbar. Man sieht, daß sich an ihrer östlichen Ecke der Haupteingang befand. Über zwei Terrassen gelangte man von hier aus auf die oberste Plattform. Um auf die erste Terrasse zu kommen, mußte man zwei kubische Sperren passieren. Von dort aus führte ein gut befestigter Weg durch ein Tor auf die zweite Terrasse und weiter durch einen Vorhof auf die oberste Plattform. Hier befanden sich die Baulichkeiten für die Besatzung der Festung mit zwei großen quadratischen Räumen von 4 m Seitenlänge und mehrere Nebenräume. Die beiden großen Räume, die wohl der ›Fürstensaal und Sitz des Kommandanten‹ waren, zeigten Bemalungen, aber auch Wälle und Mauern waren reich bemalt. So hat sie Cieza de León, der spanische Chronist des 16. Jahrhunderts, noch gesehen. Er nennt Paramonga »eine schön angelegte und schmucke Festung«. Und E. G. Squier schreibt in der zweiten Hälfte des 19. Jahrhunderts: »Obgleich unzweifelhaft von hohem Alter, scheinen die Werke nicht wesentlich gelitten zu haben, da die Seiten viereckig und die Kanten scharf sind. Sie sind teilweise mit einer Art Gyps überkleidet, auf welchem ungeschlachte bunte Darstellungen von Vögeln und wilden Tieren zu sehen sind.«

Als Hernando Pizarro auf seinem Zug nach Süden mit seiner kleinen Schar in Paramonga ankam, war die Festung noch vollkommen erhalten. Er findet sie nach Vergleichen mit spanischen Festungsanlagen gut gebaut und mit vielen schönen Bildern innen und außen ausgeschmückt. Auch eine Wasserleitung soll bis zum höchsten Punkt der Festung geführt haben. Sie machte »die Festung erst wirklich zu dem Wunderwerk«[13], das sie in jenen Zeiten war.

Aber nicht allein durch diese Zitadelle war das Tal geschützt und die Grenze abgeriegelt, es gab auch noch eine Reihe kleinerer Bastionen, von denen ebenfalls Reste vorhanden sind. So war ein Hügel, La Horca (Galgen) genannt, von massiven Bauwerken gekrönt, die allerdings heute in Trümmern liegen. Der Hügel liegt nördlich vom Río Fortaleza, direkt an seiner Mündung, und fällt zum Meer hin senkrecht ab. Ringmauern führten an den anderen Seiten hinab und standen mit ausgedehnten Bauten an seinem Fuß in Verbindung, die sich wiederum bis zur Hauptfestung fortsetzten. Man vermutet, daß der Cerro de la Horca, abgesehen von seiner strategischen Bestimmung als uneinnehmbare Bastion, wodurch er große Wichtigkeit für die Sicherheit der Stadt besaß, einer Schutzgottheit geweiht war.

## 7 Die kleinen Königreiche Chincha und Cuismancu

(800–1400 n. Chr.)

Zwischen der Küstenbevölkerung und den Völkern des Hochlandes hatte gegen Ende der Nazca-Kultur, die um das Jahr 800 n. Chr. bereits erloschen war, der Kulturaustausch immer mehr zugenommen, aber von einer Besiedlung des Küstengebiets durch die Träger der Hochlandkulturen kann nicht die Rede sein. Der Einfluß Tiahuanacos machte sich jedoch in der Kunst immer mehr bemerkbar und brachte viele Veränderungen mit sich, besonders auch im Norden, so daß sich an den Küsten schließlich ein neuer Stil entwickelte. Die Mochica-Chimú-Kultur wurde zwar vom Tiahuanaco-Stil überlagert und zum Teil auch durch ihn verdrängt, doch ist sie nie ganz erloschen. Sowohl im Norden wie im Süden kamen neue Gefäßformen auf, wie zum Beispiel der Kero, ein Becher mit geraden oder geschwungenen Wandungen. Auch bei den Webereien zeigen sich Wandlungen. Ein roter Grund überwiegt jetzt, während die Muster in Gelb, Blau, Weiß und Braun ausgeführt sind; aber auch Flächen in Orange und Gelb kommen vor, deren Ornamente in Grün, Blau und Rot aufgesetzt sind.

Inzwischen hatte sich im südlichen Küstenstreifen ein Staat gebildet, dem die spanischen Chronisten den Namen Chincha gaben. Er erstreckte sich über die Flußtäler Chincha, Pisco, Ica und Nazca und soll ein festes Staatsgebilde gewesen sein. Die Chincha hätten Eroberungszüge in die östlichen Berge unternommen; sie sollen äußerst kriegerisch gewesen sein, wird berichtet. Noch zur Zeit der spanischen Eroberung waren sie ein stolzes Volk, das niemals die Religion der Inka angenommen hat, sondern dem Kult des Mond- und Wassergottes treu geblieben ist. Ihr Hauptsiedlungsgebiet befand

sich in den Flußtälern Chincha und Ica. Durch ein System von Bewässerungskanälen machten sie das umliegende Land ertragreich. Außerdem legten sie eine Anzahl von Städten an. Die meisten Bauwerke sind jedoch zerfallen; es lassen sich aber noch Anlagen von Terrassen und pyramidenartigen Bauten erkennen. Am bekanntesten sind die Ruinen der Festung La Centinela, deren westlichen Teil die Inka später überbauten, während die Mauern der Chincha aus sehr harten, rechteckigen Lehmziegeln im östlichen Flügel noch zu sehen sind. Die Chincha verwendeten außerdem beim Städtebau ein Material, das man ›Tapia‹ nannte und das als eine Art von Zement anzusehen ist, eine Mischung von Ton, Steinen und Muscheln.

Etwa vom Jahre 1000 an bis 1400 n. Chr. war dieses Gebiet ein großes kulturelles Zentrum. In dieser Zeit entwickelte sich hier eine neue Kunst, die aber später mit der Kunst der Inka verschmolz. In der Keramik treten einfachere Formen auf; Teller und Schalen mit konischen Böden sind am häufigsten. Das Muster ist geometrisch, aber erheblich kleiner als die Ornamentik des Tiahuanaco-Stils. Als die Chincha von den Inka unterworfen wurden, überwog aber bald der Einfluß der Inkakunst.

Die Verbindung zwischen den Chincha und dem Königreich Cuismancu mit der großen Kultstätte Pachacamac stellte das Fürstentum Chuquimancu her, dessen Herrscher sich Herren von Runahuanac, Huarcu, Mala und Chilca nannten. Sie führten ein prunkvolles Leben, reisten in Sänften, hatten viele Frauen und trugen überreich mit Silber, Gold und kostbaren Steinen geschmückte Gewänder. Die Fürsten waren von einem großen Gefolge umgeben und wurden mit viel Aufwand hofiert und bedient. Noch zur Inkazeit waren sie geachtet und verehrt, wie Ciezade León berichtet, der besonders über den fortschrittlich entwickelten Ackerbau erstaunt war, bei dem die Fischdüngung eine große Rolle spielte. Die Fische wurden als »befruchtend zusammen mit den Maiskolben in die Erde gesenkt«.

*Pachacamac (Abb. 39, 40)*

Das alte Peru besaß seit dem Ende des 9. Jahrhunderts n. Chr. einen Wallfahrtsort, der nicht nur für alle Völker der Küste, sondern auch für die Bewohner des Hochlandes von gleicher Bedeutung war: Pachacamac, das Mekka Perus. Diese heilige Stadt der Indios war befestigt wie das Delphi der Griechen. Nur 20 km von Callao, dem Hafen Limas entfernt, liegt Pachacamac am rechten Ufer des Río Lurin. Die Stadt gehörte früher zum Königreich Cuismancu. Als die Inka im 15. Jahrhundert Cuismancu eroberten, achteten sie weiterhin das Heiligtum von Pachacamac. Sie errichteten innerhalb seines Bezirkes ein Sonnenheiligtum, das den alten Tempel von Pachacamac an Größe weit überragte, aber das Orakel des Pachacamac, des ›Weltenschöpfers‹ (pacha = Welt, camac = der, der ordnet und gebietet) behielt weiter seine Gültigkeit.

Alljährlich wurden Weihgaben und Tribute aus weit entfernten Gegenden nach Pachacamac geliefert. Sie wurden nicht im Sonnentempel der Inka niedergelegt, sondern im Heiligtum des unbekannten Gottes, dem das Volk Achtung und Ehre erwies. Die

25–28  Kleine Tonfiguren, Caras-Maya-Kultur, Ekuador

Porträt-Keramik. Fischer in seinem Schilfboot (Balsa) mit einem Rochen an der Angel. Mochica

29 Porträt-Keramik. Bügelhenkeltopf in Form einer Schnecke. Mochica

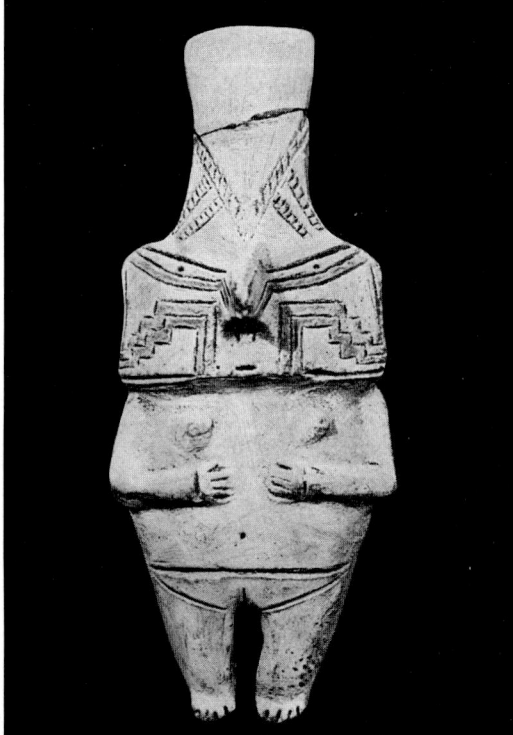

Statuette aus rosaweißem Ton mit Ritzmuster. Paracas

32 Gefäß mit Doppelausguß und Bügelhenkel, eine Kop
trophäe darstellend. Nazca

33 Gewebe aus Paracas. Stickerei mit Lamaköpfen

Detail eines Lehmreliefs von Chan-Chan

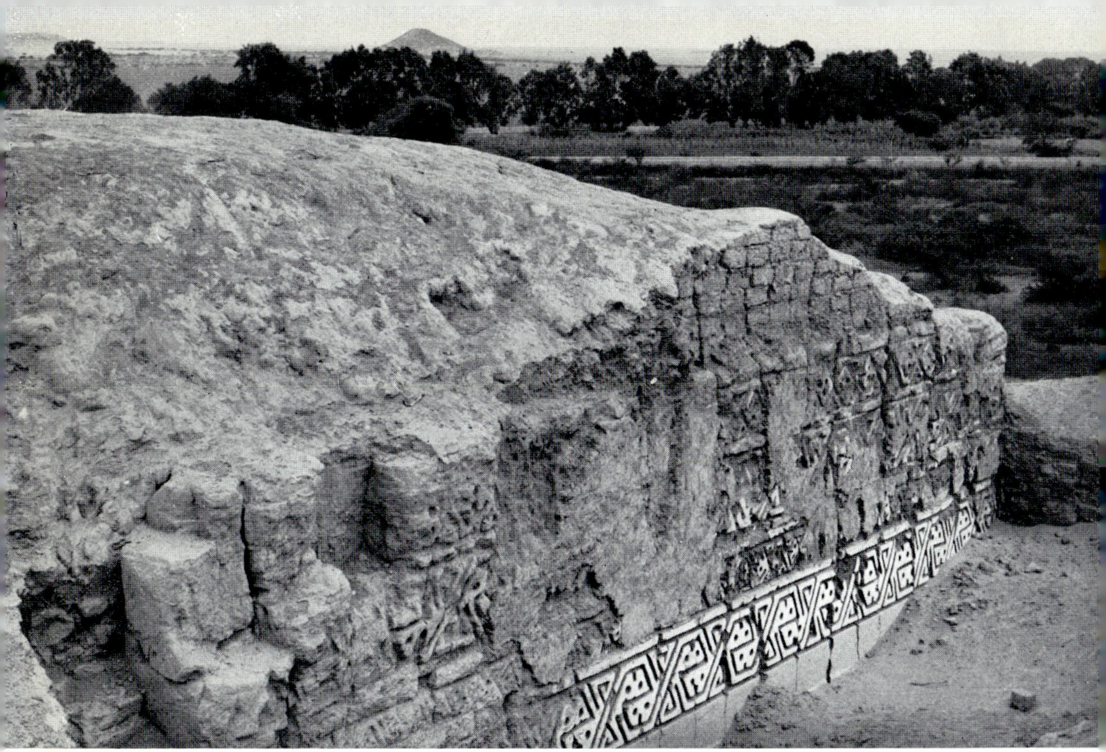

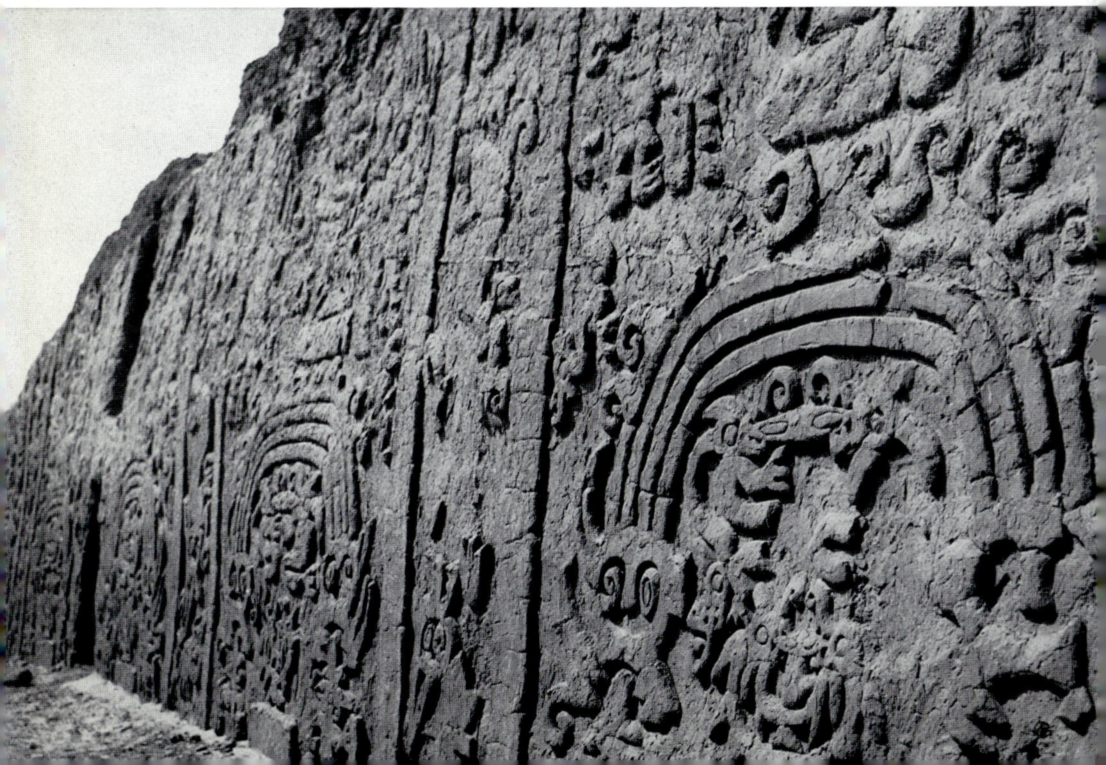

37  Luftaufnahme der Chimú-Grenzfeste Paramonga

◁ 35, 36  Lehmmauern mit Reliefs in Chan-Chan

40 Blick vom Sonnentempel auf ▷ das Meer

41 Lehmarchitektur in Cajamar- ▷ quilla

42 Die Cordillera Real vom boli- ▷▷ vianischen Altiplano aus gesehen

38 Maske aus Blattgold, gefunden in Ica

39 Pyramide mit Sonnentempel, Pachacamac

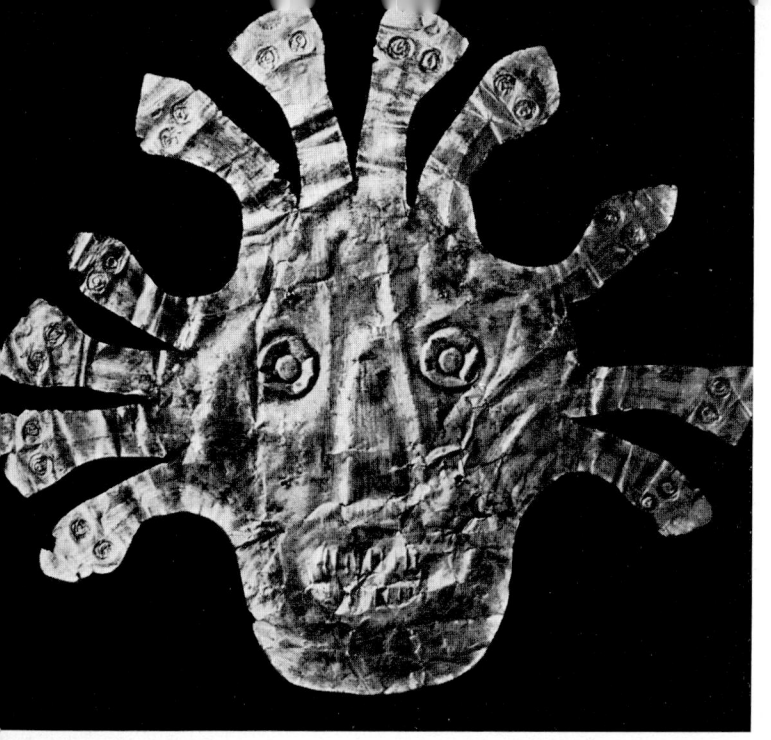

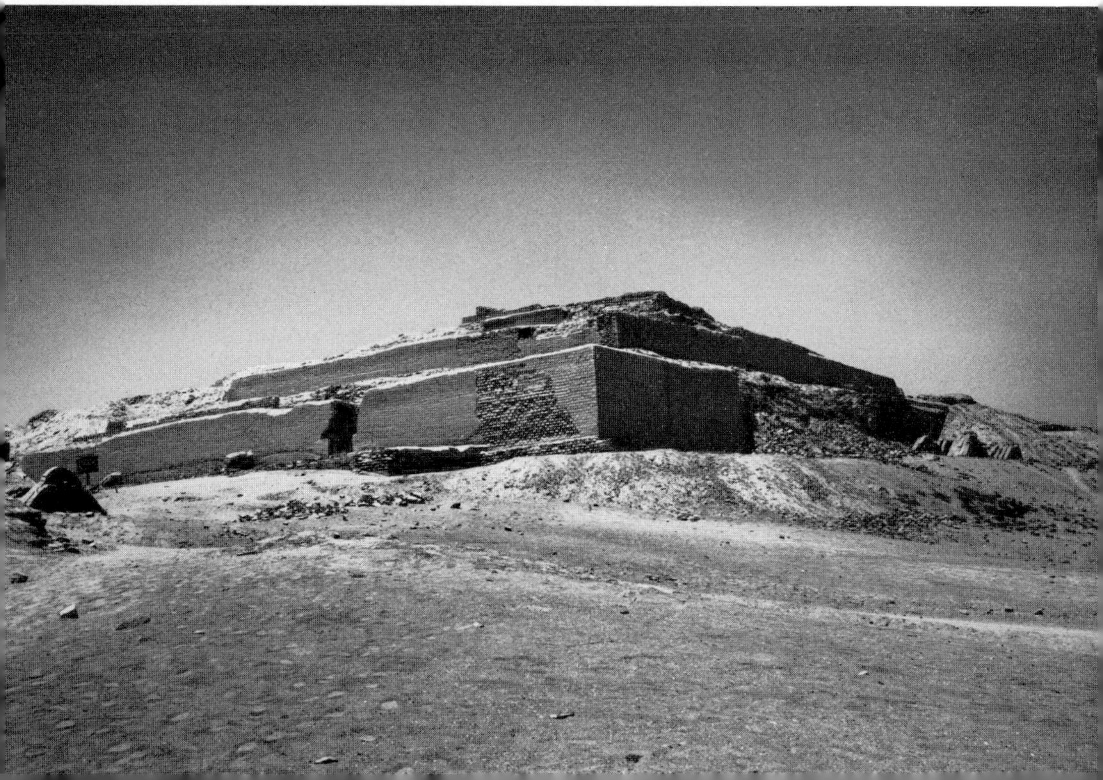

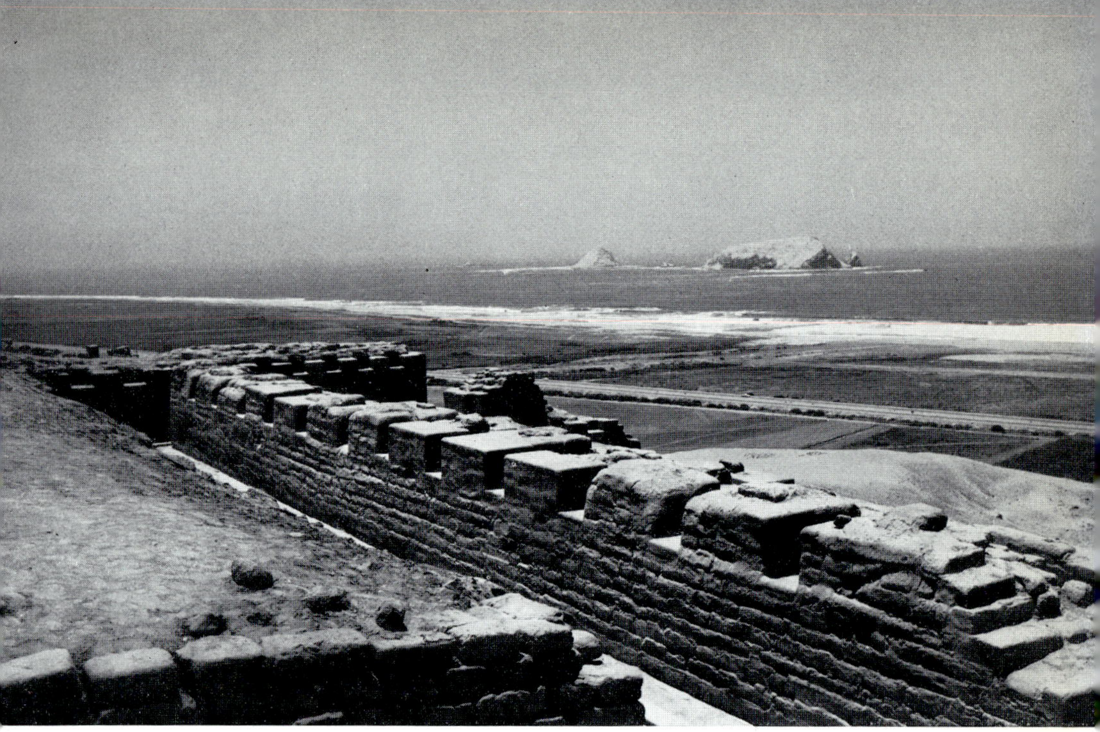

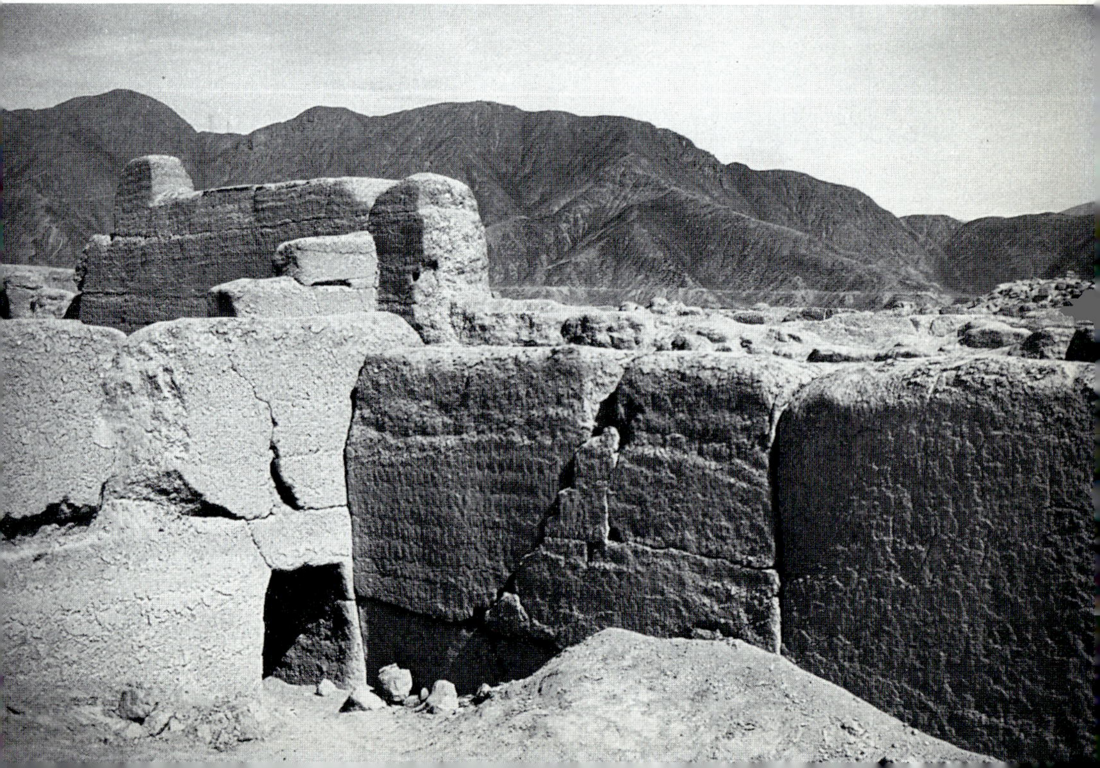

43 Steinrelief, einen zweigeteilten Mann darstellend. Daneben Relief einer Kopftrophäe. Cerro Sechín

44–45 Steinerner Kopf und (unten) Tempelruine. Chavín de Huantar (Aufnahme 1972)

46 Indianerdorf auf dem Altiplano mit den 6500 m hohen Doppelvulkan Payachate, West-Kordillere (umseitig)

47 Vulkan Sayama, West-Kordillere

Inka waren viel zu klug, als daß sie die Verehrung Pachacamacs, des Weltenschöpfers, unterdrückt hätten, ja sie erhoben ihn sogar zu ihrem Schutzgott. Als Hauptgott der Küstenbewohner wurde er selbst von den Inka bei wichtigen Entscheidungen befragt. Der Reichtum der Schätze an Gold und Silber in seinem Heiligtum kam denen im Sonnentempel zu Cuzco gleich.

Als es mit dem Inkareich zu Ende ging und der letzte Inkakönig Atahualpa mit seinen Getreuen von den Spaniern überwältigt worden war, ließ der gefangene König die Hohen Priester von Pachacamac zum ›Schlangenhof‹ kommen. Hier sprach er im Beisein des spanischen Feldherrn Pizarro in herausfordernder Weise mit seinen Priestern: »Wisset, daß ohne meinen Willen kein Vogel fliegt und sich in diesem Reich kein Blatt an den Bäumen bewegt... Euer Gott ist überhaupt kein Gott, er lügt. Mein Vater (Huayna Capac) ließ das Orakel während seiner Krankheit befragen, um zu erfahren, was er für seine Genesung tun solle. Die Antwort war: Man bringe ihn an die Sonne – und er starb. Huáscar, mein Bruder, ließ das Orakel befragen, wer gewänne, er oder ich. Das Orakel antwortete: Er – und ich gewann. Als Ihr, Pizarro, aus der Ferne in unser Land kamt, ließ ich fragen, wer siegen würde: ich oder Ihr. Das Orakel gab zur Antwort: Ich –aber gesiegt habt bis jetzt Ihr . . .«

Atahualpa starb in Cajamarca. Nach seinem Tode brach ein Reitertrupp der Spanier unter der Führung Hernandez Pizarros am 6. Januar 1533, von Cajamarca auf und erreichte am 1. Februar das Heiligtum von Pachacamac. Inzwischen hatten aber die Indios die wertvollsten Stücke des Tempelschatzes geborgen und in der Wüste vergraben. Trotzdem war die Beute der Spanier noch groß. »An edlen Metallen nahmen sie als einen Teil ihrer Beute 650 Kilogramm Gold und 16 000 Unzen Silber mit sich fort«, heißt es in einem alten Bericht, »ohne daß sie den Ort entdeckt hatten, wo 25 000 Kilogramm dieser beiden Metalle verborgen waren und welcher Ort irgendwo in der Wüste zwischen Lima und dem Río Lurin gelegen sein soll.«

Hernandez Pizarro drang selbst in den Tempel von Pachacamac ein. Dieser Tempel »wird so hoch verehrt«, heißt es weiter in dem Bericht, »daß niemand außer den Priestern und Dienern, die der Gott sich, wie man meint, selbst erwählt hat, den Raum, wo das Götzenbild steht, betreten noch dessen Wände berühren darf« . . . Viele Häuptlinge von Mala, Chincha und anderen Orten kamen, um Pizarro zu sehen, brachten Geschenke mit und wunderten sich sehr über seine Kühnheit, dem Götzenbild so entgegengetreten zu sein. Das, was sie brachten, zusammen mit dem, was er aus dem Tempel holte, hatte einen Wert von 90 000 Pesos in Gold. Ein Steuermann Pizarros bat sich als seinen Beuteanteil nur die Nägel und Klammern aus, mit denen die Silberplatten an den Wänden befestigt waren. Pizarro hielt diesen Wunsch für unbedeutend und gewährte ihn. Diese Kleinigkeit belief sich dann aber auf 32 000 Unzen.

Pachacamac vereinte jahrhundertelang Angehörige der verschiedensten Völkerschaften, so daß die Gegend von Pachacamac zu dem interessantesten Mischgebiet aller Zeiten geworden ist und die Kunstgegenstände, die hier in Unmengen gefunden wurden – die ganze Gegend ist von Huacos übersät –, keinen eigenen Stil ausdrücken. Auch

die Pilger entlegener Stämme konnten unbehelligt durch dieses Gebiet reisen, so unantastbar war der heilige Frieden von Pachacamac für alle Völker. Um das Heiligtum herum entstand eine ausgedehnte Stadt, die schon damals die Bezeichnung Großstadt verdiente, aber der Wüstensand bedeckte sie, so daß von ihrer Gesamtanlage nur noch wenig zu sehen ist. Heraus ragen jedoch die Ruinen zweier gewaltiger Monumente, zwei Heiligtümer in Form von Pyramiden, und blicken einerseits auf das Meer, andererseits auf ein breites Tal mit grünen Fluren, das vom Río Huacho durch Kanäle sein Wasser erhält. Das eine ist das präinkaische Heiligtum Pachacamacs und das andere die weit größere Terrassenpyramide mit dem von den Inkas erbauten Sonnenheiligtum. In einem anonymen Bericht ›Verdadera Relación de la Conquista del Perú‹, heißt es, die Stadt Pachacamac sei größer als Rom. Und Miguel Estete, ein Konquistador, der Hernandez Pizarro begleitete und der einen Bericht über dessen Unternehmung abfaßte, schrieb: »Die Stadt Pachacamac ist eine große Sache, und nahe an einem Teile derselben, neben dem Tempel, ist auf einem Hügel ein wohlgebautes Haus mit fünf Umfriedungen oder Mauern, von welchem die Indios sagen, daß es der Sonne geweiht sei. Es gibt auch in der Stadt viele andere große Häuser mit Terrassen, wie in Spanien. Pachacamac muß ein sehr großer Ort sein, denn es sind viele verfallene Gebäude darin. Es ist von einer Mauer umschlossen gewesen, obgleich jetzt der größte Teil derselben eingefallen ist. Die Stadt hat große Tore und auch Straßen.«

Max Uhle stellte fest, daß unter den Terrassen, auf denen sich der Tempel des altberühmten Gottes befand, noch Mauerreste vorhanden sind, die einem früheren zerstörten Tempel angehören, und daß der gewachsene Boden unter jenen Resten Gräber der Tiahuanaco-Kultur enthielt, während er weiter oben in den Schuttmassen des alten Tempels einzelne Inkagräber fand. In den vom Dünensand überwehten, mit allerlei Abfall vermengten Schichten an der Vorderseite des Tempels befanden sich Gräber mit Beigaben der gewöhnlichen Typen des Küstenlandes. Dies beweist, daß an jener Stelle die Tiahuanaco-Kultur älter als die Inkaeroberung und auch älter als die Kultur der Küstenstämme ist. So erklärt sich auch die Verschiedenheit der Typen besonders in der Keramik. Sie beruht auf zeitlichen Unterschieden, während man früher geneigt war, sie als lokale Varianten anzusehen.

Spätere Grabungen und Forschungen ergaben, daß die Bauzeit des Haupttempels verhältnismäßig spät anzusetzen ist, daß aber die Stadt selbst um das Jahr 1000 schon die Metropole eines mächtigen Reiches gewesen ist. Sie war in zwei Teile getrennt; der eine wurde von den Untertanen des Königreiches Cuismancu bewohnt, der andere beherbergte die Tausende von Pilgern, die ununterbrochen aus allen Gegenden herbeiströmten. Aber Pachacamac war auch ein Ort des Todes, viele Tausend fanden hier ihre Begräbnisstätten. Der Raum um den großen Tempel herum scheint ein einziger großer Friedhof gewesen zu sein. »Man grabe nur irgendwo in den trockenen, salpeterhaltigen Sand hinein, und man wird auf Mumien stoßen, die aber wirklich die ausgetrockneten Leichen der alten Zeit sind. Man grabe noch tiefer, und man wird wahrscheinlich eine zweite Schicht Überreste verstorbener Menschheit finden. Abermals tiefer begegnet man

wohl noch einer dritten solcher Lagen, woraus hervorgeht, wie stark einst der Zusammenfluß von Menschen an dieser Stelle war, und wie begierig das Verlangen, einen Ruheplatz in geheiligter Erde zu finden.«[14]

Auf diese Weise fand hier in dem Schmelztiegel der Rassen und Völkerschaften eine Vermischung oder Vermählung der Kunst statt. Besonders in der Keramik treten eine Menge Stilarten auf, und es ist nicht immer leicht festzustellen, ob die vielen verschiedenen Funde wirklich an Ort und Stelle entstanden oder ob sie von den ankommenden Pilgern mitgebracht wurden. Deutlich erkennbar sind jedoch Gegenstände, an denen gleichzeitig Merkmale der Kunst der Chimú und der von Nazca in Erscheinung treten, vor allem bei der Keramik von Cajamarquilla.

*Cajamarquilla (Abb. 41)*

Ein anderes städtisches Zentrum des kleinen Königreiches Cuismancu, das die Bezeichnung Großstadt verdient, war Cajamarquilla, oberhalb Lima im Rimac-Tal gelegen. Die Geschichte dieser gewaltigen Stadt ist unbekannt. Obwohl ein großer Teil der Ruinen durch die jährlichen Überschwemmungen des Flusses, der ähnlich wie der Nil dann ungeheure Schlammassen mit sich führt, in Mitleidenschaft gezogen wurde, sind doch noch viele der alten Bauwerke erhalten geblieben, und man gewinnt gerade hier einen sehr guten Eindruck vom Aufbau einer Lehmziegelstadt im Küstengebiet. Wie in den Städten der Chimú waren auch hier Lehmziegel das bevorzugte Baumaterial, es wurde aber auch Tapia verwendet.

Die Ruinen von Cajamarquilla bestehen aus drei großen Gruppen von Gebäuden, ein verwickeltes Netz von massiven Ziegelmauern, durch die Straßen hindurch führen. Es gibt Terrassen und pyramidenartige Gebäude, auf die breite Treppen münden. Die Gebäude hatten verschiedene Gemächer, die durch enge Gänge miteinander verbunden waren. Sie hatten keine Fenster. Die Türöffnungen waren niedrig und in der Form verschieden. Die Dächer müssen alle flach gewesen sein, denn es sind keine Spuren von Giebeln zu entdecken. Verschiedenartig gestaltet sind auch die merkwürdigen unterirdischen Gewölbe, die man als Speicher für Vorräte gedeutet hat. E. G. Squier war der erste Forscher, der die Stadt untersuchte und von einem Teil der Ruinen einen Plan anfertigte. Das Labyrinth der Mauern wurde wiederholt von Räuberbanden als Schlupfwinkel benutzt. Als Squier in den sechziger Jahren des vorigen Jahrhunderts dort seine Untersuchungen anstellte, wurde er tatsächlich von dem berüchtigten ›Räuber der Ruinen‹, Rossi Arci, überrascht. Nur durch seine Geistesgegenwart und durch sein Geschick gelang es ihm, der Gefahr zu entrinnen, indem er mit dem Räuberhauptmann Freundschaft schloß. »Vier Wochen später wurde auf dem großen Platz Limas ein aufgedunsener und entstellter Leichnam öffentlich ausgestellt, es war der Rossi Arci's. Er hatte einen kühnen Angriff auf eine von der Regierung geschickte Bedeckungsmannschaft von 100 Soldaten gemacht, welche eine Geldsendung begleiteten. Das Ge-

fecht dauerte einige Stunden, schwankte häufig zu des Räubers Gunsten, aber schließlich
erlag er seinen schweren Verwundungen.«[14]

## Das Gräberfeld von Ancón

Im Zusammenhang mit den vorher beschriebenen Kultstätten steht das riesige Toten-
feld von Ancón, etwa 38 km nördlich von Lima. Obgleich hier keinerlei bauliche Reste
vorhanden sind, ist Ancón doch ein äußerst wichtiger archäologischer Platz, wo Tausende von Gefäßen ausgegraben wurden. Man fand Spuren von Sammlern und Fischern,
die schon vor 10 000 Jahren hier gelebt haben. Aus späteren Zeiten stammen zahlreiche
Mumienbündel mit fein gewobenen Umhüllungen. Die Gräber bestanden aus kegel-
förmigen oder zylindrischen Kammern, die mit Matten aus Rohr, aber auch mit Holz
oder Stein zugedeckt waren. Wie in Paracas wurden hier außerordentlich feine Gewebe
geborgen, die sehr häufig in den Ornamenten Nachbildungen der berühmten Tiahua-
naco-Figuren aufweisen und aus der Zeit um die Jahrtausendwende stammten. Die
Symbolfiguren von Tiahuanaco wurden in abstrakte Formen umgesetzt, die dann später
verflachten. Besonders deutlich tritt der sogenannte Küsten-Tiahuanaco-Typus in der
Keramik auf. Seine Ornamente sind rein geometrischer Art in Schwarz-weiß-rot. Aber
auch rot und schwarz gefärbte Gefäße kommen im späten Küsten-Tiahuanaco-Stil vor.
Die Verzierungen sind reliefartig ausgearbeitet und zeigen menschliche Gestalten, Tierfiguren und Volutenmuster.

## Die Kulturen des Hochlandes

## 1   Die Bergwelt der Anden (Abb. 42, 46–48)

Nicht zu Unrecht hat man den Abschnitt der Ostkordillere zwischen dem ›Nevado de
Pelegatos‹ und den Bergen von Chavín de Huantar ›La Cordillera Blanca‹, die ›Weiße
Kordillere‹ genannt. Wie das reinste Porzellan ragen verschneite Bergspitzen oft mehr
als 6000 m hoch in den tiefblauen Himmel, in ihrer Mitte der Huascarán, der König
der Berge. Wenn die Sonne hinter den westlichen Bergen verschwindet, dann erglüht
der zerrissene Kamm der Weißen Kordillere in karminroten Tönungen, während aus
den tiefen Schluchten des Amazonasbeckens dichte Nebelschwaden aufsteigen. Mit der
einbrechenden Nacht erstarren schließlich die vorher immer leuchtender gewordenen
Farben der Bergspitzen in tiefer Dunkelheit.
    Als die kleine, von Pizarro geführte spanische Heerschar aus dem peruanischen Tief-
land auf den himmelstürmenden Bergwall der Anden geführt wurde, fanden sie dort
zu ihrer Überraschung eine bereits hochentwickelte Kultur vor. Sie waren direkt in das

Kernland des Inkareiches gelangt. In den Hochtälern und auf dem riesigen Hochplateau, dem Altiplano, begegneten ihnen Indios mit ihren Lamaherden, deren Lebensgewohnheiten kaum anders waren als die der heute dort lebenden Indianer.

Auch in unseren Tagen wandern die Indios noch von einem Tal zum anderen, überqueren hohe Gebirgszüge, und wenn sie an einen Paß kommen, halten sie an, heben einen Stein auf und legen ihn zu anderen Steinen, die sich dort zu hohen Haufen türmen. Dazu sprechen sie die Worte: »Ich opfere dir, Mama Occla, damit du mir Kraft verleihst, damit du die Müdigkeit von meinem Körper nimmst und damit du mich vor Unglück bewahrst.«

Die beiden mächtigen parallellaufenden Gebirgsketten durchschneiden Peru in der Richtung von Nordosten nach Südwesten und setzen sich in Bolivien fort. Beide Gebirgszüge werden ›Cordilleres de los Andes‹ genannt. Ursprünglich war mit Cordillera nur der westliche Teil gemeint, der Teil nämlich, den die Spanier zuerst erblickten, als sie bei dem Gebirgszug anlangten. Hier erfuhren sie erst, daß die Inka dieses ganze Gebiet mit dem anschließenden Hochplateau ›Antasuyu‹ nannten. Dieses Quechua-Wort hat in seiner Zusammensetzung aus ›anta‹ = Kupfer und ›suyu‹ = Landesteil etwa die Bedeutung von ›Gegend, in der Metall vorkommt‹. Aus Antasuyu machten die Spanier Andes, und sie gebrauchten diesen Namen bald für die westliche, bald für die östliche Kordillere.

Am weitesten voneinander entfernt liegen die beiden Gebirgszüge im Süden, wo sie die Puna oder das Altiplano umrahmen, eine Hochebene, die sich bei einer durchschnittliche Höhe von 4000 m über 8 Breitengrade erstreckt (Farbt. XVIII). Hier liegen sich die beiden Kordilleren in 200 bis 300 km Entfernung gegenüber. Bei Cuzco treffen sie sich und bilden einen Knoten von wildzerrissenen Gebirgsformationen. Von Mai bis Oktober ist auf dem Altiplano mit einer absoluten Trockenheit zu rechnen, während in den Monaten Dezember bis April hin und wieder plötzliche Unwetter hereinbrechen, die von Regen und Schneestürmen begleitet sind. Das wildzerklüftete peruanische Bergland, das mit seinen zahllosen Tälern einen ganz eigenen Charakter hat, wird die ›Sierra‹ genannt, eine Bezeichnung, die den Spaniern von ihrem Vaterland her geläufig war. Allmählich ist der Begriff, den man damit verbindet, erweitert worden, so daß der Peruaner heute jeden Landesteil, der nicht an der Küste liegt, Sierra nennt; die Menschen, die dort leben, heißen demgemäß Serranos.

## 2  Die Völker der Anden

Die Hochlandstämme Südamerikas weisen heute noch charakteristische Merkmale der mongolischen Rasse auf; ihre Urheimat war, wie heute allgemein angenommen wird, Asien. Als asiatische Eigenart kann man bei den neugeborenen Kindern der Aymará den sogenannten Mongolenfleck erkennen, eine Hautverfärbung, die mit zunehmendem Alter verschwindet. Die Urheimat dieser Menschen befand sich wahrscheinlich in den

nördlichen Gebieten Asiens mit seinem rauhen Klima. Ein ähnliches Klima haben wir auch in den Anden Boliviens und Perus. Und da der Mensch von seiner Umgebung abhängig ist, von der Landschaft, von dem Klima und dem Boden, so weisen auch die Völker beider Regionen physisch und geistig eine große Ähnlichkeit auf.

Man sagte, »Die Rasse, die zwischen dem Illimani und Sajama aufwachse, gehöre zu den wunderbarsten Schöpfungen der Menschheit. Die Sprache dieser Menschen wäre dem Sanskrit gleichzusetzen, ihr Genius hätte Tiahuanaco geschaffen, und ihre Energie könnte sich mit der der germanischen Rasse messen. Unter den Idiomen gäbe es kein süßeres, kein poetischeres und kein ausdrucksreicheres als das Idiom der Quechua-Sprache, das man in Ollantay spricht.«

Die Aymará und Quechua sind heute noch die Hauptstämme der indianischen Rasse in den Anden. Es gibt aber außer ihnen auch noch kleine Reste anderer Hochland-stämme: die Urus und die Chipaya. Sie gelten als die ältesten Bewohner des Altiplano. Sie alle sprechen verschiedene Sprachen. Die Chipaya sind ein Hirtenvolk, das in einem Teil der Provinz Carangas in Bolivien lebt. Die Urus gehören zu der ältesten lang-köpfigen Rasse Südamerikas. Die letzten reinrassigen Urus sind aber bereits um 1955 ausgestorben; es leben jedoch heute noch Nachkommen dieses Volkes als Mestizen, Mischlinge von echten Urus und Aymarás, in der Bucht von Puno am nördlichen Ende des Titicaca-Sees gegenüber der Halbinsel Chucuito auf schwimmenden Inseln, wo sie die alten Gewohnheiten ihrer Vorfahren bewahrt haben.

Die Urus nannten sich selbst ›kot-suñs‹, was soviel wie ›Volk des Sees‹ bedeutet. Sie hielten sich für besondere menschliche Wesen und glaubten, sie hätten schwarzes Blut, deshalb könnten sie auch nicht ertrinken, und deshalb fühlten sie auch nicht die Kälte des Winters, und die eiskalten Nebel, die andere Menschen an Lungenentzündung ster-ben ließen, könnten ihnen nichts anhaben. Die Urus lebten schon seit undenklichen Zeiten in Symbiose mit dem Wasser des Sees. Der See ernährte sie, und der See be-schützte sie ebenso, wie sie sich als Herren des Titicaca-Sees betrachteten und ihn beschützten. Wann immer auch eine Gefahr drohte, konnten sie sich mit ihren schwim-menden Inseln in den See flüchten; dem Ansturm der neuen Zeit konnten sie jedoch nicht entgehen. In früheren Zeiten wurden die Urus von den übrigen Menschen, die am Rande des Titicaca-Sees wohnten, gemieden, denn man hielt sie für so primitiv, daß man mit ihnen keinen Umgang pflegen konnte. So dachten auch die Inka; da die Urus zu nichts zu gebrauchen waren und man von ihnen auch keinerlei Tribut fordern konnte, verlangten sie von ihnen jeden Monat ein Schilfrohr voller Läuse, damit sie nicht zu faul würden.

Die Urus, so primitiv und arm wie sie waren, besaßen eine vollendete Technik in der Herstellung von Booten aus Binsen. Diese – es gibt am Titicaca-See zwei verschiedene Arten, die *Typha dominguensis* und die *Scirpus riparius* – wachsen hauptsächlich an den kleinen Einbuchtungen und an den Halbinseln der vom großen See abgeteilten wind-geschützten Lagunen. Die Binse, im Spanischen *totora* genannt, wurde von den Urus aber auch anderweitig verwendet. Sie bauten daraus ihre Hütten und verfertigten

damit ihre Lagerstätten. Selbst ihre Toten begruben sie in Matten, die aus dem gleichen Material hergestellt waren.

Wie die Urus leben auch ihre Nachkommen hauptsächlich vom Fischfang mit Netzen oder mit bienenkorbartigen Reusen. Die Fische, die sie nicht sofort verzehren, werden geräuchert und aufgehoben für karge Zeiten. Auf ihren schwimmenden Inseln pflanzen sie Kartoffeln und Bohnen. Die sogenannten schwimmenden Inseln sind aber heute im seichten Wasser der Buchten verankert. Ihre Hütten haben sie auf Plattformen aus aufeinandergeschichteten Schilfbündeln errichtet, die einer ständigen Pflege bedürfen. Auf solch einer Plattform steht auch die Schule jener kleinen Gemeinschaft. Gewöhnlich wohnt auf jeder der nur wenige Quadratmeter großen Inseln eine Familie. Die Gemeinschaft dieser Familien hat nur losen Kontakt mit den Bewohnern der benachbarten Ufer. Sie sind, wie alle Indios des Altiplano, christlichen Glaubens und besitzen ein religiöses Zentrum in San Pedro de Huata am nördlichen Ufer des Sees, wo sie auch ihre Toten bestatten.

Die beiden großen und wichtigsten Stämme der Sierra und des Altiplano sind die Aymará und die Quechua. Obwohl beide Völker miteinander verwandt sind, sprechen sie doch vollkommen verschiedene Sprachen. Die Anthropologen zählen beide Stämme zur tatarisch-mongolischen Rasse. In der letzten Zeit beschäftigte sich die Sprachwissenschaft eingehend mit den Zusammenhängen südamerikanischer und asiatischer Sprachen. Es wurden Beziehungen zwischen dem Tungusischen Nordasiens und dem Quechua festgestellt, während das Aymará sogar bis in den Kaukasus weist. Man wies auch nach, daß fast alle altperuanischen Quechua-Worte für Maße, Gewichte und Längeneinheiten ganz genau den chinesischen Bezeichnungen entsprechen. »Sprachanalogien verdienen aber nur dann Vertrauen, wenn sie nicht bei Klangähnlichkeiten der Wurzeln verweilen, sondern in den organischen Bau, in den grammatischen Formenreichtum, in das eindringen, was sich in der Sprache als Produkt der geistigen Kraft des Menschen offenbart.«[15]

Die Aymará und Quechua gehören nicht zu den aussterbenden Völkern, sondern haben sich im Gegenteil seit der Inkazeit stark vermehrt. Sie sind von kleiner, stämmiger Figur, haben dicke Schädel mit breitgedrückter Nase und Mongolenfalten. Ihre Hautfarbe ist ein olivenfarbenes Braun; sie haben glattes, blauschwarzes Haar. Physisch unterscheiden sich die Aymará in keiner Weise von den Quechua. Beide haben die gleiche mittelgroße Gestalt und ähnliche Gesichtszüge.

Das Sprach- und Bevölkerungsgebiet der Aymará beginnt unter dem 15. Grad südlicher Breite im Departament Arequipa in Peru und erstreckt sich über das ganze Altiplano bis nach Botosí in Bolivien. Spuren von Indianerstämmen, die mit den Aymará verwandt sind, finden wir auch im Norden Chiles bei den Atacameños. Die Wiege der Quechua scheint in der Provinz Muñecas in Bolivien und in der Gegend von Cuzco in Peru zu liegen. Vereinzelte Gruppen von Quechua finden wir im Departament Cochabamba und in vielen Tälern des ostbolivianischen Berglandes, während im Norden ihr Siedlungsgebiet bis nach Ekuador reicht. Die Sprachgrenze hat sich mit der Zeit sogar

bis in das südliche Grenzgebiet Kolumbiens vorgeschoben. Der Legende nach gehörten die Inka selbst, also die herrschende Schicht jenes letzten großen Andenreiches, einer anderen Rasse an. Das entsprach sicherlich dem Wunsch, sich von der Menge abzuheben. Die Inka sprachen auch eine andere Sprache, die von dem einfachen Volk nicht verstanden wurde. Manche Historiker glauben, dies sei die Aymará-Sprache gewesen. Wenn auch die Sprachen der Quechua und der Aymará verschieden waren, so hatten sie doch gemeinsame Wurzeln.

## 3  Die Chavín-Kultur

(ca. 900 v. Chr. – 600 n. Chr.)

Der erste Schritt zur Hochblüte der altperuanischen Kulturen ging von den peruanischen Anden aus. In Peru hat diese ›formative‹ Periode, also die Zeit, in der die ersten kultischen Gegenstände ›geformt‹ wurden, später eingesetzt als in Mexiko, wo sie sich schon um 1500 v. Chr. bemerkbar machte. In Peru zeichnen sich erst um 900 v. Chr. die ersten Umrisse einer Kultur ab, von der man sagen kann, daß sie einen eigenen Stil entwickelte. Diese formative Kulturstufe nennt man Chavín-Kultur nach ihrer Hauptfundstelle in Chavín de Huantar. Dieser Ort liegt in einem tiefeingeschnittenen Tal, das an den Callejón de Huaylas grenzt, östlich der Wasserscheide an einem Nebenfluß des Marañón. Nun besitzt aber die Keramik in Ekuador, die bedeutend älter ist, wie die Grabungen aus letzter Zeit ergeben haben, so viele Kennzeichen des Chavín-Stiles, daß man annimmt, daß umgekehrt das Tiefland das Hochland befruchtet hat. Die Theorie ist heute umstritten, die annimmt, die Wiege aller höheren Kulturen Perus habe sich im mittleren Andenreich befunden. Andererseits haben sich aber auch bestimmte Übereinstimmungen mit der Olmeken- oder La Venta-Kultur herausgestellt. »Sowohl betreffs ihrer Kennzeichen wie auch der Zeit, worin sie vorkommt, ist die Olmeken-Kultur das Äquivalent der Chavín-Kultur in Peru, mit der sie wahrscheinlich indirekt zusammenhing.«[16] Zu den charakteristischen Motiven des Chavín-Stils gehören drei Tiergottheiten: Raubkatze, Vogel und Schlange.

In Peru ergab sich, daß alle bis jetzt bekannten Fundplätze der frühen formativen Periode in irgendeiner Weise zur Chavín-Kultur gehören. Man vermutet, daß die Neuerungen, die sich auf religiöse Gebräuche beziehen, von einem eingewanderten Volk mitgebracht wurden. Die einheimische Bevölkerung, die diese Neuerungen annahm, blieb jedoch bei den alten Formen der Gebrauchskeramik. Ein Chavín-Reich hat es also bestimmt nicht gegeben. So spricht man heute von einem Chavín-Horizont, das heißt von einer Einheit von Kultur- oder wenigstens Stilelementen, die wir fast über die ganzen Zentral-Anden verbreitet finden. Doch diese Hypothesen geben immer noch genügend Stoff zu Diskussionen. Man ist im Zweifel, ob die verschiedenen, von Chavín beeinflußten Kulturen als selbständige Einheiten oder als örtliche Varianten gelten sollen.

Bis in weite Gebiete des nördlichen Hochlandes und in die mittlere Küstenregion hinab läßt sich die Chavín-Kultur nachweisen. Immer steht der religiöse Kult der Tierverehrung im Mittelpunkt, und stets wurden an solchen Stellen gleichartige Gefäßtypen gefunden, am häufigsten Schalen mit flachen Böden. Die Keramik ist monochrom: rot, braun oder schwarz. Allen Phasen ist die Plastik wichtig, während die polychrome Malerei im Hintergrund steht. Erst die letzten beiden Phasen zeichnen sich neben der plastischen Darstellung anthropomorpher und zoomorpher Gefäße auch durch Negativmalerei aus, die so zustande kommt, daß feine Punktreihen durch Fingernägeleindrücke die Muster bilden. Solche Funde wurden hauptsächlich im Chicama-Tal und in den benachbarten Tälern gemacht. Sie werden nach dem Ort, an dem die ersten Funde gemacht wurden, Cupisnique benannt.[17] Mehrere neue Fundorte wurden in letzter Zeit bekannt, die alle den Chavín-Stil gemein haben, die sich aber andererseits durch charakteristische Besonderheiten voneinander abheben. So unterscheidet man zwischen einem ›Salinar-Stil‹, der nach einer Fundstätte im Chicama-Tal benannt ist, einem ›Gallinazo-Stil‹ und einem ›Virú-Stil‹. Ein eigener Stil der Gefäßmalerei entstand in der Übergangszeit im oberen Santa-Tal im Callejón de Huaylas, den man als ›Recuay-Stil‹ bezeichnet. Dieser Name ist jedoch veraltet, denn bei dem Ort Recuay selbst wurde keine besondere Gattung von Keramik hergestellt. Man benennt deshalb die Keramik der späten Übergangszeit des ganzen Gebietes besser mit ›Huaylas-Stil‹. Dieser Stil zeichnet sich durch eine besondere Art von Negativmalerei aus, sowie durch eine eigenartige Steinmetzkunst, die in einer etwas unbeholfenen Art Krieger und Frauen darstellt.

Über die chronologische Abfolge der einzelnen Stilarten, die alle unter dem Chavín-Einfluß stehen, ist man sich noch nicht völlig einig. Wolfgang Haberland, der die einzelnen lokalen Stile Phasen nennt, gibt folgende chronologische Reihenfolge:

Guañape-Phase, 1250–700 v. Chr.
Cupisnique-Phase, 700–200 v. Chr.
Salinar-Phase, 200 v. Chr. bis 0.
Gallinazo-Phase, 0–200 n. Chr.
Vicús-Phase, 200–400 n. Chr.

Für die Huaylas-Kultur (Recuay) der späten Übergangszeit haben andere Archäologen die Zeitspanne von 200 v. Chr. bis 600 n. Chr. angenommen.

## Die Ruinen von Chavín de Huantar (Abb. 44, 45)

Ein Chavín-Reich hat es, wie erwähnt, nicht gegeben, wohl aber eine befestigte Kultstätte von großartigen Dimensionen am Rande des Río Mosna, einem Nebenfluß des Marañón, der man den Namen Chavín de Huantar gegeben hat. Der Kern der Religion, die hier gepflegt wurde, bestand in der Verehrung der Raubkatze. Die archäologische Zone von Chavín de Huantar besteht aus einer Vielzahl von Gebäuden, Terrassen, Plattformen und Innenhöfen. Die Gebäude sind abwechselnd aus dicken und dünnen

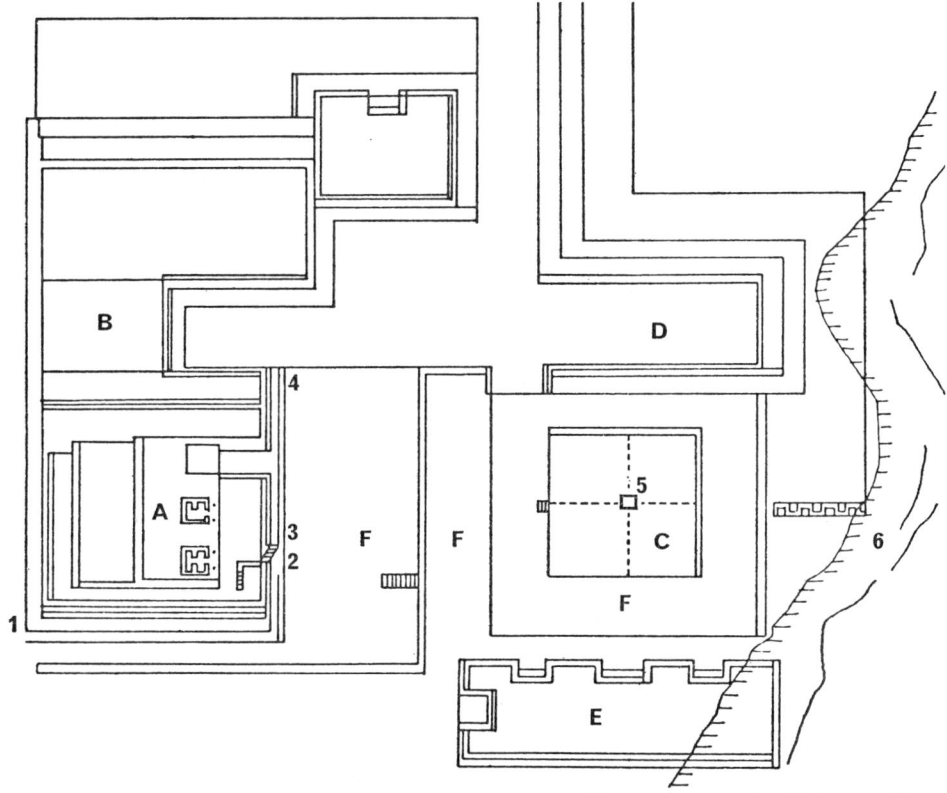

Plan der Bauten von Chavín de Huantar: A Palast (Castillo) B Tempel der Idolos C Zeremonienplatz D nördliche Plattform E südliche Plattform F Terrasse; 1 Jaguar-Ecke 2 Platz und Treppe 3 Säulen 4 Kondor-Ecke 5 Obelisk, nach seinem Entdecker Tello-Obelisk genannt 6 Flußbett des Rio Mosna

Steinblöcken aufgeführt, dazwischen befinden sich steinerne Menschenbilder und raubtierähnliche Masken im Relief. Eine ganze Anzahl von Reliefplatten, mit denen die Gebäude früher verkleidet waren, weisen ähnliche Ornamente auf.

Im Mittelpunkt der Baulichkeiten von Chavín steht ein massives Bauwerk, in dessen Innern sich drei Stockwerke hoch ein Gewirr von engen Galerien und winzigen, ineinander verschachtelten Kammern befinden. Dieses Gebäude wird ›der große Tempel‹ oder auch ›Castillo‹ (wegen seiner festungsartigen Anlage) genannt. Es ist über drei Plattformen errichtet, von denen die oberste die größte ist. Das ›Castillo‹ gilt trotz seiner fortschrittlichen, komplizierten Architektur als das älteste ganz aus Steinen errichtete Bauwerk, das man bis jetzt in Peru kennt.[18] Sein Bau muß nach einem festen, vorher gefaßten Plan ausgeführt worden sein. Das Gebäude, das etwa 75 m lang ist,

Monolithplatte der Chavín-Kultur, nach ihrem Entdecker als Raimondi-Stein bezeichnet. Heute im Archäologischen Museum, Lima

Raubtiergott mit anhängenden Schlangenköpfen. Eingeritztes Relief auf einer Steinplatte des Frieses von Chavín, ca. 1 m lang

verfügt über ein kompliziertes Ventilationssystem mit horizontalen und vertikalen Schächten, durch das auch die inneren Kammern mit Frischluft versorgt werden.

Die enormen Granitblöcke, aus denen die Mauern bestehen, müssen von entlegenen Plätzen herbeigeschafft worden sein. Aus Granit sind auch die zahlreichen Treppen, über die man zu den einzelnen Kammern gelangt. In einem Raum im Innern befindet sich der berühmte 4,5 m hohe Monolith ›El Lanzón‹ (s. Reisehinweise), der wegen seiner Form mit der gorgonischen Stele von Syrakus verglichen wird. Ein großer Teil des Tempels oder ›Castillo‹ wurde durch Schlammlawinen zerstört, ebenso wie die übrigen Bauwerke dieser Zone.

An den Außenwänden des großen Tempels befanden sich rundherum eine Reihe von sogenannten ›cabezas clavas‹, in den Wänden verankerte steinerne Köpfe. Einige von ihnen befinden sich noch an Ort und Stelle, andere im Museum in Lima. Mit der Säuberung dieser bedeutenden archäologischen Stätte vom Schutt, der sich hier im Laufe der Zeit durch Überschwemmungen und Schlammflüsse angesammelt hat, und mit der ersten wissenschaftlichen Untersuchung begann J. C. Tello im Jahre 1919. Erst 1934 gelangen

ihm hier die ersten Keramikfunde; 1940 entdeckte er die Fassaden der Ost-, West- und Südseite des ›Castillo‹.

In letzter Zeit beschäftigte sich die Archäologin Rebeca Carrión Cachot, die Direktorin des Museums von Lima, das über die größten Chavín-Funde verfügt, eingehend mit der Chavín-Kunst. Sie erklärt die steinernen Köpfe des Frieses von Chavín als Nachbildung von Köpfen menschlicher Opfer. »Die Köpfe menschlicher Opfer haben eine wichtige Bedeutung in der Philosophie dieser frühen Menschen. Bald sind sie ein Teil des Körpers der Hauptgottheiten, bald ersetzen sie die Flecken im Fell des Jaguars, bald die gesprenkelten Stellen im Federkleid mythischer Vögel.«

Außer diesen steinernen Köpfen wurden unter den Trümmern von Chavín auch eine große Anzahl Steinreliefs gefunden, die alle entweder Raubkatzen in voller Gestalt oder Teile von ihnen, wie Krallen und Raubtierfänge in Verbindung mit Schlangen und Kondoren darstellen. Aus solchen Kombinationen entstanden dann ornamentale Muster. Berühmt geworden ist auch die nach ihrem Entdecker benannte Raimondi-Stele, die sich jetzt im Nationalmuseum in Lima befindet. Im Flachrelief ist hier eine menschliche Gestalt mit einem Raubtierkopf dargestellt, auf den sich prismenartige Teile des Raubtiergesichtes, Schnauzen und Nüstern aufbauen, von denen nach beiden Seiten Schlangen ausgehen. In den Händen mit Raubtierklauen hält die Gestalt Zepter oder Stäbe, die mit einem ähnlichen stilisierten Muster wie der Kopfputz verziert sind.

## Cuntur Wasi

Der bedeutendste Fundort neben Chavín de Huántar ist Cuntur Wasi am Oberlauf des Río Jequetepeque, eine Tempelanlage, die ebenfalls zum Kulturkreis von Chavín gehört, für die wir aber ebensowenig wie für Chavín de Huántar ein Entstehungsjahr angeben können. Cuntur Wasi, das ›Haus des Kondor‹, in der Nähe der Hauptstadt der Provinz Cajamarca gelegen, wurde erst vor wenigen Jahren entdeckt. Auf der Kuppe eines Berges namens ›La Copa‹ erheben sich die Ruinen des Tempels mit drei übereinandergelagerten Plattformen. Die Bauten selbst sind weitgehend zerstört. Sechs Statuen schmücken das Gebäude der oberen Plattform, fünf von ihnen sind vollständig erhalten, eine ist zerbrochen. Sie wurden zusammen mit Säulen und Steinplatten mit Reliefdarstellungen im klassischen Chavín-Stil bei den Abräumungsarbeiten von Schutt, der auch hier einen Teil der Ruinen begraben hat, gefunden. Die Skulpturen, die in die Länge gezogene, schmale Gestalten darstellen, scheinen von Bildhauern geschaffen zu sein, die demselben kulturellen Horizont und derselben Schule von Huáylas angehörten.

Der Ort erhielt den Namen ›Cuntur Wasi‹, weil auf einer Reliefplatte ein Dämon in Gestalt eines Kondors, des königlichen Vogels der Anden, abgebildet ist. Ganz in der Nähe befinden sich an einem besonders steilen Felsabsturz zahlreiche Kondor-Horste. Zum ersten Male wurde hier im Hochgebirge – Cuntur Wasi liegt 2110 m hoch – ein Gräberfeld mit zahlreichen Beigaben von Gold und Edelsteinen gefunden. Man hält diese Fundstelle für den größten und reichsten peruanischen Bergfriedhof. Diese Ent-

deckung bringt die Annahme ins Schwanken, auch die Gebirgsvölker hätten in früheren Zeiten, etwa bis zum 11. Jahrhundert n. Chr., ihre Toten an der Küste beerdigt. Aus den Ausgrabungen, die sowohl hier im Hochland wie im Chicama-Tal gemacht wurden, geht hervor, daß die Menschen des Chavín-Horizontes bereits zu weben verstanden, Gold hämmerten und mit ihren Tragtieren, den Lamas, auch zur Küste kamen.

## Gigantische Bewässerungsanlagen

Unter dem direkten Einfluß von Chavín entstanden zwei genial angelegte Bewässerungswerke, einmalig in ihrer Art. Das eine befindet sich 14 km südöstlich der Stadt Cajamarca in 3500 m Höhe an einem Platz, der Cumbre-Mayo genannt wird, direkt im Quellgebiet des Río Fino. Die Anlage erstreckt sich über 25 000 Quadratmeter und besteht aus drei Abschnitten: aus einem Aquädukt, einem Heiligtum und aus mehreren Höhlen mit Felszeichnungen im Chavín-Stil.

Das Aquädukt ist ein offener in den Fels gehauener Kanal, der nicht immer geradlinig verläuft, sondern stellenweise abgewinkelt ist, um die Schnelligkeit des Wassers zu dämpfen. Er ist etwa 1 km lang und führt durch mehrere Tunnel, die außerordentlich kunstvoll geschlagen und deren Wände stellenweise mit Petroglyphen bedeckt sind. Archäologen halten die Anlage für ein Meisterwerk der Wasserbaukunst, wie es auch in unserer Zeit nicht besser ausgeführt werden könnte.

Das Heiligtum ist ein Felsen, der die Gestalt eines gewaltigen menschlichen Kopfes hat. Der Mund ist zu einer Grotte mit einem Durchmesser von 3,3 m ausgehöhlt. Man erreicht sie über sechs in den Fels gehauene Stufen. Auch hier sind die Wände mit Petroglyphen bedeckt, und man glaubt, daß in der Grotte irgendeine hohe Persönlichkeit beigesetzt war.

Tello, der 1937 als erster diese großartige Anlage von Cumbre-Mayo untersuchte und beschrieb, schließt seine Betrachtungen: »Der Mensch hat hier mit der gleichen Sorgfalt den Stein bearbeitet wie der Bildhauer seinen Ton formte, er spielt mit dem Stein nach seiner Laune, er glättet und schmückt ihn. Unter den monumentalen Denkmälern Amerikas gibt es kein ähnliches Werk, das dieser Schöpfung gleicht.«

Ein anderes Meisterwerk der Bewässerungskunst, das nach einem bis ins Detail überlegten Plan angelegt wurde, befindet sich im Tal von Nepeña. Gewiß haben die Chimú diese großartige Anlage erst soweit entwickelt, daß die Bewohner des Nepeña-Tales auch heute noch ihre Nutznießer sind und ohne sie kaum existieren könnten, aber den Grundstock zu ihr haben jene Völkerschaften gelegt, die unter dem Einfluß der Chavín-Kultur standen. Die Anlage zeichnet sich durch ihren ungeheuren Terrassenbau aus; sie scheint für die Ewigkeit bestimmt.

»Der größte Wasserbehälter ist allein mehr als einen Kilometer lang, während seine Breite 800 m ausmacht. Er wird durch einen ungemein festen, an der Talsohle 24 m dicken steinernen Damm gebildet, der sich zwischen zwei hohen Bergen quer durch eine Schlucht hindurchzieht. Zur Speisung dieser gewaltigen Stauanlage der Indianer dienten

zwei voneinander unabhängige Kanäle, von denen der eine nicht weniger als 20 km
weiter talabwärts, der andere bei den Quellen des Nepeña seinen Anfang nahm. Diese
Zahlen können nur ungenügend die Leistungen jener alten Kultur-Völker umschreiben,
die kaum zu fassen sind, wenn man an die einfachen technischen Mittel denkt, mit denen
sie vollbracht werden mußten. Die Kanäle winden sich in der Regel im langsamen und
gleichmäßigen Gefälle zwischen den einzelnen Berghängen dahin und vermeiden die
verschiedenen Hindernisse in geschicktester Weise. Wo die Ausnützung des Geländes
nicht genügt, werden die Wasserleitungen von stützenden Mauern getragen oder durch
gelegentlich fast 20 m hohe Aufschüttungen über enge Täler oder Bodeneinsenkungen in
kühnem Schwunge hinweggeführt. Meilenweit sind sie dann wieder in unübertrefflicher
Art in den natürlichen Felsen gehauen. Nicht selten laufen sie auch durch vorgeschobene
Bergrücken in so verwickelten unterirdischen Bahnen, daß es selbst heute noch den
Ingenieuren manchmal schwerfällt, sich darin zurecht zu finden . . .«[12]

Durch zahlreiche Dämme und Schleusen wurde verhindert, daß die Pflanzungen bei
besonders heftigen Regenfällen von Überschwemmungen zerstört wurden. Man konnte
beides: künstliche Überschwemmungen oder Trockenheit erzeugen. Die riesenhaften
Bewässerungsanlagen dienten gleichzeitig auch zu Verteidigungszwecken. Durch Um-
leitung des Wassers wurden Absperrungen vorgenommen. Das erkannten auch die Inka,
als sie die Chimú unterwarfen. Deshalb ist es verständlich, daß sich an diesem so strate-
gisch wichtigen Punkt im Tal von Nepeña zahlreiche Reste von Befestigungsanlagen der
Chimú befinden.

## Cerro Sechín (Abb. 43, 123–129)

Im Jahre 1937 wurde im Casma-Tal nahe der Küste ein Tempel mit nahezu 90 auf-
rechtstehenden reliefierten Monolithplatten entdeckt. Heute sind über 300 Reliefplatten
ausgegraben. Die Anlage, Cerro Sechín genannt, wurde dem Küsten-Chavín-Stil oder
besser den ›chavínbestimmten Bauten an der Küste‹ zugeordnet. Die Reliefs haben allerdings mit dem Chavín-Stil wenig gemein, sie stehen beziehungslos und isoliert unter
den altperuanischen Reliefs da, obwohl eine sogenannte Tigergottheit mit Raubtier-
gebiß den Mittelpunkt der Darstellungen bestreitet. Eine gewisse Ähnlichkeit dieser
Reliefs stellten Archäologen mit Denkmälern fest, die sich außerhalb des peruanischen
Kulturkreises befinden: mit den berühmten ›Danzantes‹ oder den ›Tänzern‹ des Monte
Albán in Mexiko. Man sieht in den Sechín-Reliefs einen frühen altperuanischen Stil,
der älter sein könnte als der Stil von Chavín.

# 4  Die Tiahuanaco-Kultur

(ca. 100 v. Chr. bis 100 n. Chr.
Mittelhorizont 600–1000 n. Chr.)

Schon sehr früh entwickelte sich im Hochland der Anden eine Kultur, die über einen langen Zeitraum eine sehr große Ausdehnung hatte und deren Ausstrahlung sich im gesamten Andengebiet bemerkbar macht. Sie hatte zwei Zentren im Hochland: Huari in der Nähe der Stadt Ayacucho in Peru und Tiahuanaco in Bolivien unweit des Titicaca-Sees. Obwohl die Forschung im Hochland der Anden weiter vorgeschritten ist als im Tiefland, ist der Ursprung des Tiahuanaco-Komplexes noch nicht geklärt. Die umwälzenden Veränderungen, die der Tiahuanaco-Stil an der Küste hervorrief, sind in den religiösen Symbolformen erkennbar, die vom Hochland an die Küsten wanderten, denn die Kultur als Ganzes erreichte nicht das Küstenland. Vermutlich hatte die Expansion religiösen Charakter. Forschungen in Huari ergaben, daß die Huari-Kultur zeitlich später anzusetzen ist als die klassische Kultur von Tiahuanaco. Man sieht deshalb die Huari-Phase als einen Mittelhorizont innerhalb der Tiahuanaco-Kultur an.

Eine Schichtenfolge der Keramik der Tiahuanaco-Kultur wurde erarbeitet. Die frühe Keramik ist vielfach noch einfarbig mit geritzten Mustern. Formal besteht sie aus großen Räuchergefäßen mit plastischen Pumaköpfen am Rande. In der klassischen Zeit zeigt die Keramik einen rötlichen Grundton auf dünnwandiger polierter Keramik. Auch die plastische Verzierung in Form von Puma- und Kondorköpfen fehlt nicht, sie ist aber schon mehr den geometrischen Formen angepaßt. In der letzten Phase, die man die expansive nennt, kommen die aus dem *Kero* (Becher) entwickelten Gefäße mit ausladenden geschwungenen Rändern auf, deren Boden nur einen ganz kleinen Durchmesser haben. Ihre Bemalung besteht aus abstrakten geometrischen Figuren.

Zu den religiösen Symbolfiguren, die vom klassischen Tiahuanaco-Stil allenthalben übernommen wurden, gehört vor allem die zentrale Gestalt des Sonnentores in Tiahuanaco mit den sie umgebenden Figuren, die Köpfe von Kondoren und Katzen haben. Die Form, in der diese Motive weitergegeben wurden, entwickelte sich in Huari, von wo sie auf Leichentüchern und kultischen Gefäßen in das Küstenland gelangten. Die immer wiederkehrenden Tiahuanaco-Motive bestehen aber auch aus winkligen geometrischen Mustern, die besonders auf der mattglänzenden farbenfrohen Keramik erscheinen. Am wirkungsvollsten offenbart sich jedoch die Tiahuanaco-Kultur in den bildhauerischen Darstellungen in Tiahuanaco selbst. Von den Webarbeiten sind im Hochland, in dem organische Stoffe viel mehr unter der Witterung zu leiden hatten als im trockenen Tiefland, nur Fragmente erhalten, aber diese allein beweisen eine vollkommene Beherrschung der Webkunst mit all ihren Raffinessen. Die Feinheit der Technik ist um so erstaunlicher, wenn man bedenkt, daß die Indianer nur über ganz einfache technische Geräte verfügten. Die kostbarsten Stücke wurden im Sonnenheiligtum auf der Insel Coati im Titicaca-See aufbewahrt. In einem steinernen Behälter hat man dort einen besonders farbenprächtigen Umhang aus Vicuñawolle mit einem unglaublich reichen

Detail gefunden, das nur durch die außergewöhnliche Fadenzahl von 100 auf 1 cm erzielt werden konnte.

Ob es ein Tiahuanaco-Reich gegeben hat, auf dessen politischer Ausbreitung die Expansion der Stilelemente beruhte, bleibt dahingestellt; wir werden es wahrscheinlich auch niemals erfahren, da es keinerlei Niederschriften über die Vergangenheit jener Völkerschaften gibt.

*Die Ruinen von Tiahuanaco (Abb. 49–60)*

Tiahuanaco ist in vieler Beziehung eine der berühmtesten und interessantesten Ruinenstädte Südamerikas. Eine Stadt wie Chan-Chan oder Pachacamac ist sie jedoch nie gewesen, sie war eine Kultstätte, ein Wallfahrtsort. Leider ist sie aber auch die am meisten zerstörte alte Kultstätte Südamerikas. Ihre Trümmer geben uns jedoch noch hinreichende Beweise ihrer früheren Größe. Augenblicklich ist man damit beschäftigt, Teile von ihr wiederaufzubauen. Mit Hilfe astronomischer Spekulationen, bei denen auch Hörbigers Welteislehre mit herangezogen wurde, glaubte man das Alter auf 18 000 Jahre festlegen zu können. Thor Heyerdahl wollte auf kühnen Fahrten mit seinem Floß ›Kon-Tiki‹ beweisen, daß Elemente der Tiahuanaco-Kultur von Peru aus zur Osterinsel gelangt seien. Als Beweis hierfür vergleicht er die steinernen Bildwerke Tiahuanacos mit denen der Osterinsel, die aber beide »streng genommen nur eines gemeinsam haben, daß sie kolossal sind und aus Stein gebildet«[8]. Die wissenschaftlichen Schlußfolgerungen Heyerdahls werden heute von Archäologen allgemein als wenig fundiert abgelehnt.

Als ich in den dreißiger Jahren zum erstenmal Tiahuanaco besuchte, stand ich enttäuscht und verwirrt vor den wie von Riesenhand wahllos durcheinander gewürfelten Steinblöcken, vor einer gewaltigen Stätte der Zerstörung. Alles war durchwühlt, und alles, was sich irgendwie wegbewegen ließ, fortgeschleppt. Tiahuanaco, nicht allzuweit von La Paz gelegen, diente den Bolivianern als ergiebigster Steinbruch. Schon E. G. Squier, der die Trümmer vor rund hundert Jahren besuchte und das, was noch übrig blieb, eingehend beschrieben hat, stellte fest, daß in dem Indianerdorf, das in der Nähe der Ruinen liegt, schönbehauene Steine in dem rohen Mauerwerk der Häuser verbaut waren und in dem Pflaster der schmutzigen Hofräume steckten. Prachtvolle Steine wurden als Türschwellen, Fensterpfosten, Sitze, Tische und Wasserbehälter verwendet. Die Kirche des Dorfes ist durchweg aus solchen Steinen erbaut. Aber auch in anderen Dörfern, selbst in den Kirchen von La Paz, der Hauptstadt Boliviens, sind die behauenen Steine aus dem Trümmerfeld von Tiahuanaco verbaut. Später wurden sogar mehrere hundert Lastwagen voll Quadersteine aus Tiahuanaco zum Bahnbau der La Paz-Eisenbahn abgefahren.

Ein Mann versuchte in letzter Minute zu retten, was noch zu retten war: Arthur Posnansky. Er war kein Archäologe, sein ursprünglicher Beruf war Ingenieur. Sein ganzes Leben aber widmete er der Erforschung Tiahuanacos. Er lebte bis in die dreißiger

Die sogen. Mondberge im Erosionstal des La Paz-Flusses, Bolivien

49 Die Kalasasaya von Tiahuanaco nach einer Zeichnung von Squier aus den sechziger Jahren des vorigen Jahrhunderts

50 Blick auf die heutigen Reste der Kultstätte Tiahuanaco

51  Steinerne Figur, die 2 km von Tiahuanaco entfernt gefunden wurde, heute vor dem Stadion in La Paz

52  Stele Nr. 8 oder ›Monolito Ponce‹ in Tiahuanaco

53   Rekonstruierter Tempelhof der Kalasasaya in Tiahuanaco

54   Rekonstruiertes Tor, vom Innenhof der Kalasasaya aus gesehen

57  Rückseite des aus einem monolithischen Block gemei
ßelten Sonnentores in Tiahuanaco                          ▷

55–56  Hauptrelief und detaillierte Nachzeichnung von
Sonnentor in Tiahuanaco

58    Monolith aus rötlichem Sandstein, Tiahuanaco, späte Epoche

59–60  Acapana mit monolithischen Blöcken. Tiahuanaco       61  Lamas auf dem Altiplano in Bolivien (umseitig)

62   ›La Horca‹, der Galgen. Steinmonument der Inka-Zeit bei Copacabana am Titicaca-See

63  Inka-Straße in den Anden Boliviens

64  Die Ancuhuma-Gruppe der Ost-Kordillere Boliviens

65 Aymará-Fischer am Titicaca-See
66 Musizierende Tänzer der Aymará auf dem Altiplano

7  Die sogen. Kenachos, Kena spielende Indios, bei einem Fest

68 Panflöte (Sicu) spielender Aymará-Indio

69 Musikanten und Tänzer bei einem Fest auf dem Altiplano

Jahre unseres Jahrhunderts in La Paz; alles, was in dieser Zeit mutwillig zerstört wurde, hat er vorher noch photographisch festhalten können. Viele Monolithen und Stelen, Plastiken und Reliefs blieben auf diese Weise wenigstens im Bilde erhalten. Leider konnte auch er nicht verhindern, daß kostbare Zeugnisse einer großen alten Kultur der Spitzhacke und dem Sprengstoff zum Opfer fielen. Nicht selten kam es vor, daß Posnansky, wenn er aus Tiahuanaco heimwärts ritt, die Detonation einer Sprengung hörte, die gerade zerstörte, was er eben noch photographiert und vermessen hatte.

Die erste Beschreibung der Ruinen von Tiahuanaco stammt von Cieza de León aus dem Jahre 1540. Danach haben sich viele Archäologen mit der Darstellung und Deutung dieser einzigartigen Kultstätte befaßt, und ein heftiger Streit entwickelte sich um die Bestimmung ihres Alters. Der Name Tiahuanaco ist nicht so alt; er stammt aus der Inkazeit und geht auf eine Legende zurück; ›tia‹ oder ›tiay‹ ist in der Quechua-Sprache die Befehlsform von ›sich setzen‹. ›Tia-Huanaco‹ bedeutete also ›setz dich, Huanaco‹. Diesen Befehl soll der Inka Mayta Capac einem Kurier aus Cuzco gegeben haben, der ihm überraschend eine Botschaft überbrachte. Um ihn zu ehren, verglich er die Schnelligkeit des Läufers mit der des Huanacos oder Guanacos, das zusammen mit dem Lama, Alpaca und Vicuña zu den Kamelschafen gehört. Guanacos und Vicuñas sind die wild lebenden Kamelschafe, Lamas und Alpacas die gezähmten.

Die Ruinenstätte Tiahuanaco liegt ungefähr in der Mitte der großen Bodendepression der Seen Titicaca und Aullagas in rund 4000 m Höhe, in einer Region, die man das ›Tibet der neuen Welt‹ genannt hat. Es ist eine weite, ungeschützte Ebene, die sowohl in der nassen wie in der trockenen Jahreszeit sehr kalt ist. Um die Mittagszeit wird das Land durch die intensive Sonnenbestrahlung jedoch so stark erwärmt, daß man an einem Tage Temperaturunterschiede von 30 und noch mehr Grad verzeichnen kann. Die Ruinenstätte hat eine Ausdehnung von annähernd 450000 Quadratmetern. Es wird angenommen, daß an der Erbauung der Stadt zwei aufeinanderfolgende Kulturen beteiligt gewesen sind. Über die Entwicklung von beiden liegen keinerlei Berichte vor. Dagegen haben wir viele Anhaltspunkte für das Vorhandensein dieser Kulturen in den Ruinen selbst. Die unvollendeten Bauten und Steindenkmäler müssen der zweiten Epoche zugeschrieben werden. Hierzu gehören Statuen und Monolithen aus rotem Sandstein, der haltbarer ist als man beim ersten Anblick glauben möchte. Die Monolithen der ersten Epoche dagegen sind aus einem äußerst harten grauen Andesit gehauen. Sie unterschieden sich stilistisch von denen der zweiten Epoche und bilden den interessantesten Bestandteil der Ruinen.

Die Anlage zeigt deutlich eine Gliederung in drei Bezirke. Der erste ist unter dem Namen Acapana bekannt. Dieser Stadtteil besteht aus einer künstlich aufgeschichteten Terrasse von 15 m Höhe, bei der man aber nicht mehr feststellen kann, ob es sich um eine Plattform für einen Tempel, eine Opferstätte oder eine Befestigung gehandelt hat. Etwas weiter nördlich von Acapana liegt eine zweite Gruppe von Ruinen, Kalasasaya genannt, das Zentrum der ganzen Anlage, deren Grundriß im wesentlichen erhalten und so klar ist, daß man ihn fast auf den Zentimeter genau festlegen kann. Über den Aufbau

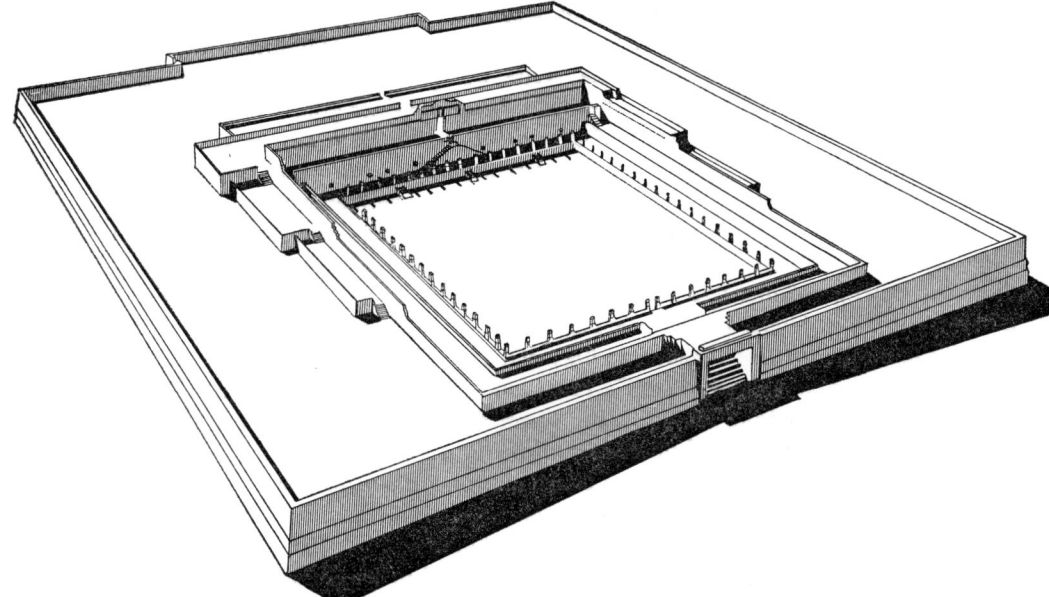

Gesamtanlage der Sonnenwarte Kalasasaya von Tiahuanaco. Nach einem Rekonstruktionsversuch von Edmund Kiss. (Aus: E. Kiss, Das Sonnentor von Tiahuanaco und Hörbigers Welteislehre, Leipzig 1937, Abb. 29)

sind weniger Anhaltspunkte vorhanden. Man versucht augenblicklich, die Bauten zu restaurieren und hat auch schon einen beträchtlichen Teil neu aufgerichtet. Die wichtigsten Pfeiler, die so schwer sind, daß die Steinräuber sie nicht fortschaffen konnten, stehen noch an ihrem Platz. Man hat sie jetzt durch neue Mauern miteinander verbunden. Ob diese Arbeit aber aus demselben Bauempfinden heraus vorgenommen wurde, wie es die vorgeschichtlichen Baumeister hatten, bleibt dahingestellt. Daß es sich an der Westwand der großen Anlage nicht etwa um eine Steinsetzung gigantischer Hausteinblöcke, sondern um Reste einer hohen Mauer gehandelt hat, erkannten die Archäologen an den Resten der Füllmauer zwischen den Pfeilern in der Erde. Die in die Pfeiler eingehauenen Nuten zeigen, daß die Mauer mit den Pfeilern verankert war.

Die Innenanlage der Kalasasaya, die sich stufenförmig über Terrassen um einen Innenhof gruppiert, ist fertig restauriert. Man konnte ihn nach einem aus Andesitlava gemeißelten Grundrißplan rekonstruieren, aus dem ersichtlich war, daß der Monumentalbau mehrere Zugangstreppen und das Hauptportal eine breite Freitreppe gehabt hat. Der Tempel stand nie frei auf der Ebene, sondern war in die Erde hineingebaut. Die Außenseiten der Umfassungsmauern ragen in verschiedenen Ebenen in das Erdreich hinein. In die Innenwände waren in zwei Reihen übereinander steinerne Köpfe einge-

lassen, deren Gesichter verschieden sind. Man hat sie wieder in die Mauern eingesetzt; sie mußten erst zusammengesucht werden, denn viele waren verschleppt worden.

Der spanische Chronist Cieza de León, der kurz nach der Konquista die Ruinen gesehen hat, gibt uns in seiner Beschreibung einige Anhaltspunkte: »Hier steht ein gewaltiges Gebäude, dessen Patio 15 m im Quadrat mißt, mit Mauern, die mehr als 2 Manneslängen hoch sind. An der einen Seite befindet sich eine Halle von 7 x 16 m, mit einem Dach, das genau so gebaut ist wie die Dächer des Sonnentempels zu Cuzco. Dieser Saal hat viele große Portale und Fenster.« Noch heute sieht man in manchen Steinplatten die Löcher, in denen goldene Nägel eingetrieben waren; sie sollen einstmal Platten aus Kupfer und Bronze gehalten haben, mit denen die Wände geschmückt waren. Innerhalb der Bauanlage wurden viele Rinnen aus Stein gefunden; sie müssen noch viel zahlreicher gewesen sein, denn überall in den Höfen der Indios und Gutsbesitzer sind solche verschleppten Rinnen heute noch in verschiedenartigster Benutzung. Vermutlich dienten sie als Wasserleitungen im Innern der Kalasasaya.

In der Nordwestecke der Kalasasaya steht das bekannteste Monument Tiahuanacos: das Sonnentor. Es ist mit herausgemeißelter Türöffnung aus einem einzigen Andesitblock von 3 mal 3,75 m gehauen und hat ein Gewicht von schätzungsweise 7 bis 10 Tonnen. Seine östliche Seite ist mit einem die ganze obere Breite bedeckenden Flachrelief verziert. Dieses Relief ist nicht nur künstlerisch interessant, sondern vor allem auch stilistisch, denn die Art seiner figürlichen Darstellung bestimmte wie erwähnt den Tiahuanaco-Stil. Um das erste Jahrhundert n. Chr. breitete sich sowohl in der Gefäßmalerei wie in der Textilornamentik ein an die Sonnentorfiguren anklingender Stil in fast ganz Peru und weiter bis tief hinein nach Chile aus.

Die mittlere auf einem Sockel stehende Figur des Frieses wird als der Sonnengott gedeutet. Seinem Haupte entspringen mehrere Strahlen, von denen einige in kleinen Jaguar- oder Pumaköpfen enden. Der Jaguar verkörperte den Nachtgott und somit auch den Mondgott. Tränen laufen über sein Gesicht als Symbol des Regens und der Fruchtbarkeit. Vielleicht verdankt das Tor der kranzförmigen Anordnung der ›Strahlen‹ um das Gesicht der Figur – in Erinnerung an den Sonnenkult der Inka – seinen Namen. Der Sonnengott hält Zepter in den Händen, die in Kondorköpfen auslaufen,

Zeichnung des Mäanderfrieses am Sonnentor von Tiahuanaco. (Aus: E. Kiss, Das Sonnentor..., S. 127)

während 148 Figuren ihn als »geflügelte Genien‹ umgeben. Alle Gestalten richten den Blick auf ihn und halten ähnliche Zepter in den Händen wie er selbst. Diese Figuren hat man kalendarisch zu deuten versucht, ohne dabei zu einem überzeugenden Resultat zu kommen. Sicherlich sollten hier kosmische Vorgänge festgehalten werden. Unmittelbar über der Türöffnung sind in einem Mäanderband stilisierte menschliche Gesichter dargestellt, deren Augen ›geflügelt‹ sind. Man hat sie als Sinnbilder einer fliegenden Bewegung erklärt, die wiederum die Zeit zum Ausdruck bringen soll.

Auf einem künstlich geschaffenen Hügel, 1 km südwestlich von Kalasasaya liegt ein drittes Trümmerfeld, das von den Indios Puma Puncu genannt wird. Der Hügel war in Terrassenform mit gemauerten Stützwänden angelegt. Auch diese Ruinenstätte mit ihren gewaltigen Blöcken aus Trachyt und Andesit, die sehr sauber gehauen und geschliffen sind, wurde Jahrhunderte hindurch als Steinbruch benutzt. Die größten von ihnen konnten glücklicherweise nicht fortgeschafft werden, so daß sich das Gefüge mancher alten Bauwerke noch deutlich erkennen läßt. Dazu gehören auch die über 100 Tonnen schweren Bodenplatten, auf denen in geringen Vertiefungen die Mauern gestanden haben. Auf diese Weise ist der Grundriß eines Gebäudes eingehauen, das vielleicht als Mausoleum dienen sollte. Das Bauwerk ist jedoch nie fertig geworden. Schwere Werksteine waren zwar schon in die Nähe geschafft worden, haben ihren Bestimmungsplatz aber nicht erreicht. Aus den Trümmern ist ersichtlich, daß die einzelnen Werkstücke durch Bronzeklammern und Dübel miteinander verbunden waren oder verbunden werden sollten. Die Steine sind genau rechteckig geschliffen und zeugen von einer erstaunlichen Bildhauertechnik. Die Steine mit ihren rätselhaften Reliefs und mit einer Fülle von Nischen umschlossen aneinandergefügt wahre Prunkräume. Man versuchte, diesen Komplex, der wahrscheinlich als Begräbnisstätte von Priestern oder Königen gedient hat, zu rekonstruieren. Zwei Türen führten von einer breiten Treppenplattform in das Innere des Gebäudes zu offenen Hallen, deren Wände von Nischen verschiedener Art und Größe unterbrochen waren. Durch winzige Öffnungen gelangte man in die mit schweren Steinplatten horizontal überdeckten Vorräume der gleichfalls überdeckten Grabkammern. Von ihnen aus führten sehr kleine Türen in die einzelnen Zellen, in denen die Mumien der Verstorbenen beigesetzt waren. In den Nischen, die der westlichen Außenseite des Bauwerkes vorgelagert waren, standen vermutlich Altäre.

Der ganzen Anlage von Puma Puncu sind riesige Steinmauern vorgelagert, die man für ein doppeltes Hafenbecken hält; es ist geologisch erwiesen, daß der Spiegel des Titicaca-Sees einst fast 35 m höher lag als heute und daß der See dadurch eine viel größere Ausdehnung hatte. Auch eingemeißelte Fischornamente befinden sich dort, wo, wie man glaubt, der Anlegeplatz für die Schiffe im Hafen von Puma Puncu lag. Heute befinden sich die Ruinen von Tiahuanaco mehr als 20 km vom See entfernt.

In irgendeiner Bauperiode entstanden sowohl in Puma Puncu wie in Kalasasaya oberirdische und unterirdische Behausungen; diese haben wahrscheinlich nur den Pilgern oder einer kleinen Oberschicht von Priestern als Wohnungen gedient. Eine größere Bevölkerung wird es hier kaum ständig gegeben haben, denn die Hochfläche mit ihrem

rauhen Klima erlaubte zwar den Anbau von Kartoffeln, Bohnen und Quinoa, auch war der See reich an Fischen und Wasservögeln, doch für viele Menschen war gewiß nicht genügend Nahrung herbeizuschaffen. Tiahuanaco war sicherlich über eine große Zeitspanne hinweg ein bedeutender Wallfahrtsort, eine »Art Mekka im höchsten Hochland«, an dem sich jährlich endlose Scharen von Pilgern einfanden, um hoch oben auf dem Altiplano am Rande gigantischer Eisriesen ihren Göttern zu huldigen.

## 5 Die Kultur der Inka (Abb. 61-69)

> *Denn diese Kultur ist das einzige Beispiel für einen gewaltsamen Tod. Sie verkümmerte nicht, sie wurde nicht unterdrückt oder gehemmt, sondern in der vollen Pracht ihrer Entfaltung gemordet, zerstört wie eine Sonnenblume, der ein Vorübergehender den Kopf abschlägt.*
>
> Oswald Spengler

*Die Geschichte*

> (Erscheinen der Inka unter Manco Capac um 1200 n. Chr.
> Inka-Reich und Inka-Eroberungen bis zur spanischen Eroberung 1400 bis 1532)

Der Titicaca-See ist heute noch für die indianische Bevölkerung des Altiplano und der Sierra die Stätte ihres Mythos. Hier entstanden ihre Märchen, und aus dem flimmernden Glanz des Sees entsprangen die mythischen Gestalten der Gründer des Inkareiches. Verschiedene Versionen der Entstehungsgeschichte wurden von den Chronisten aufgezeichnet. Eine Sage berichtet, daß aus einer Höhle, 30 km südöstlich von Cuzco, vier Brüder und vier Schwestern, Kinder des Sonnengottes, erschienen. Sie waren die ersten Inka; nach langem Umherirren fanden sie im Tal von Cuzco einen festen Wohnsitz und gründeten dort die Hauptstadt des späteren Inkareiches.

Bei Garcilaso de la Vega finden wir eine andere Version: »Der Sonnengott Intis schickte seine beiden Kinder, das Geschwisterpaar Manco Capac und Mama Ocllo, zur Erde hinab, damit sie die Welt verbessern sollten. Auf der Sonneninsel im Titicaca-See erreichten sie die Erde; von hier aus traten sie die Reise zu den Menschen an. Der Sonnengott gab ihnen einen goldenen Stab mit auf den Weg, und überall, wo sie sich zum Schlafen oder Essen niederließen, sollten sie versuchen, den Stab in die Erde zu stoßen. An der Stelle, wo sich der Stab mit einem einzigen Faustschlag ganz in den Erdboden hineintreiben ließe, da sollten sie nach dem Willen des Vaters, des Sonnengottes, bleiben und ihren Wohnsitz aufschlagen. Lange Zeit wanderten sie umher, und jeden Abend versuchten sie, den Stab in die Erde zu versenken. Endlich gelang es ihnen, ihn so tief in den Boden zu stoßen, daß er versank. Hier gründeten sie die Stadt Cuzco.

Von den Eingeborenen wurde das Geschwisterpaar aufs höchste geehrt; Manco Capac machten sie zu ihrem Herrn und Fürsten. Er war der erste Inka.«

Dies soll sich um das Jahr 1200 ereignet haben. Alles, was wir über die Inka-Zeit vor der Konquista wissen, verdanken wir den spanischen Chronisten, denen die Geschehnisse mündlich überliefert wurden, und jedem von ihnen in anderer Weise. Der glaubwürdigsten Überlieferung nach hat das Inkareich 13 Herrscher gehabt, von denen die ersten 8 halb mythische, halb geschichtliche Gestalten sind. Ihre Regierungszeiten sind nicht genau nachzuprüfen. Ihre Namen mögen hier genannt werden:

| Halb mythische, halb geschichtliche Namen: | Geschichtliche Namen: |
|---|---|
| 1 Manco Capac | 9 Pachacutec Yupanqui (1438–1471) |
| 2 Sinchi Roca | 10 Tupac Yupanqui (1471–1493) |
| 3 Lloque Yupanqui | 11 Huayna Capac (1493–1527) |
| 4 Mayta Capac | |
| 5 Capac Yupanqui | nach der Teilung des Inka-Reiches |
| 6 Inca Roca | |
| 7 Yahuar Huacac | 12 Huascar (1527–1532) |
| 8 Huiracocha Inca | 13 Atahualpa (1527–1533) |

Man hält Manco Capac für einen mythologischen Namen, der eine gesamte Dynastie bezeichnet hat, und nicht nur eine einzelne Persönlichkeit. Auf jeden Fall deutet der Name Manco Capac auf eine ältere Zeit hin, in der noch die Aymará das politische Übergewicht in der Gegend von Cuzco hatten, denn Manco ist ein alter Herrschertitel der Aymará. Die Persönlichkeit des zweiten Inka, Sinchi Roca, stand noch zur Zeit der Ankunft der Spanier in so großen Ehren, daß man seine Mumie bis zu dieser Zeit aufbewahrt hatte. Vor den Spaniern versteckte man sie, doch später wurde sie ebenso wie die Mumie des dritten Inka, Lloque Yupanqui, gefunden. Das Wort ›Inca‹ bedeutete zunächst nichts weiter als einen Titel, der nur dem Herrscher erlaubt war. Er war der ›Sapay Inca‹, der ›einzige Herrscher‹. Erst später trug das ganze Adelsgeschlecht diesen Namen.

Huiracocha oder Viracocha, der achte Inka, nahm den Namen des Hauptgottes an. Er wurde noch bei der Ankunft der Spanier als Halbgott verehrt. Seine Mumie hielten die Inka versteckt. Als die Spanier sie schließlich aufgespürt hatten, verbrannten sie sie. Die Indios beteten noch die Asche an, worauf der spanische Vizekönig anordnete, man solle sie in alle Himmelsrichtungen zerstreuen.

Der erste geschichtlich nachgewiesene Herrscher des Inka-Reiches ist Pachacutec Yupanqui (1438–1471). Er wird von den spanischen Chronisten sowohl als grausamer, aber auch als friedliebender Herrscher geschildert, der versuchte, die besiegten und unterworfenen Völkerschaften seinem Staatsgefüge fest einzuverleiben. Er war ein kluger Organisator, der bestrebt war, die wirtschaftlichen Verhältnisse im Lande zu verbes-

sern. So regelte er die Zeit der Aussaat und der Ernte nach Beobachtung der Himmels-körper. Zur Zeit seiner Regierung erstreckte sich das Inka-Reich bereits vom Titicaca-See bis zur heutigen Grenze Perus mit Ekuador. Manche Historiker halten Pachacutec Yupanqui für den bedeutendsten Mann, den die indianische Rasse jemals hervorgebracht hat.

Zur Regierungszeit seines Sohnes Tupac Yupanqui (1471–1493) erstreckte sich das Reich der Inka bis zum Rio Maule im heutigen Chile. Schon sieben Jahre vor dem Hin-scheiden seines Vaters hatte er für ihn unentwegt Kriege geführt. Als der letzte Herr-scher des Chimú-Reiches sich mit seiner ganzen Streitmacht entgegenstellte, wurden die Chimú nur deshalb besiegt, weil Tupac Yupanqui alle Wasserzufuhr sperrte. So ge-langte der mächtige Feudalstaat der Chimú unter die Herrschaft der Inka und das Gebiet ihres Reiches wurde ganz erheblich vergrößert. Der Chronist Sarmiento de Gamboa berichtet, daß Tupac Yupanqui eine Flotte von Flößen ausrüstete, mit ihnen in die Südsee fuhr und erst nach Monaten zurückkehrte. Polynesische Inseln wird er nicht erreicht haben. Bis zu den Galapagos-Inseln kann er vielleicht gekommen sein, aber auch das ist unwahrscheinlich. »Daß sich auf diesen Eilanden Scherben von küsten-peruanischer Töpferware finden lassen, erklärt sich am einfachsten daraus, daß spanische Segler bis lange in die Kolonialzeit hinein Trinkwasser in nicht nur dafür angefertigten, sondern auch in ausgegrabenen Chimú-Töpfen transportierten.«[19] Vermutlich hat Tupac Yupanqui nur Inseln erreicht, die der peruanischen Küste vorgelagert sind. Er machte später noch einen Versuch, in das östliche Waldland des Amazonasbeckens vorzustoßen, hatte damit jedoch keinen Erfolg.

Huayna Capac (1493–1527), der nun folgte, zeichnete sich schon als Jüngling – Huayna bedeutet Jüngling – besonders dadurch aus, daß er noch zur Regierungszeit seines Vaters mehrere Aufstände unterdrückte. Er eroberte später die letzte noch unab-hängige Provinz am Golf von Guayaquil in Ekuador. Um diese Zeit hatte das Inka-Reich seine größte Ausdehnung erlangt; es reichte nun von der Mitte des heutigen Chile über Bolivien, Peru und Ekuador bis zum Río Ancasmaya in Kolumbien. Dieses riesige Gebiet nannten die Inka Tahuantinsuyu, das ›Reich der vier Weltgegenden‹. Seine vier Abschnitte hießen von Süden nach Norden gerechnet: Collasuyu, Chincha-suyu, Intisuyu und Cuntisuyu.

Ein Großteil der südamerikanischen Indios war nun unter einer zentralen Führung vereint, aber es wurde immer schwieriger, alle die verschiedenen Stämme und Land-schaften zusammenzuhalten. Pachacutec Yupanqui hatte Volksstämme, auf die er sich verlassen konnte, einfach in ein anderes Gebiet umgesiedelt. Huayna Capac verlegte seine Residenz von Cuzco nach Tomebamba, dem heutigen Cuenca in Ekuador; so war er unsicheren Gebieten näher und konnte sie besser überwachen. Doch gerade dadurch, daß er sich von Cuzco entfernte, schaffte er den Grund für einen künftigen Erbfolge-krieg, der nicht so sehr ein Thronstreit zwischen zwei feindlichen Brüdern wie ein Machtkampf zwischen der Hohenpriesterschaft in Cuzco und den Feldgenerälen Huay-na Capacs unter Atahualpa war.

Die Nachricht von der Ankunft weißer, bärtiger Männer beschattete noch die beiden letzten Lebensjahre Huayna Capacs. Er erinnerte sich an die Weissagung des Schöpfergottes Viracocha von der Ankunft ›weißer, bärtiger Männer‹, die das Inka-Reich zertrümmern würden. Als man ihm berichtete, daß nichts gefruchtet hätte, die Fremden abzuschrecken, daß selbst ›die Löwen (Pumas) und andere wilde Tiere vor ihm (Pizarro) auf der Erde krochen‹, da erhob sich der Herrscher von seinem Sitz, schüttelte seinen Mantel und sagte: »Hinaus ihr Herren und Wahrsager! Ihr sollt meine Macht und Herrschaft nicht in Unruhe bringen!«

Huayna Capac handelte sofort: Seine militärischen Stützpunkte an der Küste ließ er verstärken und stellte alle Operationen im Norden seines Reiches ein. Im Jahre 1527 nahm er noch an dem großen Sonnenwendfest in Cuzco teil. Er wurde von seinen Landsleuten als der ›große Mehrer‹ seines Reiches geehrt wie nie zuvor ein Inka. Kaum war er nach Tomebamba zurückgekehrt, erlag er jedoch einer Seuche. Seine Mumie wurde in feierlichem Zuge, von vielen Fürstlichkeiten begleitet, nach Cuzco gebracht und inmitten der Malki, der Mumien seiner Ahnen, beigesetzt.

Mit Huayna Capacs Tod war das Schicksal des Imperiums der Inka besiegelt. Es kam zum Krieg zwischen seinen Söhnen, die beide den Inka-Thron beanspruchten. Nach inkaischem Hausrecht war Huascar (1527–1532), sein erstgeborener Sohn, der Erbe. Er empfing auch vom Hohenpriester in Cuzco die Insignien des ›Einzigen Inka‹. Tatsächlich aber soll Huayna Capac in Gegenwart des Ältestenrats seinen beiden Söhnen, dem rechtmäßigen Thronfolger Huascar und seinem Lieblingssohn Atahualpa (1527 bis 1533), die von ihm beabsichtigte Teilung des Reiches bekanntgegeben haben. Huascar, der im Kriegsdienst völlig unerfahren war, sollte vier Fünftel des befriedeten Kernlandes mit Cuzco, Atahualpa den gefährdeten Teil des Landes mit Ekuador erhalten. Huascar hatte in diesen Vorschlag des Vaters eingewilligt und war nach Cuzco zurückgekehrt. Bald darauf erlag er jedoch den schädlichen Beeinflussungen der Sippe, in deren Augen Atahualpa, der Sohn einer Cañari-Prinzessin, der Lieblingsfrau Huayna Capacs, ein Bastard war. Es kam zum Streit zwischen Cuzco und Tomebamba, ohne daß sich die beiden Brüder der drohenden Gefahr bewußt wurden, die das Auftauchen der ›bärtigen weißen Männer‹ für das Inka-Reich bedeuteten. Sie hätten diese Gefahr vielleicht noch abwenden können, wären sie ihr geschlossen entgegengetreten. Doch so kam es zum Bürgerkrieg. Zu Beginn der Streitigkeiten triumphierte Atahualpa. Mit Hilfe seiner kriegserfahrenen Generale ließ er im Jahr 1532 seinen Bruder Huascar gefangen nehmen. Atahualpa erreichte mit einer anderen Armee die Stadt Cajamarca. Dort begegnete er dem kleinen Häuflein der spanischen Eroberer. Sein Bruder war besiegt und gefangengesetzt, und seine Generale hatten in einem furchtbaren Blutbad die ganze Sippschaft seines Gegners unschädlich gemacht. Atahualpa war sich seines Sieges sicher. Er sah nicht die Gefahr, die seinem Lande von den Spaniern drohte, ja er ließ ihnen sogar die Nachricht von der Gefangennahme seines Bruders übermitteln. Die Ankunft der Spanier sah er nur als eine unerhebliche Störung an. Er glaubte sogar, er könne sich vielleicht ihrer Hilfe für seine Unternehmungen zunutze machen.

In Cajamarca empfing Atahualpa die Spanier in feierlicher Prozession, als halbgött-
licher Herrscher, als ›Einziger Inka‹. Aber die Falle, in die er die Spanier zu locken
versuchte, wurde ihm selbst zum Verhängnis. Als man ihm berichtete, daß ›dem aller-
christlichsten spanischen König das vom Papst verliehene Recht‹ zustände, diese von
den Spaniern neuentdeckten Länder mit Beschlag zu belegen, und als man ihn obendrein
noch zwingen wollte, den christlichen Glauben anzunehmen, warf Atahualpa erzürnt
die Bibel zu Boden. Daraufhin gaben die Spanier das Zeichen zum Angriff: die Feld-
geschütze wurden abgefeuert, Atahualpas Gefolgsleute, die sich den Spaniern entgegen-
stellten, wurden niedergemetzelt und der Herrscher gefangengenommen. Um nicht den
Feuertod zu erleiden und somit der traditionellen Totenverehrung seiner Vorväter ver-
lustig zu gehen, ließ Atahualpa sich schließlich taufen. Vom Kriegsgericht Pizarros
wurde er des Brudermordes, der Konspiration gegen den spanischen König, der Viel-
weiberei und des Götzendienstes angeklagt. Er wurde zum Tod durch Erdrosseln ver-
urteilt und starb im Jahre 1533. Das war das Ende des größten Imperiums in der Neuen
Welt, das in kurzer Zeit dank einer außerordentlich durchdachten Organisation die
gegensätzlichsten Landstriche und die verschiedenartigsten Volksstämme zu vereinen
imstande gewesen war.

## Das Staatsgefüge

Das gewaltige Indianerreich der Inka, das sich über 37 Breitengrade erstreckte, wurde
in seinem Gefüge von der Person des Inka, des absoluten Herrschers, des ›Sapay Inca‹,
zusammengehalten. Er war für sein Volk ein ›Sohn der Sonne‹, von Gottes Gnaden zur
Erde geschickt; er wurde gottähnlich verehrt, vor allem nach seinem Tode. Als Mumie
setzte er gemeinsam mit seinem Gefolge von Frauen und Dienern seine Herrschaft über
die Menschen fort. Eine rote Kopfbinde aus Lamawolle mit einer Federkrone war das
Zeichen seiner Würde. Als Hauptfrau stand ihm seine leibliche Schwester zur Seite.
Außerdem besaß der Inka zahlreiche Nebenfrauen, die für seine große, kinderreiche
Familie verantwortlich waren. Der Stamm, dem der regierende Inka angehörte, war
ursprünglich in dem kleinen Tal des Huatanay, eines Nebenflüßchens des Vilcanota,
zu Hause. Alle männlichen Mitglieder dieses Stammes führten den Titel Inka. Als
äußeres Merkmal trugen sie große Pflöcke in den Ohrläppchen. Sie wurden deshalb
von den Spaniern auch ›orejones‹ oder ›Großohren‹ genannt. Ihre Kleidung zeichnete
sich durch wollene Stirnbinden besonderer Art und durch schmale, mantelartige Über-
würfe und Sandalen aus, die aus dem Ichu-Gras des Hochlandes verfertigt waren, das
in Höhen von drei- bis viertausend Metern wächst.
    Das feste Gefüge des riesenhaften Inka-Reiches beruhte nicht allein auf militärischer
Gewalt, sondern vor allem auf dem Organisationstalent der obersten Adelsschicht und
auf dem alles bis ins Detail regelnden Verwaltungsapparat. Alle gehobenen Beamten
gehörten der höheren Adelsschicht an; auch die sogenannten ›Sinchi‹, das heißt ›die
Tapferen‹, waren erbliche Fürsten, die aber nur für den Krieg gewählt wurden, nach

Kriegsende traten sie wieder in das bürgerliche Leben zurück. Sie gehörten weder der Klasse der Inka noch der der Curaca an. Den Kern des Verwaltungsapparates bildete der Kronrat der Inka, der aus vier hohen Beamten bestand, von denen ein jeder mit einem Teil des ›Reiches der vier Weltgegenden‹ betraut war. Die Spanier nannten diese Beamten Vizekönige. Ihnen untergeordnet waren die Curaca. Sie gehörten ebenfalls einer Adelsklasse an. Curaca nannte man die Häuptlinge und Stammesfürsten von Völkern, die die Inka unterworfen hatten und die, natürlich stets unter starker Kontrolle, in ihrem Wohngebiet in Amt und Würden gelassen wurden. Unterworfenen Stämmen gegenüber zeigten sich die Inka sehr entgegenkommend. So ließ man in der Spätzeit des Inka-Reiches Kriegsgefangene frei in ihr Land zurückkehren.

Zum Kolonisationssystem der Inka gehörte in erster Linie die Umsiedlung geschlossener Volksgruppen. Sie geschah, um Aufständen an Unruheherden vorzubeugen und um in unterentwickelten Zonen eine bessere Produktion zu erzielen. Die Gesellschaftsordnung ging von dem ›ayllu‹, einer Gruppe von Familien aus, von denen mehrere einen Stamm bildeten, eine Gesellschaftszelle, deren Mitglieder durch Blutsverwandtschaft miteinander verbunden waren. Ein solcher Stamm verfügte über gemeinsamen Landbesitz, der von allen seinen Mitgliedern zugleich bearbeitet wurde und auch heute noch wird, denn die Institution des ›ayllu‹ hat sich bei den Aymará im Hochland erhalten. Die Inka haben diese Einrichtung nicht etwa geschaffen, sondern sie bereits vorgefunden. Von dem, was diese Ländereien produzierten, nahmen die Inka ihren Anteil. Weideland und sämtliche Kokaplantagen waren Staatseigentum.

Der Anbau und der Gebrauch der Koka war schon lange, bevor die Inka kamen, in den mittleren Andenländern bekannt. Die Inka stellten den Koka-Anbau unter das Monopol der Regierung, und so wurde Koka nur nach strengen Vorschriften verabreicht: bei schweren Märschen, am Abend vor der Schlacht an die Soldaten, und auch an den religiösen Festen durfte Koka (Erythroxylon coca) genossen werden. Die Koka ist ein Strauch mit grünen glänzenden Blättern, die auch heute noch ebenso wie zu Zeiten der Inka von den Indios zusammen mit Llucta, aus der Quinoa gewonnenen Pottasche, gekaut werden. Der Genuß der Koka verleiht dem Indio ungewöhnliche Kräfte und Ausdauer, so daß er tagelang wandern kann, ohne zu ermüden. Seit Generationen sind die Indios an diesen Genuß gewöhnt. Aus den Kokablättern wird auch nach einem besonderen Verfahren Kokain hergestellt.

*Die geistige Welt*

Zwischen dem Adel und dem einfachen Volk bestand bei den Hochlandperuanern eine tiefe Kluft, ein Klassenunterschied, der schon durch ihre verschiedenen Sprachen betont wurde. Der Adel, also die Mitglieder der zahlreichen Inkafamilien, wurde von der Masse als ihr Vertreter angesehen. Trotz des großen Klassenunterschiedes genossen die Inka im Volke hohes Ansehen, das in zwei Polen verankert war: in der Erde und in der Sonne. Um diese beiden Punkte kreiste das Leben der alten Peruaner. Der Erdgöttin

Die Mumie eines Inkafürsten wird zur Grabkammer
getragen. (Nach F. Huaman Poma de Ayala)

Pachamama und dem Sonnengott Inti war das Agrarsystem der Inka verschrieben, und
diesen beiden Kulten galten ihre religiösen Feste. Keine Pracht und kein Opfer waren zu
groß, um die Erdgöttin und den Sonnengott zu ehren. Hinter ihnen trat der alte Schöpfergott Viracocha immer mehr zurück. Überall im Lande wurden Sonnentempel errichtet, und der Sonnenkult wurde zur Staatsreligion erklärt. Doch den unterworfenen
Völkerschaften ließ man ihre alten Götter, von denen einige sogar in die Religion der
Inka übernommen wurden.

Der einfache Mann verehrte an erster Stelle die Erd- und Fruchtbarkeitsgöttin Pachamama; das geschieht noch heute so. Mit großer Ehrfurcht steht er allen Dingen gegenüber, die die Erde hervorbringt. Jeder Gegenstand, glaubt er, ist von ihr beseelt: die
Berge, die Flüsse, die Pflanzen und die Tiere. Eine besondere Verehrung brachte der
Mann aus dem Volke auch dem großen Regen- und Gewittergott Illapa entgegen. Die
alten Peruaner dachten sich alle Götter als leibhaftige Gestalten. Die Abbilder der
wichtigsten Gottheiten hatten ihren Platz in der Coricancha, dem ›Goldhof‹ in Cuzco.
Dort wurden auch die Mumien der verstorbenen Herrscher aufgestellt, denn sie galten
als irdische Inkarnation des Sonnengottes. Intis, ihr göttlicher Vater, hatte die toten
Herrscher zu sich gerufen; später, nach einer gewissen Zeit, würde er sie von neuem zur
Erde zurückkehren lassen.

Starb ein Inka, so wurde er mit großem Gefolge aus dem Palast getragen, dessen
Tore hinter ihm für immer geschlossen wurden. Denn jeder neue Herrscher, so forderte
es der Kult, ließ sich bei Antritt seiner Regierung einen neuen Palast bauen. Unter
Trauergesängen und zu den Klängen der Längsflöte und dem Chor der Panflöten setzte
sich der Trauerzug, an dem sich Tausende beteiligten, in Bewegung. Den Leichnam des

Inka hatte man vorher einbalsamiert, wozu verschiedene Kräuter und Wurzeln verwendet wurden. Sogleich nach dem Tode des Inka erschien im Hause des Toten der Hohepriester mit seinem Gefolge, das nach Vollführung einiger Zeremonien über alle Frauen des Königs das Todesurteil sprach. In den meisten Fällen wurden die Frauen lebendig begraben. Alten Berichten zufolge sollen Huayna Capac, als er starb, über tausend Frauen jeglichen Alters ins Grab gefolgt sein. Dieser Herrscher erfreute sich zu Lebzeiten so großer Beliebtheit, daß man es für richtig hielt, ihm zur Begleitung viele Menschen zu opfern.

Zu Lebzeiten des regierenden Inka wurde kein Fest mit solcher Anteilnahme gefeiert wie das Inti Raymi, das Sommersonnenwendefest im Monat Juni. Aus allen Teilen des Landes strömten hohe Persönlichkeiten nach Cuzco, um dem Inka, dem ›Sohn der Sonne‹, während der neuntägigen Festlichkeiten zu huldigen. Zu Beginn, frühmorgens, erschien der Inka inmitten seines Gefolges, umringt von einer ungeheuren Volksmenge, auf dem Hauptplatz von Cuzco, um den Sonnenaufgang zu erwarten. Dabei saß er auf einem goldenen Thronsessel. Sobald die Sonne erschien, erhob er sich, nahm zwei große goldene Becher mit Maisbier, das speziell von den Sonnenjungfrauen zubereitet war, und begrüßte die Sonne als seinen Vater. Den Becher, den er in der rechten Hand hielt, erhob er gegen die Sonne. Hierauf schüttete er seinen Inhalt in ein goldenes Becken, das durch eine Röhrenleitung mit dem Sonnentempel in Verbindung stand. Es war das Opfer für seinen Vater, den Sonnengott. Aus dem Becher in seiner linken Hand nahm der Inka einen Trunk und verteilte den Rest in kleinen goldenen und silbernen Bechern an die Mitglieder seiner Familie. Hierauf begaben sich alle im Festzug zum nahen Sonnentempel. Außer dem Inka waren alle barfüßig. Im Sonnentempel wurden die Becher und viele Geschenke aus Silber und Gold aufbewahrt: goldene kleine Lamas, Eidechsen, Schlangen, Füchse, Pumas und Vögel aller Art.

Eng verbunden mit der Götterwelt war bei den Indios der Mythos. Viele Mythen der Aymará kreisen heute noch um den Titicaca-See; seine Erdverbundenheit kommt bei dem Indio besonders zum Ausdruck, wenn er das Land bestellt, wenn er gräbt, sät und erntet. Der Erdgöttin gedenkt er stets zuerst. Ihr zu Ehren verschüttet er etwas Chicha, Maisbier. An sie denkt er, wenn er die junge Erde mit dem Grabstock oder Pflug aufbricht. Ihr ist auch das große Fest nach der Beendigung der Gemeinschaftsernte geweiht. Es ist ein Erntedankfest, wie es unter den Klängen der alten Inka-Melodien nicht herrlicher begangen worden sein kann. Es ist das Tedeum des Ayllu im grandiosen Tempel der Anden.

In der Sternkunde waren die Inka nicht so bewandert wie die Azteken und die Maya. Praktisch befaßte man sich nur mit dem Stand der Sonne, um die Feldarbeiten nach den jeweiligen Jahreszeiten einzuteilen. Auf hohen Bergen wurden Säulen errichtet, mit deren Hilfe man an bestimmten Tagen des Jahres den genauen Sonnenstand gemessen hat.

In Cuzco gab es eine Art Hochschule für Aristokraten, an der die Gelehrten die Schüler unterrichteten. Besondere Sorgfalt wurde auf den Unterricht in der Knoten-

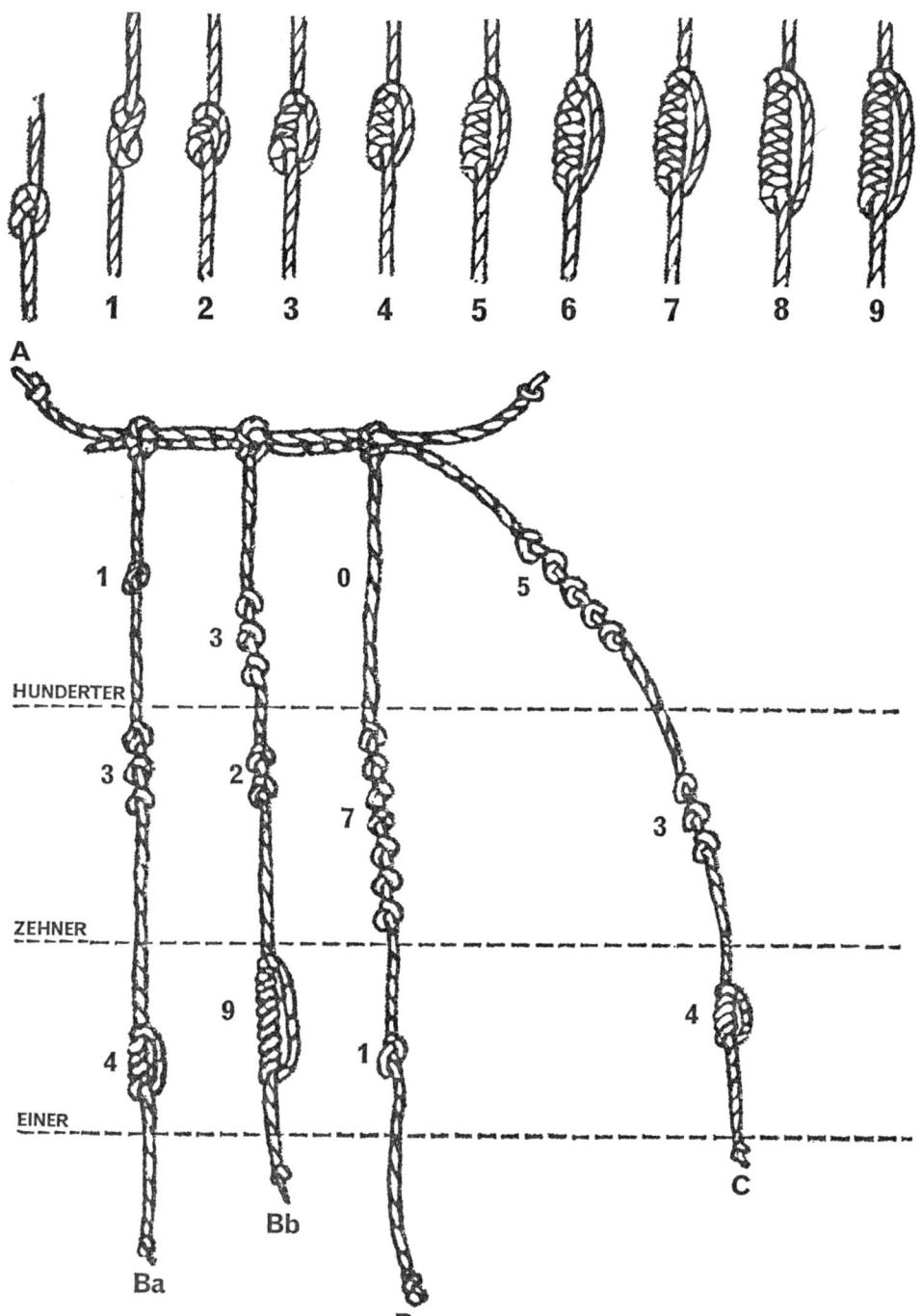

Knotenarten des Quipu und Quipu-Schema:   A Querschnur   B Seitenschnüre (a blau, b weiß, c braun)   C Hauptschnur

schrift, der Quipu, verwendet. Sie war für die Inka von außerordentlicher Wichtigkeit, denn ohne sie hätte man bei dem komplizierten Verwaltungsbetrieb keine statistischen Aufstellungen machen können. Poma de Ayala sagt richtig, das Kaiserreich sei von den Quipus regiert worden. Die Knoten der Quipus bedeuteten nur Zahlen, sie boten im besten Sinne eine Gedächtnishilfe, aber keine Schrift. Wenn uns heute auch die Anwendung dieses Rechensystems bekannt ist, so nutzt uns das wenig, denn wir wissen nicht, worauf dieser oder jener Quipu gerade Bezug nimmt. Die Quipus, ›Schnüre des Teufels‹, wie sie die Spanier nannten, waren ein geheimes Verständigungsmittel. Deshalb ließ das Konzil zu Lima im Jahre 1583 alle Knotenschnüre, deren man habhaft wurde, verbrennen.

Die Knoten drückten Ziffern aus. Zuunterst standen die Einer, dann folgten die Zehner, und darüber kamen die Hunderter. Ihnen folgten die Tausender und dann die Zehntausender. Der Zwischenraum zwischen den Knoten war ein Gegenwert für die Null. Die Lesung der Schnüre ist die gleiche wie bei unserer Zahlenschrift. Man beginnt mit der höchsten Einheit, indem man von oben anfängt. Mit der Auslegung der verschiedenen Kategorien von Quipus, ob sie nun religiöser, militärischer oder volkswirtschaftlicher Art waren, wurden die Quipurechner vertraut gemacht. Die Quipus bestanden aus einer starken Hauptschnur, von der mehrere verschiedenfarbige Seitenschnüre abgehen. Sie wogen oft bis zu vier Kilogramm, reichten jedoch nur hin, um numerische Werte festzuhalten.

Das einzige Kommunikationsmittel der Inka, so glaubten die Wissenschaftler bisher, waren die Quipus. Doch auf dem 39. Internationalen Amerikanisten-Kongreß in Lima gab es eine Sensation: Thomas Barthel brachte den Gegenbeweis. Eine peruanische Ethnologin führte ihn auf eine Spur. Sie vermutete, daß die auf den Keros, den Trinkbechern der Inka, und auf den Ponchos und Prunkgewändern, von denen viele Reste erhalten sind, jene immer wiederkehrenden rechteckigen und quadratischen Zeichen, Tocapus genannt, nicht nur schmückendes Ornament darstellten, sondern irgendeine sinnvolle Bedeutung hätten. Zwei Jahre lang studierte Professor Barthel diese Zeichen. Auf insgesamt 130 Keros und auf etwa 20 Stoffresten fand der Gelehrte an die 400 Zeichen, die an eine Wortzeichen-Schrift denken ließen, wie sie heute noch die Chinesen benutzen. »Eine solche Schrift aus einzelnen Wortblöcken vermittelt die Begriffe einer Kultur gleichsam im Telegrammstil.« Die Tocapus auf den Trinkbechern waren vermutlich Weihe-Inschriften. Der Forscher konnte etwa 50 Inka-Schriftzeichen enträtseln, die er in mehrere Gruppen unterteilte. Und als Krönung seiner Analyse betrachtete er die Entzifferung einiger zusammengesetzter Begriffe, die aus zwei verschiedenen Schriftsymbolen gebildet waren und dabei eine ganz neue Bedeutung erhielten, wie im Deutschen das Wort ›Eichhörnchen‹ oder ›Hasenfuß‹. Als Beispiel für diese Entdeckung gibt Barthel die Verbindung der Symbole ›apu‹, das Zeichen für Berge, Sonne und Mann, und ›rimac‹, das Zeichen für einen bestimmten Ort. Die Zusammensetzung beider Wörter, also ›apurimac‹, soll die kriegerische Auseinandersetzung der Inkas mit ihren Nachbarn bedeuten. Auf einem der Stoffreste will der Gelehrte den Namen des Schöpfer-

Tocapu-Zeichen und bildliche Szenen auf einem peruanischen Holzbecher (Kero). (Nach Negativen des Museo de América, Madrid)

gottes der Inka ›Kon-Tiki-Vira-Cocha‹ entdeckt haben. Auf jeden Fall scheint jetzt erwiesen, daß die Inka ein schriftähnliches Mitteilungssystem besaßen, eine Zeichensprache, mit der sie auch noch nach der spanischen Eroberung kulturelle Informationen weitergeben konnten und von der die Spanier keine Ahnung hatten. Hätten die spanischen Eroberer dieses Mitteilungssystem entdeckt, so wären nicht annähernd so viele Keros und Stoffe der Inka erhalten geblieben, sie wären wie so vieles andere als Teufelswerk von den Spaniern verbrannt.

Die Medizin wurde ebenso wie die Lehre der Quipus an den Hochschulen der Inka gelehrt. Die Mediziner gehörten zum Adel und waren Heilkünstler im besten Sinne des Wortes. Sie lernten nicht nur handwerkliche Kunstfertigkeit, sondern auch das, was den modernen Psychologen zum Magier der Neuzeit macht: die Verbindung der Erkenntnis des Materiellen mit dem Glauben an das Geistige, jenem Glauben, der ›Berge versetzen‹ kann. Das Altertum hat in den beiden Erdhälften zwei große klassische Medizinschulen besessen, in Hellas die des Hippokrates und in Peru die der alten Peruaner. Die Ärzte der Inka befaßten sich bereits mit der Homöopathie, sie benutzten Schwefel und Chinin, auch Ipacacuana als Heilmittel. Außerdem verstanden sie es, Operationen auszuführen, Knochenbrüche zu heilen und Zähne zu plombieren. Sie kannten schon eine Methode zur Erreichung der Keimfreiheit von Wunden. Sie müssen über den menschlichen Organismus genau unterrichtet gewesen sein.

Besonders geschickt waren die peruanischen Chirurgen, die bereits Bein- und Armamputationen vornehmen konnten. Vor einiger Zeit haben peruanische Ärzte den

147

Tumi, Instrument zur Schädeloperation mit Darstellung seiner Handhabung am Griff. Inka-Kultur

Versuch gemacht, mit den alten Instrumenten der Inka Schädeloperationen an lebenden Menschen vorzunehmen, und sie hatten damit vollen Erfolg. Man fragt sich, warum bei den Inka so zahlreiche Schädeloperationen vorgenommen wurden. Gab es wirklich so viele Hirnerkrankungen? Es werden vermutlich weniger wirkliche Geisteskranke als vermeintliche Geisteskranke vorhanden gewesen sein. Wenn Zauberformeln und Beschwörungen nichts nutzten, dann mußten eben der Arzt den Kopf öffnen, damit der böse Geist einen Ausgang fände. Um derartig schwierige Operationen vornehmen zu können, mußte der Arzt ein Künstler sein, eben ein Heilkünstler.

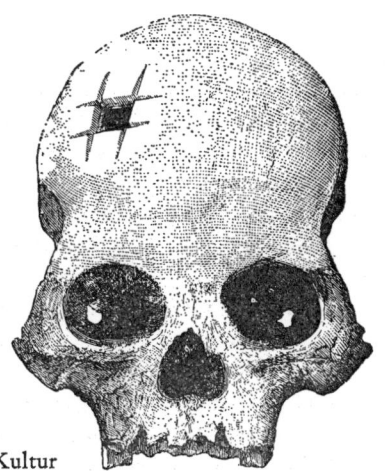

Trepanierter Schädel. Inka-Kultur

Haus mit Toreingang aus der Kolonialzeit, über Inka-Mauern errichtet. Cuzco

Inka-Mauern als Fundament der heutigen Häuser in der Calle San Agustín in Cuzco

71  Die kissenförmig behauenen Steinblöcke sind so fein, ohne Mörtel, ineinandergepaßt, daß keine Messerklinge zwischen ihnen Platz hat. Cuzco

73  Die Apsis der Kirche Santo Domingo in Cuzco, die über der
ovalen Mauer des Sonnentempels errichtet ist

Durchlöcherte monolithische Blöcke des alten Sonnentempels von
Cuzco. An den steinernen Ösen wurden wahrscheinlich Objekte für
den Kult befestigt

Diese Inka-Mauern in Cuzco haben bisher jedem Erdbeben standgehalten

76   Eine India mit Handspindel auf dem Wege zum Markt

77  Quechua-Indias auf dem Markt in Cuzco

78, 79　Die dreifache Zickzackmauer der Bergfeste Sacsayhuaman. Ihr gegenüber liegt der Rodadero
mit den steinernen ›Sitzen der Inka‹ (links)

80, 81　Auch in den gewaltigen monolithischen Mau- ▷
ern von Sacsayhuaman sind die Blöcke auf
das genaueste ineinandergepaßt

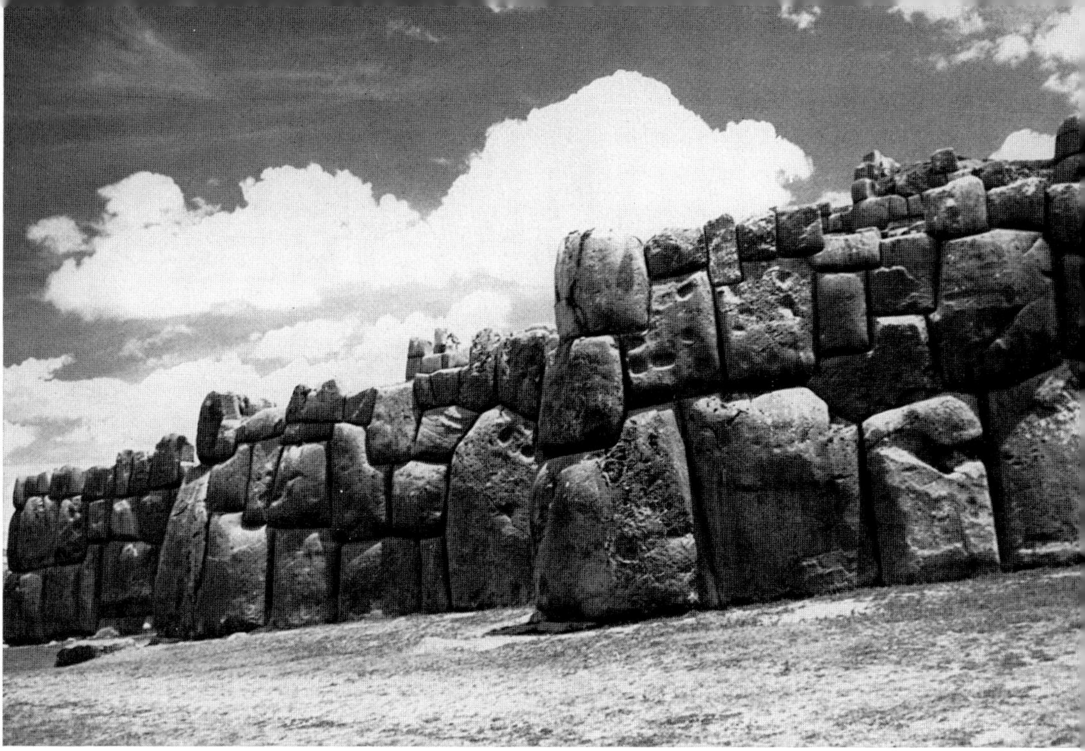

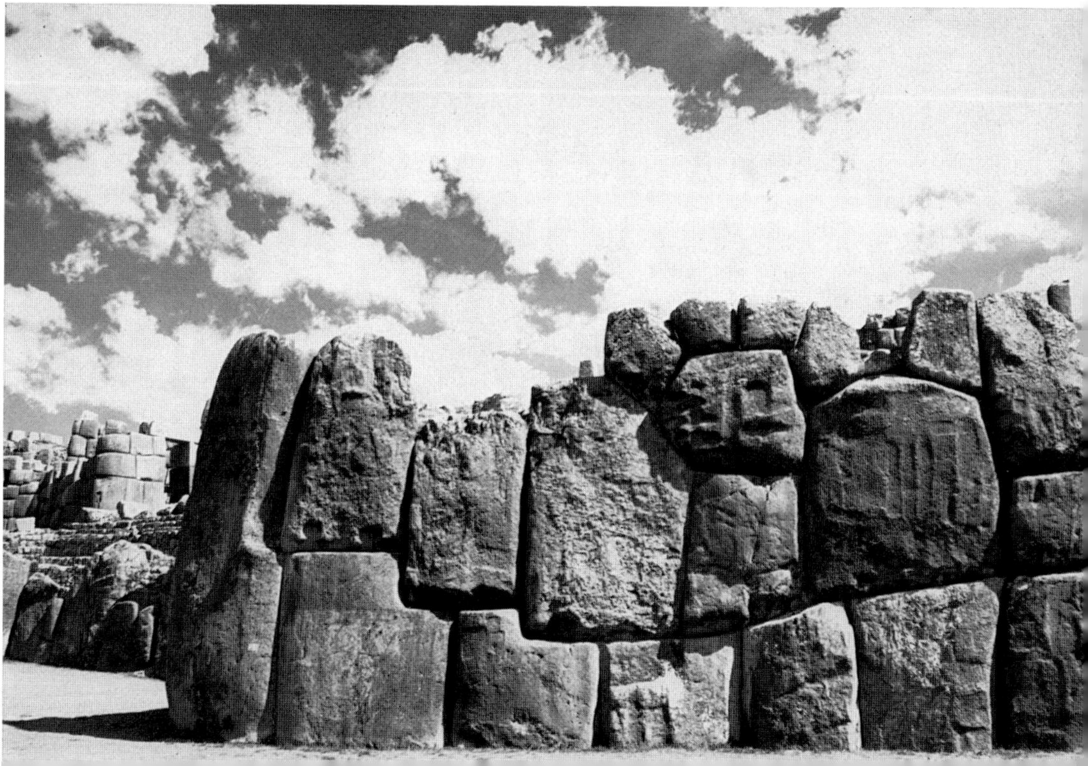

83 Das Fundament des nicht mehr vor-
handenen turmartigen Zentralgebäudes
der Festung Sacsayhuaman, genannt
Muyacmarca

84 Besonders eindrucksvoll sind die mächtigen Eckpfeiler der Festungsmauern
von Sacsayhuaman

◁ 82 Kena spielende Indio-Kinder vor
der untersten Festungsmauer von
Sacsayhuaman

◁ 85 Zeremonienplatz mit den Resten einer aus dem Fels gemeißelten Jaguarfigur, die von den Spaniern beschädigt wurde. Kenko

6 Zickzackförmige Opferrinne auf dem Felsen von Kenko

7 Aus dem Fels gehauene steinerne Sitze. Kenko

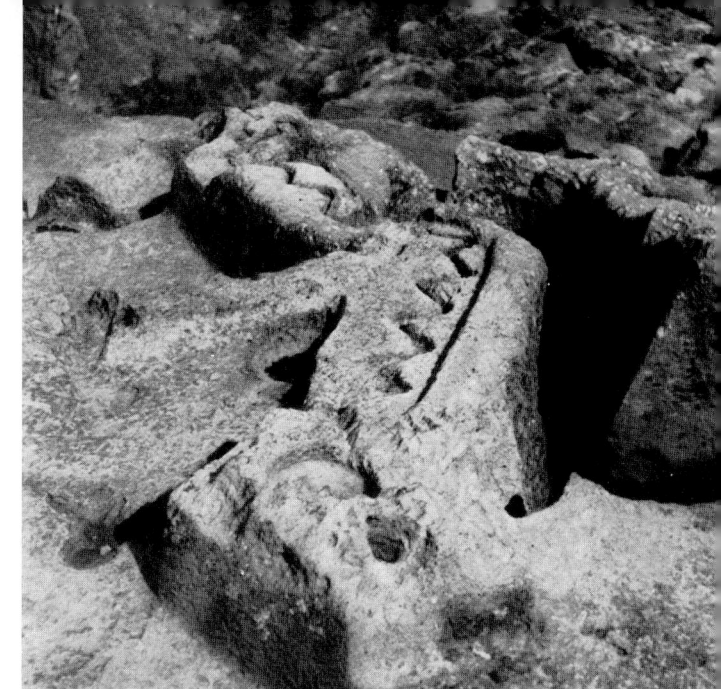

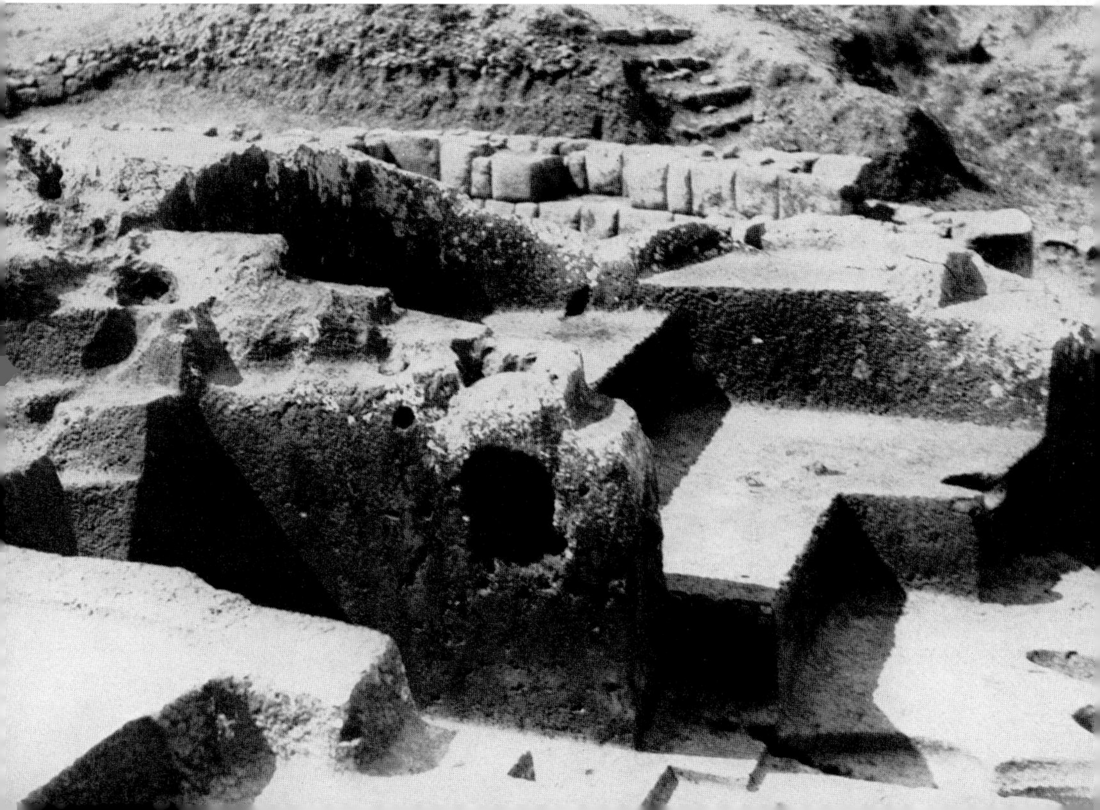

88, 89, 91 Die sogen. ›Bäder der Inka‹ von Tampu Machay
die jedoch in Wirklichkeit ein Wasserheiligtum
waren

La Chingana Grande, das ›Große Labyrinth‹, der vielfach modulierte und ausgehöhlte monolithische Block in Nähe von Sacsayhuaman

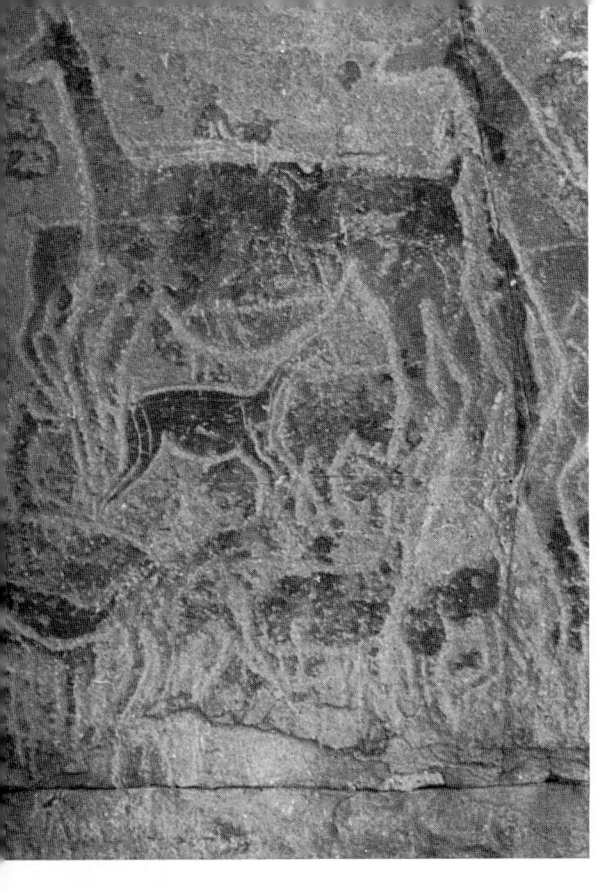

92  Felszeichnung der Atacameños aus der Vor-Inka-Zeit
    Taira, Nord-Chile

93  Lamas, die Vorbilder der Felszeichnung von Taira

## Die Musik und der Tanz (Abb. 66–69)

Die indianische Musik, die auf den unendlich weiten Ebenen der Puna und in den Schluchten der Anden-Länder Peru und Bolivien vor allem in den geschlossenen Indianergemeinschaften der Ayllus gespielt wird, hat im wesentlichen die Grundelemente der Musik ihrer Vorfahren, der Inka, bewahrt. Besonders in entlegenen Provinzen ist uns gerade in der Musik uraltes Volkstum aus vorspanischer Zeit erhalten geblieben. Gewiß entstanden durch den spanischen Einfluß bei den Indios neue Melodien, alte erfuhren Umwandlungen, und neue Instrumente wie das Charango wurden nach der Konquista eingeführt. Diese Musik, die vielleicht den Charakter und das Seelenleben der Aymará und Quechua am reinsten widerspiegelt, steht wie ihr ganzes Leben unter dem Einfluß des Pantheismus und des Mystizismus, der bei ihnen unter dem Deckmantel des Katholizismus immer noch spürbar ist.

Die Musik der Aymará ist monoton und von bezwingender Einfachheit. Sie ist großartig wie die schneegekrönten Häupter der Anden und ernst und streng wie die endlosen Pampas des Altiplanos. Im Gegensatz zu der Musik aller anderen alten Kulturen ist die Musik der Aymará eine rein abstrakte Musik, deren Melodien und erdverbundenen Rhythmen allein durch Instrumente zum Ausdruck gebracht werden. Die Quechua, von Natur aus sanfteren Charakters, zeigen auch in der Musik eine lyrische Note. Bei der Ausübung ihrer Musik bedienen sie sich nicht nur der Instrumente, sondern auch der menschlichen Stimme. Besonders eindrucksvoll sind ihre Weggesänge, die sogenannten Kaluyos, die sie auf ihren weiten Wanderungen durch die sonnigen Täler der Anden singen und ihren Charangos begleiten. Das Charango ist eine kleine Mandoline, deren Schallkörper aus der Schale eines Gürteltieres geformt und mit fünf Doppelsaiten bespannt ist. Das Charango ist in Anlehnung an die spanische Mandoline entstanden. Die Inka kannten keine Saiteninstrumente.

Das älteste und wichtigste Musikinstrument ist sowohl bei den Quechua wie bei den Aymará der Sicu, auch Antara genannt, die klassische Panflöte, die bei den Griechen Syrinx hieß. Der Sicu bildet das Fundament des indianischen Orchesters und wird fast immer chorisch geblasen, jedoch nicht unisono, sondern ein Spieler übernimmt stets das Thema des anderen, das heißt, er übernimmt nur ein paar Töne der Melodie und einer schließt sich dem anderen an, so daß der Hörer eine fortlaufende Melodie vernimmt, bei deren Tonfolge aber jeder Spieler nur einen kleinen Teilabschnitt spielt. Die Panflöte wird in verschiedenen Größen hergestellt und ist immer pentatonisch gestimmt. Zu ihrem Bau verwendet man Choccla, eine bestimmte Schilfrohrart. Die Inka verfertigten auch Panflöten aus Ton.

Ebenso bedeutend wie der Sicu war bei den Inka die Kena oder Längsflöte, die man aus Ton, Knochen oder Rohr anfertigte. Sie wird heute noch in verschiedenen Größen aus Rohr hergestellt und ist ebenso wie der Sicu pentatonisch gestimmt. Die Flötenmusik der Aymará und Quechua, die stets pentatonisch ist, wird gewöhnlich von Trommeln begleitet. Die indianische Trommel heißt Huancara und wird in drei verschiedenen

Darstellung eines Syrinx oder Panflöte spielenden Indio als Verzierung einer Flöte

Größen hergestellt. Um einen rasselnden Klang zu erzeugen, verwendet man Schnarr-
hölzchen oder Binsen, die über das Fell gespannt sind.

Vier große Jahresfeste kannten die Inka: Capac Raymi, Mosoc Nina, Inti Raymi und
Coya Raymi. An diesen Festen tanzte das Volk und die Familienangehörigen der Inka.
Die festlichen Tänze fanden hauptsächlich auf dem ›Cusipata‹ oder ›Platz der Freuden‹
statt. Der beliebteste Tanz war der ›Schlangentanz‹. Männer und Frauen hielten während des Tanzes einen dicken Strick zwischen sich, an dessen einem Ende ein mächtiger
Schlangenkopf befestigt war. Zu solchen Veranstaltungen holte man die Mumien der
Inka aus dem Sonnentempel und reihte sie auf besonderen Sitzen vor den Tanzenden
auf, von wo aus sie ebenso unbeweglich wie der regierende Inka von seinem Thron aus
dem bunten Treiben des Volkes zuschauten.

Syrinx, Sicu oder Panflöte, eines der wichtigsten
Musikinstrumente der alten Peruaner

Die Keramik beschränkte sich bei den Inka auf einige wenige Formen, beweist aber eine hervorragende Technik und eine geschmackvolle Farbzusammenstellung. Sie verzichtete im allgemeinen auf plastische oder naturalistische Darstellungen, mit Ausnahme von kleinen und größeren Tierfiguren, hauptsächlich von Lamas und Alpacas; das geometrische Flächenornament herrscht vor. Die feinen Musterungen auf den flachen Tellern und Schalen oder an den schlanken Pokalen gehören mit zu den schönsten Erzeugnissen altperuanischer Töpferkunst. Die Keramik der Inka ist vielfarbig und auf Hochglanz poliert. Sie verstanden es, mit Zeichnung und Farbe Maß zu halten.

Immer wiederkehrende einfache Stoffmuster beleben die Gewebe, zu denen sie feingesponnene Alpaca- und Vicuñawolle verwendeten. Alle Webstücke zeigen den sicheren Geschmack der Indianer in der Farbe und in der Ornamentik, es fehlt ihnen jedoch die reiche Phantasie, wie sie bei den magischen Figuren auf den Totentüchern von Paracas zum Ausdruck kommt.

Auch die Steinmetzkunst, abgesehen von der kunstvollen Mauertechnik, trat bei den Inka gegenüber anderen peruanischen Kulturvölkern in den Hintergrund. Die gebräuchlichsten Objekte sind sauber gearbeitete Steinschalen, an deren oberen Rändern sich Schlangen ringeln, und kleine Opfergefäße in Form stilisierter Lamas und Alpacas.

Die Metallverarbeitung war in Peru lange vor der Inka-Zeit im Gebrauch. Bei den Inka erlangte sie jedoch im 15. Jahrhundert einen Aufschwung. Als wesentlich neue Errungenschaft erweist sich der Gebrauch von Bronze, der sich während der Inka-Zeit über das ganze Reich verbreitete. Waffen und Werkzeuge wurden sowohl aus Kupfer wie aus Bronze hergestellt. An erster Stelle stehen die Tumi, jene Messer mit der halbmondförmigen Klinge, die nicht nur zur Trepanation, sondern auch zu anderen Zwecken dienten. Auch Nadeln mit figürlichen Köpfen und kleine Tierfiguren wurden aus dem-

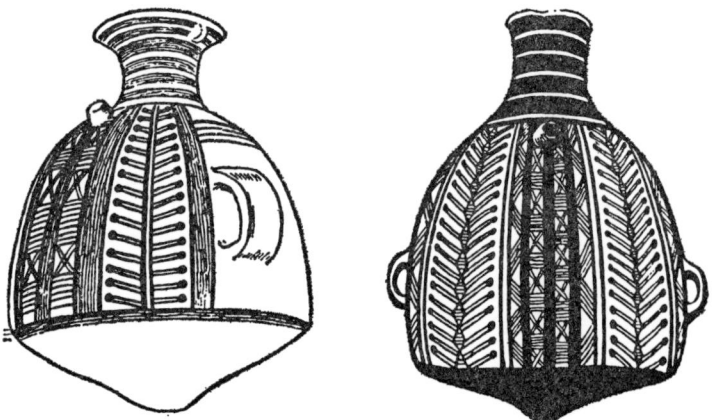

Inka-Keramik. Die Bemalung zeigt das typische geometrische Muster

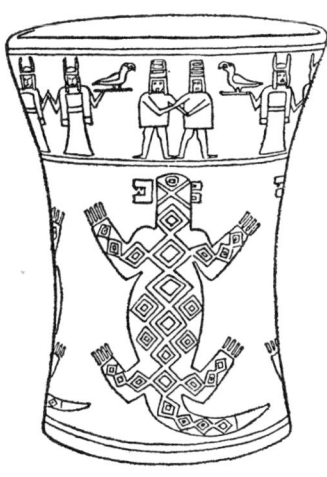

Kero, Ritualbecher der Inka, mit figürlicher Darstellung

selben Material hergestellt. Lediglich Gegenstände aus Bronze und Kupfer waren dem Volke zugänglich, Gegenstände aus Gold und Silber durfte nur der Inka selbst gebrauchen, bei besonderen Gelegenheiten auch der Adel. Kleine silberne und goldene Figuren von Männern und Frauen, Lamas und Alpacas wurden zu Geschenkzwecken angefertigt; man überreichte sie an den großen Festtagen dem Inka, der sie dann den Tempelschätzen einverleibte.

Die Goldverarbeitung geschah nach den gleichen Methoden wie in Kolumbien oder Costa Rica. Man kannte den Guß nach der verlorenen Form, die Blattvergoldung und das ›Mise en couleur-Verfahren‹. Der Schmuck aus einer Kupfer-Gold-Legierung wurde hierbei in ein Bad aus oxalsauren Pflanzensäften getaucht, worauf auf der Oberfläche ein feiner Goldfilm zurückblieb. Jedoch tritt bei den Inka diese Legierung seltener auf, man verwendete vornehmlich silberhaltiges Gold.

*Der Straßen- und Brückenbau (Abb. 63, 64)*

> *Was ich von römischen Kunststraßen in Italien, dem südlichen Frankreich und Spanien gesehen, war nicht imposanter als diese Werke der alten Peruaner.*
>
> Alexander von Humboldt

Unglaublich steil und schroff fällt der Ostwall der Anden nach dem Amazonas-Becken ab. Es gibt bis zu 2000 Meter tiefe senkrechte Felsabstürze. Tiefeingeschnittene Täler reihen sich eines an das andere, führen steil zwischen Bergrücken hinab und verlieren sich im feuchten, dampfenden Tropenwald. ›Yungas‹ oder ›sehr heiße Täler‹ nennen die Quechua sie in ihrer Sprache. Nur wenige Verkehrswege führen hinab in die Tiefe, aber meist sind es alte Inkapfade, die dann später ausgebaut wurden.

Zur Zeit der Inka durchzog ein vorzügliches Straßennetz das ganze Land nach allen Richtungen hin. Auf diese Weise war es möglich, daß der Tisch des herrschenden Inka täglich mit ausgesuchten, seltenen Leckerbissen versehen war: Von der Küste des Pazifischen Ozeans kamen Fische und vielerlei Seegetier und aus den Yungas tropische Früchte und Gemüse.

Es gab vier sogenannte Königsstraßen, die von der Stadt Cuzco ausgingen. Huayna Capac war wohl der Inka-Herrscher, der den größten Anteil am Ausbau der Straße hatte. Viele Wege, besonders die im Küstengebiet, hatten die Inka schon von anderen Völkern übernommen, und es scheint so, als ob sie von den Chimú auf dem Gebiet des Straßenbaus ebenso viel gelernt hätten wie auf anderen Gebieten. Zu den wichtigsten Königsstraßen zählt jene, die 4000 km längs der pazifischen Küste entlang lief, und daneben die Andenstraße, die sich über 5200 km erstreckte, eine Entfernung wie von Oslo bis Mekka! Eine andere Straße, die von Huánuco nach Chachapoya führte und durchweg gepflastert war, maß 640 km. Huayna Capac befahl auch, eine Straße zu bauen, die breiter und größer sein sollte als die, auf der sein Vater zu reisen pflegte. Bis Quito sollte sie führen. »Und so baute man die stolzeste und sehenswürdigste Straße, die es in der Welt gab . . . Durch tiefe Täler und über hohe Berge führte sie, über Schneeberge, durch Sümpfe, über gewachsenen Fels und vorbei an wütenden Flüssen«, sagt Cieza de León.

Die großen Königsstraßen hatten Querverbindungen. Eine von ihnen ist 200 km lang; sie beginnt im Cañete-Tal im Tiefland und endet in 3200 m Höhe im Hochland von Jauja. Die Inka legten die Straßen mit Vorliebe auf den höchsten Graten der Gebirge an. Wurde die Steigung zu groß, so schlugen sie Stufen in den Fels oder bauten regelrechte Treppen aus Steinen. Viele von diesen exponierten Straßen sind noch erhalten, sie werden aber nur noch von Indios als Fußwege benutzt. Waren die Inkastraßen im Hochgebirge mehr oder weniger gutausgebaute Fußwege, so waren sie an der Küste und im Flachland durchschnittlich 8 m breit und von Steinwällen eingefaßt, die aber auch nur von Läufern und Tieren, den Lamas, benutzt wurden, denn das Rad kannten die alten Peruaner ebensowenig wie die alten Mexikaner.

Führte der Weg über einen Andenfluß, so errichteten die Inka Hängebrücken. Am bekanntesten ist die 60 m lange Hängebrücke über die riesige Schlucht des Río Apurimac, die die Spanier ›Ort des Grauens‹ nannten. Diese Brücke bestand aus schweren, mannsdicken Agavenfasertauen, die auf beiden Seiten im Fels verankert waren. Da ihr die Spannseile fehlten, schwankte die Brücke bei heftigem Wind so stark, daß die Spanier sie nur mit größter Überwindung zu betreten wagten. Die Brücke wurde im Jahre 1350 erbaut und war noch bis 1890 in Gebrauch. Die Spanier gaben ihr den Namen ›San Luis Rey‹. Vom Zusammensturz der Brücke handelt die berühmte Novelle von Thornton Wilder ›Die Brücke von San Luis Rey‹.

Waren es bei den Inka allein wirtschaftliche Motive, mit soviel Mühe und Arbeit den Ausbau der Straßen voranzutreiben? In erster Linie führten wohl strategische Gründe dazu, denn ohne dieses Straßennetz hätte der großartige Verwaltungsapparat der Inka

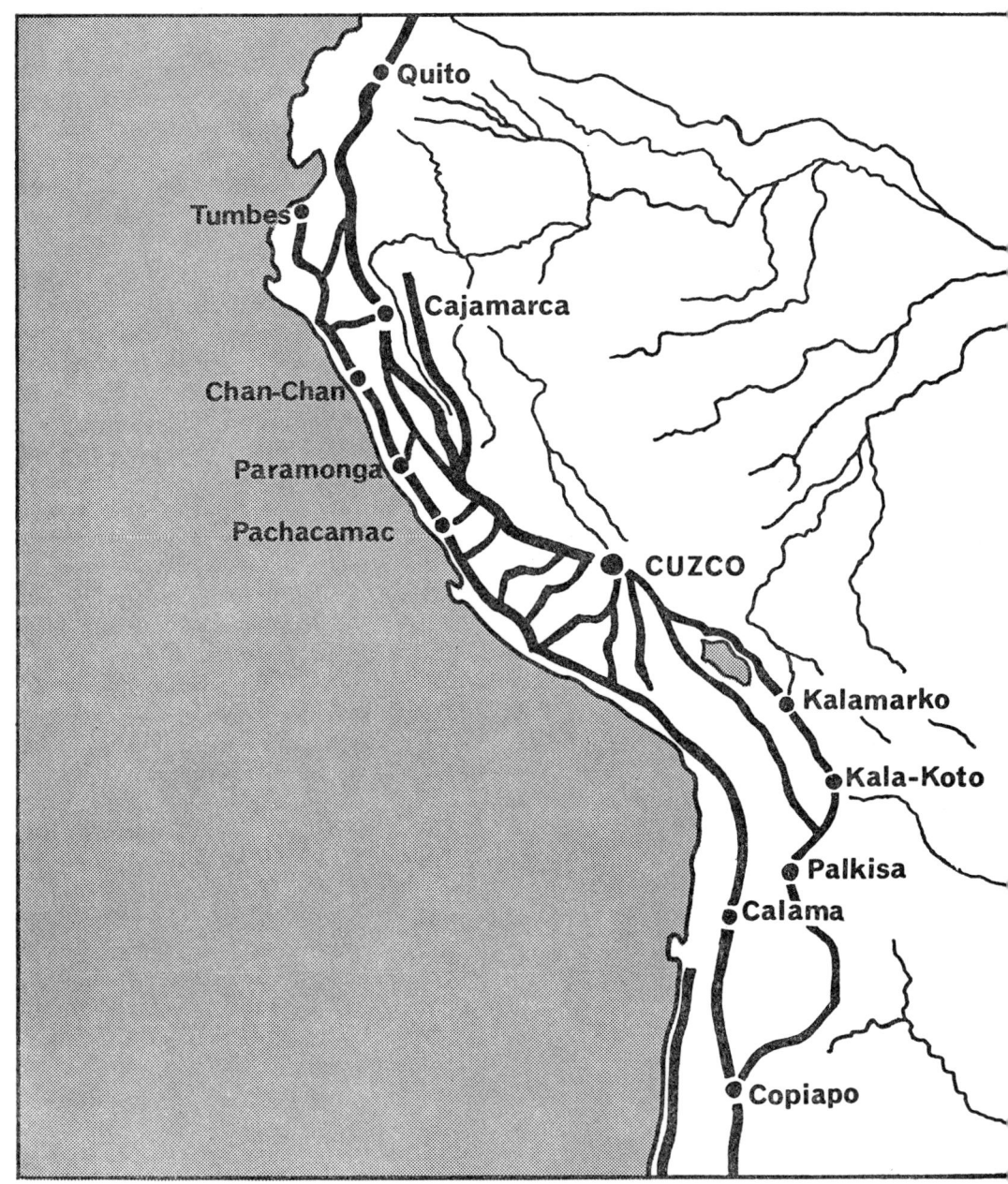

Das Straßennetz im Inka-Reich. (Nach einer Karte im Archäologischen Museum, Lima)

XV    Quechua-Indias mit Lamas vor den Ruinen von Tampu Machay. Peru

XVI    Festungsmauer von Sacsayhuaman. Peru        XVII    Dorfälteste beim Kirchgang in Pisac. Peru ▷

# »Richtig reisen«

## DuMont

Die »Richtig reisen«-Führer wollen für Urlaub und Reise gegen das konfektionierte Tourismus-Angebot Möglichkeiten eines individuellen, erlebnisreicheren und interessanteren Reisens aufzeigen. Unter solcher Zielsetzung erschließen sie neue Weltstädte – wie London, Paris, Kopenhagen – oder größere Ziele des Fern-Tourismus.

**»Richtig reisen«: Amsterdam**
Von Eddy und Henriette Posthuma de Boer. 203 S. mit 8 farb. und 130 einfarb. Abb., Stadtplänen, Karten, praktische Reisehinweise

**»Richtig reisen«: Ferner Osten**
Von Charlotte Peter und Margrit Sprecher. 302 S. mit 14 farb. und 120 einfarb. Abb., Stadtpläne, Karten, praktische Reisehinweise

**»Richtig reisen«: Istanbul**
Von Klaus und Lissi Barisch. 257 Seiten mit 28 farb. und 173 einfarb. Abb., Zeichnungen, Karten und Plänen, praktische Reisehinweise

**»Richtig reisen«: Kopenhagen**
Von Karl-Richard Könnecke. 200 Seiten mit 32 farbigen und 116 einfarbigen Abbildungen, Karten und Plänen, praktische Reisehinweise

**»Richtig reisen«: London**
Von Klaus Barisch und Peter Sahla. 262 Seiten mit 18 farb. und 195 einfarb. Abb., Stadtpläne, Karten und praktische Reisehinweise

**»Richtig reisen«: Mexiko und Zentralamerika**
Von Thomas Binder. 326 Seiten mit 32 farbigen und 122 einfarbigen Abbildungen, Karten und Plänen, praktische Reisehinweise

**»Richtig reisen«: Moskau**
Von Wolfgang Kuballa. 268 S. mit 36 farb. u. 150 einfarb. Abb., 4 Karten und Plänen, praktische Reisehinweise (Neu Herbst '77)

**»Richtig reisen«: Nepal**
Kathmandu: Tor zum Nepal-Trekking
Von Dieter Bedenig. 288 S. mit 37 farb. und 114 einfarb. Abb., Karten und Plänen, praktische Reisehinweise (Neu Herbst '77)

**»Richtig reisen«: Paris**
Von Ursula von Kardorff und Helga Sittl
277 S. mit 34 farb. und 167 einfarb. Abb., Karten und Plänen, praktische Reisehinweise

**»Richtig reisen«: San Francisco**
Von Hartmut Gerdes. 248 Seiten mit 33 farbigen und 155 einfarbigen Abbildungen, Karten und Plänen, praktische Reisehinweise

**»Richtig reisen«: Südamerika**
Kolumbien, Ekuador, Peru, Bolivien
Von Thomas Binder. 308 Seiten mit 35 farbigen und 112 einfarbigen Abbildungen, Karten und Plänen, praktische Reisehinweise

»Alle Bände haben eines gemeinsam: guter Informationswert, optische Ergänzung zu traditionellen Reiseführern, mit Tips, wie man herauskommt aus dem Touristengetto. Gutes Foto- und Kartenmaterial, fundierte Texte.«

Die Welt

# DuMont Kunst-Reiseführer

| | |
|---|---|
| **Japan** | **Japan – Tempel, Gärten und Paläste**<br>Von Thomas Immoos und Erwin Halpern |
| **Jugoslawien** | **Jugoslawien**<br>Geschichte, Kunst und Landschaft. Von Frank Rother |
| **Malta** | **Malta und Gozo**<br>Die goldenen Felseninseln – Urzeittempel und Malteserburgen.<br>Von Ingeborg Tetzlaff |
| **Marokko** | **Marokko – Berberburgen und Königsstädte des Islam**<br>Ein Reisebegleiter zur Kunst Marokkos. Von Hans Helfritz |
| **Mexiko** | **Die Götterburgen Mexikos**<br>Ein Reisebegleiter zur Kunst Alt-Mexikos. Von Hans Helfritz |
| **Nepal** | **Nepal – Königreich im Himalaja**<br>Geschichte, Kunst und Kultur im Kathmandu-Tal. Von Ulrich Wiesner |
| **Österreich** | **Wien und Umgebung**<br>Kunst, Kultur und Geschichte der Donaumetropole. Von Felix Czeike und Walther Brauneis |
| **Portugal** | **Portugal**<br>Ein Begleiter zu den Kunststätten von Porto bis zur Algarve-Küste. Von Albert am Zehnhoff |
| **Rumänien** | **Rumänien**<br>Schwarzmeerküste – Donaudelta – Moldau – Walachei – Siebenbürgen: Kultur und Geschichte. Von Evi Melas |
| **Rußland** | **Kunst in Rußland**<br>Ein Reisebegleiter zu russischen Kunststätten. Von Ewald Behrens |
| **Skandinavien** | **Skandinavien – Dänemark, Norwegen, Schweden, Finnland**<br>Kultur, Geschichte, Landschaft. Von Reinhold Dey |
| **Spanien** | **Zentral-Spanien**<br>Kunst und Kultur in Madrid, El Escorial, Toledo und Aranjuez, Avila, Segovia, Alcalá de Henares. Von Anton Dieterich |
| **Südamerika** | **Südamerika: präkolumbische Hochkulturen**<br>Ein Reisebegleiter zu den indianischen Kunststätten in Peru, Bolivien und Kolumbien. Von Hans Helfritz |
| **Türkei** | **Städte und Stätten der Türkei**<br>Ein Begleiter zu den Kunstwerken Istanbuls und Kleinasiens. Von Kurt Wilhelm Blohm |

**Alle Bände mit vielen, zum Teil farbigen Abbildungen, dazu Zeichnungen, Karten, Grundrisse, praktische Reisehinweise**

# DuMont Kunst-Reiseführer

| | |
|---|---|
| **Griechenland** | **Athen**<br>Geschichte, Kunst und Leben der ältesten europäischen Großstadt von der Antike bis zur Gegenwart. Von Evi Melas<br>**Die griechischen Inseln**<br>Ein Reisebegleiter zu den Inseln des Lichts, Kunst und Kultur. Herausgegeben von Evi Melas<br>**Kreta – Kunst aus fünf Jahrtausenden**<br>Minoische Paläste – Byzantinische Kirchen – Venezianische Kastelle. Von Klaus Gallas<br>**Alte Kirchen und Klöster Griechenlands**<br>Ein Begleiter zu den byzantinischen Stätten. Herausgegeben von Evi Melas<br>**Tempel und Stätten der Götter Griechenlands**<br>Ein Reisebegleiter zu den antiken Kultzentren der Griechen. Herausgegeben von Evi Melas |
| **Guatemala** | **Guatemala**<br>Honduras – Belize. Die versunkene Welt der Maja. Von Hans Helfritz (Neu Herbst '77) |
| **Indonesien** | **Indonesien**<br>Ein Reisebegleiter nach Java, Sumatra, Bali und Sulawesi (Celebes). Von Hans Helfritz |
| **Iran** | **Iran**<br>Kulturstätten Persiens zwischen Wüsten, Steppen und Bergen. Von Klaus Gallas |
| **Irland** | **Irland – Kunst, Kultur und Landschaft**<br>Entdeckungsfahrten zu den Kunststätten der ›Grünen Insel‹. Von Wolfgang Ziegler |
| **Italien** | **Rom**<br>Kunst und Kultur der ›Ewigen Stadt‹ in mehr als 1000 Bildern. Von Leonard von Matt und Franco Barelli<br>**Von Pavia nach Rom**<br>Ein Reisebegleiter entlang der mittelalterlichen Kaiserstraße Italiens. Von Werner Goez<br>**Ober-Italien**<br>Kunst, Kultur und Landschaft zwischen den Oberitalienischen Seen und der Adria. Von Fritz Baumgart<br>**Florenz und die Medici**<br>Ein Begleiter durch das Florenz der Renaissance. Von My Heilmann<br>**Das etruskische Italien**<br>Entdeckungsfahrten zu den Kunststätten und Nekropolen der Etrusker. Von Robert Hess<br>**Apulien – Kathedralen und Kastelle**<br>Ein Begleiter durch das normannisch-staufische Apulien. Von Carl Arnold Willemsen<br>**Venedig – Geschichte und Kunst**<br>Erlebnis einer einzigartigen Stadt. Von Marianne Langewiesche |

# DuMont Kunst-Reiseführer

**Ägypten**  **Ägypten – Geschichte, Kunst und Kultur im Niltal**
Vom Reich der Pharaonen bis zur Gegenwart. Von Hans Strelocke

**Äthiopien**  **Äthiopien – Kunst im Verborgenen**
Ein Reisebegleiter ins älteste Kulturland Afrikas. Von Hans Helfritz

**Algerien**  **Algerien – Kunst, Kultur und Landschaft**
Von den Stätten der Römer zu den Tuaregs der zentralen Sahara. Von Hans Strelocke

**Belgien**  **Belgien – Spiegelbild Europas**
Eine Einladung nach Brüssel, Gent, Brügge, Antwerpen, Lüttich und zu anderen Kunststätten. Von Ernst Günther Grimme

**Deutschland**  **Deutsche Demokratische Republik**
Geschichte und Kunst von der Romanik bis zur Gegenwart. Brandenburg, Mecklenburg, Sachsen-Anhalt, Sachsen, Thüringen. Von Gerd Baier, Elmar Faber und Eckhard Hollmann

**Franken – Kunst, Geschichte und Landschaft**
Entdeckungsfahrten in einem schönen Land – Würzburg, Rothenburg, Bamberg, Nürnberg und die Kunststätten der Umgebung. Von Werner Dettelbacher

**Köln**
Stadt zwischen Tradition und Fortschritt. Von Paul Willehad Eckert

**Die Pfalz**
Die Weinstraße – Der Pfälzer Wald – Wasgau und Westrich. Wanderungen im ›Garten Deutschlands‹. Von Peter Mayer

**Zwischen Neckar und Donau**
Kunst, Kultur und Landschaft von Heidelberg bis Heilbronn, im Hohenloher Land, Ries, Altmühltal und an der oberen Donau. Von Werner Dettelbacher

**Schleswig-Holstein**
Zwischen Nordsee und Ostsee: Kultur Geschichte Landschaft. Von Johannes Hugo Koch (Neu Herbst '77)

**England**  **Süd-England**
Von Kent bis Cornwall. Architektur und Landschaft, Literatur und Geschichte. Von Peter Sager

**Frankreich**  **Burgund**
Kunst, Geschichte, Landschaft. Burgen, Klöster und Kathedralen im Herzen Frankreichs: Das Land um Dijon, Auxerre, Nevers, Autun und Tournus. Von Klaus Bußmann

**Das Tal der Loire**
Schlösser, Kirchen und Städte im ›Garten Frankreichs‹. Von Wilfried Hansmann

**Die Provence**
Ein Reisebegleiter durch eine der schönsten Kulturlandschaften Europas. Von Ingeborg Tetzlaff

**Raum für Ihre Reisenotizen**

Anschriften neuer Freunde, Foto- und Filmvermerke, neuentdeckte gute Restaurants, etc.

**Raum für Ihre Reisenotizen**

Anschriften neuer Freunde, Foto- und Filmvermerke, neuentdeckte gute Restaurants, etc.